KINDLERS LITERARISCHE PORTRAITS

Hans Scholz
THEODOR FONTANE

Hans Scholz

THEODOR
FONTANE

verlegt bei Kindler

Redaktion: Annalisa Viviani
Bildredaktion: Angelica Pöppel
Korrekturen: Manfred Flach
Umschlaggestaltung: Hans Numberger
Satzherstellung: VerlagsSatz Kort GmbH, München
Druck und Bindearbeit: Welsermühl, Wels
Printed in Austria
ISBN 3 463 00727 4

INHALT

VORBEMERKUNG

Die Fontane-Forschung, -Deutung, -Betrachtung hat zwar erst im letzten Jahrzehnt eine rasche Entwicklung genommen, mittlerweile ist sie aber zu einem bevorzugten Gebiet der Literaturwissenschaft geworden, zu dem es eine Fülle von Abhandlungen gibt. Die hier vorliegende will kein literaturwissenschaftlicher Beitrag sein, sondern sie ist eine belletristisch-feuilletonistisch-essayistische Publikation. Deren Verfasser – um es nur gleich zu sagen – ist kein Literaturwissenschaftler, kein Germanist, sondern nur ein Schriftsteller, der in Sachen Fontane zu einiger Kennerschaft gelangt ist.

Kennerschaft im Fontaneschen Werk, nicht jedoch Kenntnis jener Myriaden gelehrter oder kompilierender oder anthologisierender oder wohlmeinender oder tendenziöser oder bloß wiederkäuender Veröffentlichungen; ganz zu vermeiden ist das Wiederkäuen ja nicht. Und was kennt er vom Werk selbst? Nicht etwa alles, der Anschein werde nicht erweckt. Wer wird zum Beispiel die mehr als 1000 Gedichte, wer die weit über 4000 Briefe alle gelesen haben, wenn er sie nicht der Forschung und Lehre wegen hat durchackern müssen? Wer hätte die Briefe auch alle gedruckt beisammen, um einen darauf erpichten Lesedurst an dieser Flut beschriebenen Papiers zu erletzen? Selbst wenn, was ja in der Briefstellerei im allgemeinen unüblich ist, die wichtigeren nicht hingeworfen, sondern nach korrigiertem Konzept gearbeitet worden sind, was sie allesamt in

den Rang von beabsichtigten gezielten Kunstwerken
erhebt oder doch aus der Kategorie der Briefstellerei in
die der Schriftstellerei. Die Sachbriefschaft im übrigen
in Zusammenhang mit der Arbeit an den »Wanderungen« oder den Kriegsschilderungen erst gar nicht in Be-
tracht gezogen; diese »Geschäftspost« ist wohl sowieso
schon größtenteils verloren. Dennoch aber Briefe über
Briefe.

»Sind noch mehr da? Man soll sie herausgeben!« hat
Thomas Mann schon 1910 gefragt und gefordert. Ihm
können damals meines Erachtens nur die vier Bände
der ersten umfassenderen Ausgabe (ohne die »Wanderungen« und auch sonst nicht komplett) im Verlag
Friedrich Fontane & Co vorgelegen haben: »Briefe an
seine Familie«, 2 Bände 1904/5 und »Briefe – Zweite
Sammlung, 2 Bände 1909/10 und vielleicht auch schon
der Briefwechsel mit Wilhelm Wolfsohn (1910).
Wahrhaftig aber, dem Mannschen Imperativ hat man
mit staunenswertem, ja verblüffendem Ergebnis Folge
geleistet. 1954 nahm sich Thomas Mann »noch einmal« des »Alten Fontane« an, wie er es 44 Jahre früher
ein erstes Mal getan hatte. Da werden ihm, um nur
diese zu nennen, die Korrespondenz mit Paul Heyse
(1929 veröffentlicht), weitere Familienbriefe (1937),
der »Freundschaftsbriefwechsel« mit Bernhard v. Lepel (1940), eine letzte Auslese von Briefen an die
Freunde (1943) und vor allem die »Briefe an Georg
Friedlaender« (1954) vorgelegen haben, denn auf
diese insbesondere bezieht er sich.

Mit auftauchenden Briefen ist heute immer noch zu
rechnen. 1968 haben wir uns um die vierbändige Pro-
pyläen-Ausgabe eines Konvoluts von 798 bis dahin
unbekannten Fontane-Briefen bereichert gesehen, die
die Stiftung Preußischer Kulturbesitz Berlin 1963 auf
einer Auktion in Hamburg hatte erwerben können.

Aber, soweit ich weiß, ist noch keineswegs alles, was
man bereits hatte und was seither außerdem noch da
und dort ans Licht gekommen ist, schon publiziert. Mag
auch so manches in den Reißwolf des letzten Krieges
geraten und auf Nimmerwiedersehen verloren sein,
falls nicht irgend jemand Abschrift genommen hat.
Und wo sind die Tagebücher, »8 Bände mit rund 2200
Seiten«? Nur ein kleiner Teil ist bisher veröffentlicht
worden. Wo die Notizbücher? Und die Zeitungsaufsät-
ze, das Ergebnis von beinahe 40 Jahren journalistischer
Tätigkeit? Sie sind bibliographisch nicht erfaßt und
großenteils wohl auch nicht mehr zu erfassen. Was man
unter anderem hat, sind die »Causerien über das Theater«, diese, nehme ich an, vollzählig. Sie füllen drei vo-
luminöse Bände. Im übrigen aber scheint Fontane von
Zeitungsarbeit nicht allzuviel gehalten zu haben: »Zei-
tungsaufsätze führen ein kurzes Leben.«[1] Das wußte er
nur zu gut, 1859 schon, elf Jahre vor Beginn seiner Tätigkeit als Theaterkritiker bei der »Vossischen«, ja
schon 1851: »Ich muß bekennen, daß ich dem Zei-
tungskram am liebsten Lebewohl sagte und die nächsten 10 Jahre, das beste Teil unserer Kraft, an eine ordentliche Arbeit setzte...«[2]
Kurzum aber, der Umfang des Fontaneschen Œuvres
ist schier immens. Daß »erst der Fleiß das Genie«[3] mache, Fontane hat diese seine Sentenz auf Menzel gemünzt. War das eine Erkenntnis, die er auch an sich
selbst gewonnen hatte? War er sich bewußt, wie sehr sie
auch auf ihn paßte? Ist das ein Stückchen sublimer Koketterie? Möglich wäre es... Gleichviel, den Proteus
Fontane faßt man nicht. Jede Kennerschaft seines
Werkes aber hat sowieso ihre zwangsläufigen oder
doch vorläufigen Grenzen, und der Schreiber vorlie-
genden Versuchs ist in der günstigen Lage, sich darauf
hinausreden zu können.

Als der Alte Westen noch neu war

Ich bin 1911 in Berlin geboren, 1917 auf die Vorschule gekommen und drei Jahre danach aufs Gymnasium – zu Beginn der berühmten 20er Jahre also, die nicht im Zeichen einer übermäßig positiven Fontane-Überlieferung und gewiß nicht schon im Morgenrot der Fontane-Renaissance gestanden haben, die wir jetzt erleben. Thomas Mann, in so vielem die Ausnahme, hat, indem er für Fontane plädierte, darin doch nicht etwa die vorherrschende Meinung der Weimarer Zeit vorausbestimmt. Es möchte wohl eher Alfred Döblins so mißlaunig triumphierendes wie schiefes Urteil der vorherrschenden Ansicht, sprich auch der modisch obligaten, auch der politisch opportunen Ansicht entsprochen haben. 1921 sagte er's: »Fontane schrieb aus dem Milieu des hohenzollernschen Bürgers von 1880–90, eines fatalen Typus; die ganze Luft dieser Periode steht um ihn ... Er landete, wie zu erwarten war, bei der romanhaft angerührten Idylle (die 1914 gestört wurde, November 1918 ein Ende nahm).«[4] Binsenwahres Urteil, das den Autor der »Geschichte vom Franz Biberkopf« nicht gerade als literaturkritische Kapazität ausweist. Aber so geht's den Engagierten.
Döblin hat nicht bemerkt, daß er, ohne freilich wie Thomas Mann oder Georg Hermann Fontane-Nachfolger zu sein, dennoch in der berlinischen Romanüberlieferung steht, die schon mit Friedrich Nicolai, im 18. Jahrhundert also, angefangen hat, noch hätte er –

das ist ihm zugute zu halten – schon bemerken können, daß ihn eine ähnliche, wenn auch minder ausgeprägte Prophetengabe auszeichnete wie Fontane: Dieser sah am Ende seiner Bahn beispielsweise den Zusammenbruch von 1918 voraus, der dann nicht mehr lange auf sich hat warten lassen: »Worin unser Kaiser die *Säule* sieht, das sind nur *thönerne Füße*«[5]; das so fassadenschöne Prunkgebäude des Wilhelminischen Reichs sah der Dichter wanken. Und Döblin sah im Berlin der golden twenties, die sich anderen so verklärt darstellten in ihrer seifenblasigen Farbigkeit, nur den Hexensabbat der großstädtischen Um- und Unterwelt, in deren kollektiven Sog der einzelne unentrinnbar gerate: In der Gestalt des Biberkopf sei der Typus des Mitläufers bereits vorweggenommen, hat man gesagt.

Aber der Verfasser der angeblich nur »romanhaft angerührten Idyllen« hat sogar noch zwei Jahrzehnte weiter geblickt, und das hätte sich Döblin wohl zu Herzen nehmen müssen, wenn es ihm bekannt gewesen wäre: »Ich bin von Kindesbeinen an ein Judenfreund gewesen und habe persönlich nur Gutes von den Juden erfahren. Dennoch hab' ich so sehr das Gefühl ihrer Schuld, ihres grenzenlosen Übermuts, daß ich ihnen eine ernste Niederlage nicht bloß gönne, sondern wünsche. Und das steht mir fest, wenn sie sie jetzt nicht erleiden und sich jetzt auch nicht ändern, so bricht in Zeiten, die wir beide« – die Adressatin ist Mathilde v. Rohr – »freilich nicht mehr erleben werden, eine schwere Heimsuchung über sie herein.«[6] Daraus hätte sich zu dem Idylliker Fontane auch noch ein Antisemit oder gar ein »Nazi vor Hitler« namens Fontane ertüfteln lassen, wenn einer hätte mißverstehen und die befürchtende Fürsorglichkeit nicht hätte sehen wollen. Alfred Döblin, Jahrgang 1878, hat die »schwere Heimsuchung« noch erlebt; da war er ein Mann von 55 Jahren

und mußte emigrieren. Und Fontane wäre der erste
Prophet gewesen, nach dem sich irgend jemand gerichtet hätte.

Ich kann nicht behaupten, daß die städtischen Gymna-
sien Berlins sich durch die Bank die Döblinsche Fonta-
ne-Beurteilung zu eigen gemacht hätten. Das hing wohl
auch am Stadtteil. Wenn die Lehrer am Mommsen-
Gymnasium in Berlin-W, das ich besucht habe, überhaupt links standen, so doch selten linker als die Deutsche Volkspartei weiland, und als zu eben der Zeit, da
Döblins »Berlin-Alexanderplatz« erschien, mein erster Direktor zu Grabe getragen wurde, sah das Trau-
ergefolge, soweit ehemalige Offiziere immer noch in
den, nun etwas zu engen, kaiserlichen Uniformen, doch
eher so aus, als geleite es einen pensionierten General
zur ewigen Ruhe. Nur die drei Salven fehlten. Dieser
Direktor, Geheimrat Przygode, hatte 1914 bis 1917
der Frontbücherei in Lüttich vorgestanden. Man wird
ihm nicht im Nachhinein antipreußische Gesinnung un-
terschieben dürfen. Sein Nachfolger hieß Mackensen
und war, so verlautete, ein Vetter des gleichnamigen
Generalfeldmarschalls.

In dem Fontaneschen Romanentwurf »Obristleutnant
v. Esens« (etwa 1886) heißt es: »Er mußte bei der großen Zahl von Vereinen denen er jetzt angehörte so oft
zu Begräbnissen, was ihm anfänglich unbequem war.
Aber l'appetit vient en mangeant und eh er sich's ver-
sah und sich der Sache so recht bewußt war, war er Be-
gräbnisfanatiker geworden. Er wartete ordentlich auf
›Fälle‹. Er wurde denn auch bei den Reportern eine po-
puläre Figur, so daß jeder derartige Bericht an seinem
Schlusse lautete: ›Unter den zahlreich Erschienenen
bemerkten wir den Prinzen Alexander, den Herzog v.
Ratibor, den ersten Kammerherren ihrer Majestät der
Kaiserin, den Minister Maybach, den General v. Pape,

den Obristleutnant v. Esens etc... Das war im September. Schon im Oktober nehmen die Berichte des Reporters ein anderes Gesicht an, der Obristleutnant am Schluß fehlte und die Stelle blieb längere Zeit unbesetzt, bis sich ein adliger Landgerichtsrat, der von denselben Passionen wie v. Esens erfaßt zu sein schien und nun an seine Stelle trat. Obristleutnant v. Esens ruht auf dem Matthäikirchhof.«[7]

Der Geheimrat mit den vielen Vorkriegsuniformen im Gefolge wurde ebenfalls dort bestattet, dies nebenbei. Doch das Zitat aus jenem Romanentwurf an dieser Stelle will sagen: Auch vier Jahrzehnte nach Entstehung dieses Fontaneschen Aufrisses, der so überraschend deutlich zeigt, wie der fertige Roman hätte ausfallen müssen – man bekommt das Gefühl, man habe ihn in voller Breite gelesen –, konnten inmitten der republikanischen Reichshauptstadt noch lebende Bilder gestellt werden – unverabredete wohlverstanden –, die entsprechenden Szenen aus der Fontane-Zeit fast vollkommen glichen. So rasch ändert sich nichts. Dazu war auch die Revolution von 1918 nicht nachhaltig genug. So konnte das ausklingende Zeitalter noch unter dem bengalischen Licht des neuen sein manchmal etwas gespenstisches Fortdauern haben.

Ich bin dreizehn Jahre nach Fontanes Tod in Berlin geboren worden. Zwölfeinhalb Jahre, zwölf Jahre und fünf Monate. Also habe ich das architektonische Krustengehäuse dieser Stadt weithin unverändert noch so gesehen, wie Fontane es Abschied nehmend gesehen hat. Das Gehäuse. Die soziale Umgruppierung der Bewohnerschaft war schon zu seinen Lebzeiten in vollem Gange gewesen, bekannt unter dem »Zug nach dem Westen« (so ein Romantitel von Paul Lindau, 1886). Darüber ist später der speziell Fontanesche Lebensraum in der Stadt allmählich zum Alten Westen

geworden. Dieser in den Jahrzehnten nach den Freiheitskriegen vergleichsweise schnell gewachsene Stadtteil reichte von »der Königgrätzerstraße zwischen As-
kanischem Platz und Halleschem Tor«[8], wo der Dichter seine geschiedene »Effi Briest« wohnen läßt,
schließlich bis »W. Keithstraße 1c, zwei Treppen
hoch«[9], wo Effis geschiedener Mann, der Baron Instetten wohnt.
Solche Wohnungszuweisung durch den Dichter ist
nicht ohne Bedeutung, wenn sich auch heute nur noch
der ältere Berliner darin auskennen kann: Effis Domizil ist im älteren Teil des Alten Westens, der schon etwas verwohnt und daher billiger ist; die Keithstraße
liegt vor dem Zoologischen Garten ganz westlich,
schon an der Grenze eines nachmaligen Berlin-W.
Dort wohnen auch ein paar Häuser weiter, und zwar in
der Landgrafenstraße Botho und Käthe von Rienäcker
aus »Irrungen Wirrungen«[10], und während Effis Kin-
dermädchen Roswitha heißt, Roswitha Gellenhagen[11],
hört die Zofe der jungvermählten Baronin Rienäcker
auf den Namen Minette. Derlei will bei Fontane allerdings etwas heißen und ist als soziologische Platz-,
Rang- und Richtungsanweisung zu verstehen.
Instetten sagt: »Und wohin gehen Sie nun, Wüllers-
dorf? Es ist noch zu früh für das Ministerium.« – »Ich
schenk es mir heute ganz. Erst noch eine Stunde Spa-
ziergang am Kanal hin bis an die Charlottenburger
Schleuse und dann wieder zurück. Und dann ein kleines Vorsprechen bei Huth, Potsdamer Straße, die
kleine Holztreppe vorsichtig hinauf. Unten ist ein Blu-
menladen ...«[12] Fontanes Lokalkenntnisse gehen bis
ins kleinste Detail. Die Weinhandlung Huth befand
sich in der Potsdamer Straße 136–137 nach älterer
Numerierung. Dort pflegte Adolf Menzel seinen
Dämmerschoppen zu nehmen, und auch Fontane ver-

kehrte in diesem Haus, das sich später, als ich es erstmals betrat, erheblich vergrößert hatte. Aber immerhin
habe ich es noch betreten, und man hätte, bis der Bom-
benkrieg nahezu den gesamten architektonisch so sehr
noblen Alten Westen dem Erdboden gleichmachte, die
ganze Strecke noch zwischen Häusern der Fontanezeit
abschreiten können, beiderseits des »Kanals«, des
Landwehrkanals, der sozusagen die Seelenachse dieses
lang hingestreckten Stadtteils vor dem Halleschen,
dem Potsdamer und dem Brandenburger Tor bildete.
Fontane wohnte bescheiden, aber doch gleichsam in
der geographischen Mitte des Viertels, Potsdamer
Straße 134c, in späterer Numerierung Nr. 15, von 1872
an bis zu seinem Tod im Jahre 1898. Von diesem Haus
wie von den meisten anderen steht seit 1945 kein Stein
mehr, und damit erst war die Fontanezeit ganz und gar
beendet.

Wohnungssoziologie

Wir waren aber noch beim Scholarchen Przygode,
dem Geheimrat, und seinem Nachfolger, dem
Vetter Mackensens, an deren preußischer Gesinnung,
wie gesagt, nicht gezweifelt werden kann. An deren et-
waigem Antiborussismus kann es also nicht gelegen haben. Der Unterrichtsschwerpunkt hatte zwar vom römischen Imperialismus und Militarismus fort auf das
mehr geistige Hellas verlegt zu werden. Aber es hatte ja
dort auch ein Sparta gegeben, das sich sozusagen als
Codewort für Preußen gebrauchen ließ. So sind die
Gründe für die Vernachlässigung Fontanes woanders

zu suchen, und ich wage die Annahme, man werde das
Fontanesche Romanwerk für eine der Jugend unziem-
liche und auch unzumutbare Lektüre gehalten haben.
Klassiker? Den Rang habe Fontane nicht eingenom-
men und werde er in künftiger Wertschätzung auch
kaum je erklimmen. Das Preußische, ja, aber immer
wieder diese Eheskandale in gehobenen Kreisen und so
herzlich wenig dramatischer Inhalt! Da war Otto Ludwig schon aus ganz anderem Holz. Fontanes Romane,
wie auch immer, sind jedenfalls nicht durchgenommen
worden, um diesen häßlichen Terminus der damaligen
Paukersprache angemessen zu verwenden. Dagegen
Otto Ludwigs »Heiterethei«, die haben wir gelesen und
seine Tragödie »Der Erbförster« auch. War es eine
Tragödie? Der Zahl der Toten nach unbedingt, daran
erinnere ich mich noch. Aber der angehenden Welt-
stadtjugend praeter propter, wie sie sich dazumal an
besagtem Gymnasium zusammenfand, war doch mit
Dorfgeschichten und aufgesetztem Volkston nicht beizukommen. Man hätte uns ja auch nicht mit Defregger,
der gerade erst gestorben war (1921), oder mit Eduard
Meyerheim kommen dürfen, wenn wir soeben die Ausstellung von 90 Werken Edouard Manets in der Galerie
Matthiesen hatten bewundern können. Anno 1928,
eine Berliner Privatgalerie, die Gemälde aus dem
Louvre ausstellte, auch das waren die 20er Jahre!
Dabei, meine ich, hätten doch Fontanes »Poggenpuhls« oder »Frau Jenny Treibel« getrost zur Lektüre
herangezogen werden können, als Berolinensien für
eine berlinische Schuljugend zumal, und »Unterm
Birnbaum« würde auch solche Jungleser unterhalten
haben und immer noch unterhalten, die des kriminali-
stischen Pfeffers bedürfen, um einer Erzählung willig
von A bis Z zu folgen. Gelesen aber und auswendig gelernt worden ist das Gedicht vom »Herrn von Ribbeck

auf Ribbeck im Havelland«, dessen bin ich sicher, dieses volkstümlichste aller Fontaneschen Poeme, das nunmehr aber, wie jüngst zu lesen war, aus den Lehrplänen der DDR nachdrücklich ausgemerzt worden ist, da eine solche Adels- und Ausbeuterverherrlichung nicht länger hinzunehmen sei. So geht das dumme Hin und Her.

Nebenbei: der Zufall will es, ich besitze den Katalog jener Manet-Ausstellung von damals noch jetzt. Darin sind in drei Vor- oder Geleitworten Emil Waldmann, der Tizian-Waldmann, Max J.Friedländer und Max Liebermann zu Wort gekommen. In Liebermanns Aufsatz steht: »Der Maler sucht überhaupt nicht, er findet.« Bei Fontane steht: »Kunst besteht im Finden, nicht im Erfinden.«[13] Und Waldmann hat Manet zitiert: »Alles, was den Geist des Zeitgenössischen und der Menschheit zeigt, hat Wert. Alles, was ihn nicht zeigt, ist null.« Dazu habe ich zwar keinen Fontaneschen Parallelsatz zur Hand, obwohl ein Kenner vom Fach ihn sicherlich beibringen könnte, Manet hat aber eine Sentenz formuliert, mit der sich Fontanes Werk, das Romanwerk zumal, vortrefflich charakterisieren ließe, will sagen: beide haben dasselbe gesucht, das Zeitgenössische und in diesem das zeitlos Menschliche. Mir ist es von eh und je so gegangen – und daher der Exkurs –: das Paar auf Manets großem Gemälde »Im Gewächshaus« ist ganz einfach fontanesch; es stammt von 1879. Man muß ja nicht gleich an die Szene mit Melanie und Rubehn im van der Straatenschen Palmenhaus denken, »L'Adultera« im 12. Kapitel: »Es atmete sich wonnig, aber schwer in dieser dichten Laube; dabei war es, als ob hundert Geheimnisse sprächen, und Melanie fühlte, wie dieser berauschende Duft ihre Nerven hinschwinden machte . . .«[14] Aber man könnte doch daran denken. Jedenfalls hat Fontane gleichzeitig an »L'Adultera« gearbeitet; der Roman wurde Anfang 1880 begonnen und im selben Jahr noch abgeschlossen.

Und ferner Manets »Junge Dame im Reisekostüm«, ein Aquarell von 1880. Die junge Dame befindet sich am Meer, drei Segelboote deuten das an. Fontane begegnete Ostern 1871 in Le Puits bei Dieppe, ohne daß man sich einander bekannt machte, dem Ehepaar Dumas fils: ».. . sie, die Dame, elegant: ein schottisch karierter Mantel über einem violettfarbenen Wollenkleid, kleine Füße, hohe Knöchelschuh, der Kopf in einer Kapuze; eine Haarsträhne hatte sich gelöst und flatterte im Winde ...«[15] In »Aus den Tagen der Okkupation«, im Kapitel ›Le Puits‹ findet sich obiges Zitat; es schließt mit den Worten: ».. . schritt ich auf Dieppe zu. Da lag es im Sonnenglanz; zu seiner Rechten brauste und schäumte das Meer.«[16] Fontane hat die Begegnung nachdenklich gemacht. Über das Thema »Frau und Meer« wird weiter unten noch einiges zu sagen sein.

Wir Mommsenianer damals haben den »Archibald Douglas« auswendig hersagen können müssen, und ich kann heute noch lange Strecken der Ballade auswendig, die, ich weiß nicht wer, »das hohe Lied von der sehnsüchtigen Vaterlandsliebe des Verbannten« genannt hat. Mir ist aber so – und ich werde mich kaum irren – als wenn sich das, was die Ballade mitteilt, nicht im englischen Geschichtsbereich abgespielt hätte, sondern im preußischen und die Akteure der Szene, sagen wir, von der Marwitz und Friedrich Eisenzahn oder sonst ein hohenzollernscher Kurfürst gewesen wären, mir ist so, als wenn die Ballade dann keine Aufnahme in unseren Lehrplan gefunden hätte. Denn ob auch die Weimarer Republik auf ihre positiven Seiten hin betrachtet, viel echtes Preußentum in demokratischer

Variante vorgelebt und praktiziert hat, so wußte sie das selber nicht oder nicht so recht. Aber Hohenzollernsches, das ging nun wirklich nicht: »Sechs Fuß hoch aufgeschossen«, wie »Prinz Louis Ferdinand« und dann noch »in der jungen Hand / den alten Preußendegen«[17], für ein solches Gedicht mag zwar im Herzen des Oberstudienrats ein verschwiegenes Plätzchen gewesen sein, war aber im offiziellen Deutschpensum kein Platz, und selbst, als im UFA-Palast schon die Fridericus-Filme mit Otto Gebühr liefen und sich eines mächtigen signifikanten Zuspruchs erfreuen konnten, hat doch keiner unserer Deutsch-Lehrer den Bekennermut aufgebracht, wenigstens das Gedicht »Der alte Zieten« durchzunehmen. So ist uns ein Meisterwerk einer bestimmten Lyrikgattung, patriotisch nun oder nicht, von Stadt und Staats wegen vorenthalten worden. Ganz schön borniert und dämlich! Kein Museumsdirektor ist damals auf die Schildbürgerei verfallen, die entsprechenden »Menzels« von den Wänden zu nehmen und in den Magazinen zu verbergen. Ganz un-fontanesch auch! Denn dessen Maxime hieß: »Alles ist gut, wenn es gut ist.«[18] So der Dichter, der ganz reife Dichter in einem Brief von 1894!

»Die Brück' am Tay« und »John Maynard«? Ja, auch diese Balladen wurden gelernt, frühe »Balladen im technischen Zeitalter«, wie man sie nennen könnte. Doch Bert Brechts »Lindbergh-Flug«? So weit ging es nun wieder nicht. Statt dessen aber nahm man im Musikunterricht »Tom der Reimer« in der Loeweschen Vertonung durch.

Meine Eltern besaßen eine in gelbes Leinen gebundene Fontane-Romanausgabe; es müßte sich um die vom S. Fischer Verlag 1915 herausgegebene Ausgabe gehandelt haben. Sie war dickbändig und zuletzt schon reichlich zerlesen, weil meine Mutter, mehr aber noch mein Vater, sie sich immer wieder einmal vorgenommen hatte. Als größerer Junge habe ich darin nachgeholt, was mir die Schule vorenthielt, ich habe zwar nicht schon den »Stechlin«, wohl aber »Effi Briest« gelesen und mit wachsendem Verständnis die »Poggenpuhls«, deren Familienumstände denen meiner mütterlichen Familie – ins Bürgerliche transponiert – ähnlich waren. Schon äußerlich, wenn es überhaupt etwas gibt, das bloß äußerlich und nicht auch Zeichen wäre, signatura rerum: die Poggenpuhls ziehen »von Pommersch-Stargard nach Berlin« und nehmen eine Wohnung in »einem mauerfeuchten Neubau der Großgörschenstraße«[19]; der Roman, 1891 begonnen, spielt von 1886 an, das läßt sich ausrechnen.

Als meine Mutter, Jahrgang 1883, drei Jahre alt war – 1886 also –, zog ihre Familie von Insterburg in Ostpreußen zu und war zunächst, weil das erheblich billiger war, »Trockenmieter« – Neubau-Erstmieter, der in Kauf nahm, daß seine Möbel durch die Mauerfeuchte Schaden nahmen – in der Culmstraße gleich um die Ecke, in der heutigen Kulmerstraße. Diese und die Großgörschenstraße mochten zwar auch noch zum nachmals Alten Westen gerechnet werden, am Rande wenigstens, doch haben dort weder Generäle noch Geheimräte je gewohnt. In den überbliebenen, ganz verwohnten Häusern kampieren heute Türken und Pakistani. Wer sich dazumal dort einmietete, war auf Reputierlichkeit bedacht, konnte aber nicht darüber hinwegtäuschen, daß er mit dem Pfennig rechnen mußte. Das hat Fontane mit dieser Lokalisierung sagen wollen – er sagt es in den »Poggenpuhls« auch mit Worten –, und seine zeitgenössischen Leser müssen das, wenn sie Berliner Verhältnisse kannten, auf Anhieb verstanden, einzelne vielleicht auch übelgenommen haben. Der heutige Leser wird nachgerade schon des kom-

mentierenden Hinweises bedürfen, soll aber nicht denken, daß Fontane jeweils ebensogut hätte eine andere
Straße oder Gegend nehmen können. Er zeichnete
menzel-genau; seine Platzanweisungen, wenn ich das
so sagen darf, sind gezielt und getroffen. Gewiß wird
ein poetisches Salz dieser Art bald taub und gerät eine
derartige Bezogenheit auf Zeitverhältnisse nach und
nach in Vergessenheit, zumal es auch das berlinische
Los aller und insbesondere der vornehmeren Stadtteile
ist, mit der Zeit ihren Charakter einzubüßen.

Erwähnter Obristleutnant v. Esens »zog nach Berlin in
die Bülowstraße. Hindersinstraße hätte ihm besser gepaßt, aber es war zu teuer«.[20] Die Bülowstraße quert
die Potsdamer und hielt in jeder Beziehung die Mitte
des noch neuen Alten Westens. In der Bülowstraße
etablierte 1886 S. Fischer sein erstes Verlagsbüro, das
ab 1915 über zwei Jahrzehnte hin Fontanes Werke be-
treuen sollte. Aber ach, die Hindersinstraße, quae mu-
tatio rerum! Dort steht nichts mehr und drüben rechts
der Spree ödet sich »die Mauer« durchs mehrfach ver-
drahtete und verschanzte Niemandsland. Die Hindersinstraße erstreckte sich links der Spree von der – ab-
gebrochenen – Kronprinzessinnenbrücke zum Tiergarten auf den Königsplatz, wo zu des Obristleutnant
v. Esens Zeiten – vor 1886 – noch kein Reichstagsge-
bäude stand; man hatte erst mit den Ausschachtungen
begonnen. Dieses »Viertel nördlich vom Königsplatz«,
weiß der Berlin-Baedeker von 1880, »enthält fast
durchweg palastartige Neubauten«. Aber Therese von
Poggenpuhl erzielte noch »in den Generals- und Mini-
sterfamilien der Behren- und Wilhelmstraße« ... »allemal große Zustimmung und Erfolge, wenn sie beim
Tee von ihren jüngeren Schwestern und deren Erleb-
nissen in der ›seinwollenden Aristokratie‹ spöttisch lä-
chelnd berichtete«.[21]

»Es gibt gewisse Herrschaftshäuser einer gewissen
Zeit, die das Portal nur auf der Seite haben können«,
meditierte Georg Hermann, Jahrgang 1871, dieser
immer etwas unterschätzte Schriftsteller, der hinsichtlich einer präzisen Wohn-Soziologie seinem Vorbild
Fontane nichts nachgibt: »Von der Straße wäre es un-
vornehm. Sie haben alle sehr hohe Fenster und sehr
große Zimmer und Ofen wie Denkmäler.« Er beschreibt die Roonstraße, die halbwegs parallel zur Hindersinstraße ebenfalls auf den Königsplatz zulief. Die
gemeinten Häuser stammen von 1860, sagt er, doch
wohnt (in seinem Roman »Rosenemil«, der 1903
spielt) dort nun schon die »Brillantenberta«, ein klobig
reiches Frauenzimmer von der Art, die man heute
Callgirl nennen würde, will sagen: die Gegend ist in sozialem Absinken begriffen.

Aus den Adressen der Fontaneschen Romanfiguren,
soweit sie in Berlin weilen oder zu Hause sind, läßt sich
Berlins Sozialstruktur jener Jahrzehnte wie an einer
statistischen Tabelle ablesen. Man wolle mir nachse-
hen, wenn mich derlei mindestens ebenso interessiert
wie die Romanthemen selbst. Doch sei darüber nicht
abgeleugnet oder ich halte es rückerinnernd für sehr
wahrscheinlich, daß ich über »Effi Briest« Tränen ver-
gossen haben muß und auch heute noch vergießen
könnte oder müßte: also lese ich sie nur mit Vorsicht.
Auf Distanz sozusagen.

Zur Einsegnung schenkte mir meine Mutter die »Wanderungen durch die Mark Brandenburg« in der Ausgabe von 1925 der J.G. Cotta'schen Buchhandlung
Nachfolger. Diese Bände haben sich leicht beschädigt
durch den Krieg gerettet; gleichermaßen beschädigt,
aber noch gut brauchbar sind die 21bändigen »Ge-
sammelten Werke« im Verlag Friedrich Fontane & Co,
die oben schon erwähnt wurden und die ich 1935 anti-

quarisch in der Nettelbeckstraße erstanden habe, am
westlichsten Rand des Alten Westens im Schoberth-
schen Buchantiquariat, das samt der Straßenzeile ver-
schwunden ist. Soviel von meiner Ausstattung in Fon-
taneana, die in den letzten Jahren mit anhebender Fontane-Renaissance an Umfang gewonnen hat.

Vom fischleibigen Wassergott

Diese Renaissance haben wir nun. Waltet da ein
geistesgeschichtliches Periodizitätsgesetz: Ge-
ringschätzung oder geringere Schätzung in der nächsten Generation, siehe das Junge Deutschland und
Goethe, Rehabilitierung und Hochschätzung in der
folgenden? Auf so simple Leisten lassen sich die kom-
plizierten Dinge leider nicht schlagen. Gerade der alte
Fontane durfte sich höchster Schätzung bei der Schrift-
steller-Generation erfreuen, die damals anfing, zur Feder zu greifen. Wir nannten Thomas Mann und müssen
auch Heinrich Mann nennen: »Der moderne Roman
wurde für Deutschland erfunden, verwirklicht, auch
gleich vollendet von einem Preußen, Mitglied der französischen Kolonie, Theodor Fontane. Als erster hier
hat er wahrgemacht, daß ein Roman das gültige blei-
bende Dokument einer Gesellschaft, eines Zeitalters
sein kann . . .« Und noch einmal Thomas Mann:
»Theodor Fontane ist unser Vater, die wir, einer überholten, doch zählebigen Ranglehre zum Trotz, dem
deutschen Roman als Kunstform die ästhetische Eben-
bürtigkeit neben Drama und Lyrik zu erwirken geson-
nen sind.«

Aber Einmütigkeit herrschte in dieser Generation nicht, wie oben an Döblin dargetan. Dessen Standpunkt wäre einem Periodizitätsgesetz gemäß gewesen: Verneinung, Abwertung, Aversion der Söhne gegen die Väter. Doch war im Fall Fontane solche Gesetzlichkeit – ich unterstelle sie als das normal Gegebene – von vornherein schon dadurch paralysiert, daß er, erst in hohen Jahren zu voller Leistung als Romanschriftsteller und zu einigermaßen wenigstens angemessener Breitenwirkung gelangt war, in Jahren, wo andere Geister von Rang ihre Höchstleistungen lange hinter sich haben und, als veraltet und überholt, nicht mehr maßgebend sind, es geschehe ihnen Unrecht oder nicht.

Richard Sternfeld, Geschichtsdozent schon an der Berliner Universität, aber noch weit ab vom Philisterium, berichtete über die offizielle Feier anläßlich von Fontanes siebzigstem Geburtstag: »Als der Jubilar das Fest verließ, rieben ihm die ›Zwanglosen‹ – eine Berliner Gesellschaft, der auch seine Söhne angehörten – einen kräftigen Salamander. Bei der Jugend hatte sein Roman ›Irrungen, Wirrungen‹ eine neue besondere Verehrung für ihn erweckt: Wir hörten mit Vergnügen von den Protesten der Berliner Philister gegen das feine und innige Werk, als es 1887 in der ›Tante Voß‹ erschien, und wallfahrteten zu der von Botho und Lene geweihten Stätte nach Hankels Ablage.« (Draußen hinter Zeuthen.)

»Wird denn die gräßliche Hurengeschichte nicht bald aufhören?« so fragte hingegen ein Mitinhaber der »Vossischen«. Es waren die Alten, die wider Fontanes Federkiel als wider einen Stachel löckten, und Fontane war nicht der Sprecher ihrer oder seiner Generation, sondern der nächstfolgenden – was freilich alle Regeln auf den Kopf stellte und wobei über dem Romanwerk des alten das Balladenwerk des jungen Fontane und

mehr noch die großen kriegsgeschichtlichen Werke des
ausreifenden in unverdienten Schatten geraten sind.
Wie alt war Ernst v. Wolzogen, der Überbrettl-Wolzo-
gen, als er gleichfalls an jener Feier des siebzigsten Ge-
burtstags teilnahm? 34 Jahre. Es gelang ihm – man war
schon beim Käse –, endlich »der Jugend Gehör« zu
verschaffen, »es hatten nämlich bisher nur Männer
über fünfzig gesprochen« – der Kultusminister, der
72jährige Mommsen, der Fontanes Vorstreiter war,
und andere –, der stentorstimmige Wolzogen erzwang
sich Ruhe im Namen »jener Jugend, die den Jubelgreis
als einen der ihrigen verehrte, weil er noch in seinem
sechzigsten Jahre eine neue Richtung eingeschlagen
hatte . . .«.
Wolzogen brachte ein Huldigungsgedicht zum Vortrag,
worin es heißt:

> »Du bist es, du Recke von hoher Gestalt,
> Darüber die Siebzig keine Gewalt,
> Du mit dem leuchtenden Augenpaar,
> Der den Rauhreif schüttelt vom Lockenhaar,
> Du warmes Blut, du blankes Eisen,
> Du bist es, den wir Jungen preisen!
> Du hast nicht olympisch das Haupt geschüttelt,
> Als die Grünen am Tor des Parnaß gerüttelt –
> Du hast dich zu ihnen hinabbegeben
> Und noch einmal hinein in das brausende Le-
> ben . . .«[22]

Gegen Ende des üblichermaßen langen Carmens, das
zugleich ja auch ein schönes Porträt des Gefeierten liefert, heißt es:

> »So wardst du den Alten ein arger Moder-
> ner . . .«

Das Fest – es fand etwas verspätet am 4. Januar 1890 statt – verlief im übrigen aber nicht ohne Mißliches. Man hatte den Gesangsvortrag des »Archibald Douglas« auf dumme Weise gestört; da gab es also Leute an der Tafel, die Fontanes berühmteste Ballade schon nicht mehr kannten! Eduard Engel, ein Schriftsteller des Jahrgangs 1851, auch ein Festgast, hielt den unangenehm berührten Jubilar folgenden Trostes für bedürftig:

> »Volk der Denker und der Dichter!
> Schweigt mit solchen faulen Flausen!
> Denn bei Licht besehen seid ihr
> Eine Horde von Banausen!«

Das war dem Gefeierten allerdings nichts Neues weiter, nur pflegte er solchen Einsichten nachsichtiger Ausdruck zu geben als der zubeißende Eduard Engel, zum Beispiel so:

> »Das Publikum ist eine einfache Frau,
> Bourgeoishaft, eitel und wichtig,
> Und folgt man, wenn sie spricht, genau,
> So spricht sie nicht einmal richtig...«[23]

Und ähnlich auch, wenn Fontane »Unsre ›deutsche Frau‹« sagen läßt:

> »Da würd' ich nun gern ins Theater gehn,
> Aber, am Ende, was soll man sehn?
> ›Sodoms Ende‹ gilt ja für unmoralisch,
> Schiller ist mir zu theatralisch,
> Und macht immer schöne Worte nur –
> Das Beste bleibt doch die freie Natur...«[24]

Versprochen hatte er sich von der Festivität zu seinem Siebzigsten ohnehin nichts, wie aus dem Brief an Stephany vom 18. November 1889 zu ersehen ist: ». . . Ach, ich bin in grenzenloser Verlegenheit, denn ich soll ja nun sagen: wer wohl aufzufordern ist. Ja, ich weiß keinen. Ich kenne keinen, von dem ich mich nicht überzeugt hielte, daß er bei ergehender Aufforderung zur Beteiligung in Verlegenheit oder Ärger oder in Spott geriete. In solcher Anfrage oder Aufforderung liegt ein stiller moralischer Zwang. Das ist das eine. Was aber noch schlimmer, wer sieht einen denn für voll an? Wer erklärt einen ehrlich, aufrichtig und gern für Fest-berechtigt? Siebzig Jahre kann jeder werden, wenn er einen leidlichen Magen hat. Also, was soll der Unsinn? Der Kerl ist schon so eingebildet, und eigentlich ist es doch ein Jammer mit ihm; er hat nicht mal studiert . . .«[25] Diese Briefstelle läßt keinen Zweifel über die Empfindlichkeit und Verletzlichkeit des Schreibers, wenn sich auch Textstellen in Menge beibringen ließen und beigebracht worden sind, die den Dichter in demokritischer Ataraxia und als humorigweisen ›père noble‹ in die allgemeine Vorstellung haben eingehen lassen.

»Man hat seinen Fontane wie ein liebes Stück Hausrat in der Wohnung; er lebt in der Familie . . .«, hat Döblin beanstandet. Diese Familiarität beruht doch wohl mehr auf einer Täuschung, auf unzulässiger Vereinfachung und Einseitigkeit. Die Seele des Dichters oszillierte mit wechselnder Heftigkeit, aber stetig, sagen wir, zwischen den Polen »äußerste Sensibilität« oder »schöpferische Reizbarkeit« und »depressive Apraxie«, über welche inneren Spannungen und fiebrigen Erregungen der lindernde Schleier dauernder Causerien über all und jedes, über Großes und Kleines als ein Schutzmantel gebreitet wird. Oder als Spannung abbauende Funkenketten. »Ich bin zeitlebens ein nervenkranker Mann gewesen, und es hat auch gehen müssen und ist gegangen«[26], gesteht er in einem Brief von 1889 seiner Tochter Martha, genannt Mete.

Seine Einstellung zu Ovationen aber scheint eine seiner abertausend Verszeilen anzudeuten: »Was mir fehlte, war: Sinn für Feierlichkeit.«[27] Das glaube ich ihm nicht so ohne weiteres, sehe es auch auf den Altersporträts nicht, nicht auf der Wernerschen Kreidezeichnung von 1890, Frack, Roter-Adler-Orden und so weiter, nicht auf den Fechnerschen Bildnissen, die beide später datiert sind. Wenn aber, dann nur auf der Porträtskizze Liebermanns von 1896, die den betagten Dichter wie von innen leuchtend zeigt, ganz und gar Geist, des Irdischen überhoben.

Es braucht hier dem nicht näher nachgegangen zu werden, inwieweit jene – unterstellte – Wertschätzungsregel sich doch noch einpendelte. Bald nach Fontanes Tod würfelten die politischen Vorgänge alles durcheinander und brachten es mit sich, daß im Drunter und Drüber nach 1918 Fontanes Werk mehr oder weniger von politisch affektiven Standpunkten aus, ohne distanzierte Sachlichkeit, beurteilt wurde, wie oben anhand der unentschiedenen Gymnasiallehrpläne der 20er Jahre skizziert wurde. Einmal mehr fielen dabei jene kriegsgeschichtlich-dokumentarischen Werke unter den Tisch, da sie von drei siegreichen Kriegen zu berichten hatten, was nunmehr nicht gerade das Passende zu sein schien und aufflackerndem Chauvinismus und Revanchismus hätte Nahrung bieten können. Diese Trauben waren zu sauer. Antimilitarismus und Kriegsgegnerschaft beherrschten das geistige Feld. Dies muß in volksfremder Weise übertrieben worden sein, denn die Reaktion war schließlich das waffenrasselnde, schwerterklirrende Dritte Reich.

Wie dieses sich dann zum Phänomen Fontane gestellt
hat, weiß ich eigentlich nicht. Das kann daran liegen,
daß es sich dazu offiziell zu schweigen befleißigte. Oder
hat man nicht auch getrachtet, Fontane für Hitlers Im-
perium zu okkupieren? »Es ist nicht unmöglich, daß
der alte Dichter damals in Träume versank, die in unseren Tagen ihre fast unvorstellbare Verwirklichung erlebten«, sagte H. W. Seidel 1940. So recht lauthals zu
preisen war aber der liberale Judenfreund, als der er bis
dahin gegolten hatte, für »braune« Laudatoren
schließlich nicht oder doch nur, wenn man ganze Par-
tien seiner Äußerungen unterschlug. Die »Vossische«
wurde sowieso verboten, Preußens zweitälteste Zeitung, Fontanes Zeitung. Alfred Rosenberg hat zwar in
seinem »Mythos des zwanzigsten Jahrhunderts« nicht
versäumt, das recht eigentlich Germanische am Huge-
nottensprößling Fontane zu stipulieren, was aber doch
nicht schon einschließt, daß dem allzuständigen »Füh-
rer und Reichskanzler« dieser welsche Dichtername je
zu geneigten Ohren gekommen wäre. Joachim Fest
wird es wissen. Mit einer Ausnahme stammten die füh-
renden Nazis wie ihr Hitler aus dem Gebiet südlich der
Mainlinie, und diese deutsche Scheidelinie haben Ruf
und Popularität Fontanes meines Wissens so richtig
erst nach 1945 überschritten. Im Zuge anhebender
Fontane-Renaissance.

Immerhin aber haben oben erwähnte Briefsammlun-
gen von 1937, 1940 und 1943 noch erscheinen können,
und ich besitze aus jener schlimmen Zeit außer einer
verdienstvollen Arbeit über den »Tunnel über der
Spree« eine Fontane-Anthologie, »Fontane oder die
Kunst zu leben«, herausgegeben von der Die-
terich'schen Verlagsbuchhandlung, Leipzig 1939, die
zeigt, daß dieser Verlag sich ganz wacker gehalten hatte, auch wenn das Dritte Reich schon ins sechste seiner

1000 Jahre eingetreten war. Das Büchlein, »Ein Bre-
vier« untertitelt, wollte unauffällig Trost in der Trostlo-
sigkeit vermitteln, scheint mir. Um dies ungehindert zu
bewerkstelligen, hat man jüdische Implikationen allerdings ausgespart, oder man gestattete sich diesen – dem
Roman »Der Stechlin« entnommenen – Aphorismus
des Dichters gerade noch mitgehen zu lassen: »Alles
was mit Grammatik und Examen zusammenhängt, ist
nie das Höhere. Waren die Patriarchen examiniert oder
Moses oder Christus? Die Pharisäer waren examiniert.
Und da sehen wir, was dabei herauskommt . . .«[28] Und
man hat sich auch das folgende nicht entgehen lassen:
»Das Unheil, das Lessing mit seiner Geschichte von
den drei Ringen angerichtet hat, um nur einen Punkt
herauszugreifen, ist kolossal. Das ›Seid umschlungen,
Millionen‹ ist ein Unsinn.«[29]
Ein harter Satz, wie immer man ihn beurteilen und ins
Gesamtbild einordnen will, ein Satz wie ein einschla-
gender Meteorit, ein Sprengsatz, ganz gewiß aber kein
Schlagwort, mit dem der Dichter nach 1945 nun als der
Demokrat schlechthin auf den Schild zu erheben gewesen wäre, geschweige denn als sozialistischer Freund
der Massen. Als parlamentaristischer Demokrat mit
dem folgenden ebensowenig: »Der Kanzler« – Bismarck ist gemeint – »ist ein Despot; aber er darf es sein,
er muß es sein. Wär' er es nicht, wär' er ein parlamenta-
risches Ideal, das sich durch das Dümmste, was es gibt,
durch Majorität bestimmen ließe, so hätten wir überhaupt keinen Kanzler und am wenigsten ein Deutsches
Reich . . .«[30] Majoritätsbeschlüsse, »das Dümmste,
was es gibt«! Oder 1895 an seine Tochter: »Das Nietz-
schesche Wort vom ›Herdenvieh‹ ist leider wahr . . .«[31]
Wir sagten es und müssen es wieder sagen: diesen Proteus faßt man nicht. Der fischleibige Wassergott entgleitet auch dem Zugriff, der ihn für die landläufige

Demokratie beschlagnahmen will, und teilt dazu noch elektrische Schläge aus. Der Rochen.

Vom revolutionären Fieber

Groß ist die DDR im Einspannen großer Deutscher vor den Karren ihrer Belange. Getreu den Auslassungen Willi Stophs zum Dürer-Jahr 1971: »Für die Menschen, die den Sozialismus in der Deutschen Demokratischen Republik aufbauen, ist das lebendige, bewußte Verhältnis zu den revolutionären und humanistischen Traditionen ein fester Bestandteil ihrer geistigen Welt . . .«, hat man gleich auch den älteren Cranach mit Beschlag belegt, der – einem Weimarer Museumsdirektor zufolge – »immer den Hoffnungen, den Forderungen und dem Kampf des Volkes verbunden . . . tiefen Anteil an dessen Not und Leiden« nahm. Was man nicht anders denn als unbeweisbare Behauptung ins Gelach hinein anzusehen hat.

So ist es auch als Versuch am wenig tauglichen Objekt zu verzeichnen, wenn der im übrigen gewiß höchst verdienstvolle Hans-Heinrich Reuter, Fontaneforscher Nr. 1 der DDR und Träger des West-Berliner Fontane-Preises dazu, seinem zweibändigen Werk »Fontane« unter anderem voranstellt: »Nicht als *Fortsetzer* der Traditionen seiner Altersgenossen sah man Theodor Fontane, viel mehr als ihren *Überwinder.* Seitdem sind fast acht Jahrzehnte vergangen, eine Zeitspanne, die für Deutschland und die Welt Erschütterungen und Umwälzungen gebracht hat wie keine andere Epoche, von der wir wissen . . . Der Ruhm und Rang Theodor

Fontanes hat sie nicht nur überdauert, er beginnt heute, in der zweiten Hälfte des 20. Jahrhunderts und in einer Gegenwart, die von Jahr zu Jahr sichtbarer im Zeichen sozialistischer Umgestaltung der Welt steht, überhaupt erst ins allgemeine Bewußtsein zu dringen, wahrhaft verstanden und erfaßt zu werden . . .« Ist es an dem? Daß Fontanes Verachtung der Bourgeoisie und ihres Geldsackglaubens mit den Jahren zugenommen hat, ist noch kein hinreichender oder gar zwingender Grund, ihn für den Sozialismus der DDR in Anspruch zu nehmen. Des Dichters reifere Jahre fielen ja mit den Gründerjahren und all ihren unschönen und beklagenswerten Begleiterscheinungen zusammen, mit den herausfordernd fetten Jahren der Bourgeoisie nach dem Beginn des Maschinenzeitalters, das 1819, als Fontane geboren wurde, hierzulande noch kaum begonnen hatte. Er hat die bourgeoisen Wänste zunehmen sehen.

Daß Fontane im »Vormärz« politisch links gestanden hat, ist nicht zu leugnen; er war gerade erst in sein drittes Jahrzehnt getreten, als ein notorischer Spätentwickler nach allem, was oben gesagt worden ist. »Es kam die Herwegh-Zeit. Ich machte den Schwindel gründlich mit«[32], schrieb er schon 1854 sich distanzierend an Storm. Seine schon mehr das Komische streifende Beteiligung am Berliner Aufstand am 18. März 1848 kann man bei ihm in »Von Zwanzig bis Dreißig« nachlesen. Einen veralteten Bühnenkarabiner hatte sich der junge Apotheker organisiert und »hatte momentan den Glauben, daß einer Heldenlaufbahn . . . nichts weiter im Wege stehe«.[33] Er schüttete aber eine derart übermäßige Pulverladung in den Lauf, daß ihn ein Besonnenerer verwarnte: »Na, hören Sie . . .« Der angehende Barrikadenkämpfer erinnert sich: »Ich war bis dahin in einer fieberhaften Erregung gewesen, die mich aller Wirklichkeit, jeder nüchtern verständigen Erwägung entrückt hatte, plötzlich aber . . . stand alles, was ich bis dahin getan, im Lichte einer traurigen Kinderei vor mir, und der ganze Winkelried-Unsinn fiel mir schwer auf die Seele . . . Ich war unglücklich, daß ich mir das sagen mußte, aber war doch zugleich auch wie erlöst . . .«[34]

Hans-Heinrich Reuter versucht zwar diesen Revolutionär Fontane irgendwie doch noch zu retten: »Die von Selbstironie durchsetzte Darstellung seiner Teilnahme an den Kämpfen des ersten Revolutionstages« – was schon nicht stimmt: der aufgeregte junge Mann von 28 Jahren hat eben nicht gekämpft! –, »die Fontane 50 Jahre später in *Von Zwanzig bis Dreißig* gab, darf nicht dazu verführen, diese Teilnahme selbst als Farce abzutun.«[35] Da ist aber nichts zu retten.

Im März 1892 nämlich erkrankte Fontane in seinem 73sten Lebensjahr sehr schwer an etwas, das als Gehirnanämie diagnostiziert wurde. Seine Familie befürchtete geistige Umnachtung. Kein Mittel wollte anschlagen. Der Dichter hatte jede Hoffnung auf Vollendung des Unfertigen – er hatte »Effi Briest« unter der Feder, kam aber damit nicht zurande – sowie auf alle weitere Arbeit aufgegeben, als sein Berliner Arzt, Dr. Delhaes, zu der genialen Erkenntnis kam, im Tiefsten sei die Erkrankung weiter nichts als eine Schaffenskrise, der man abhelfen könne, wenn man den Patienten anrege, minder Strapaziöses zu Papier zu bringen, zum Beispiel Kindheitserinnerungen.

»Seit 8 oder 10 Tagen ins Schreiben gekommen«[36], konnte der Erlöste bereits im November desselben Jahres seinem Brieffreund Friedlaender melden, die selbstanalytische Methode hätte verblüffend gut angeschlagen. Das überaus anmutige Ergebnis waren »Meine Kinderjahre«, ein ermutigender Bucherfolg

noch dazu. Da es nun aber höchst wahrscheinlich ist,
daß auch die bald darauf begonnene Autobiographie
des jungen Fontane »Zwischen Zwanzig und Dreißig«
für ihn die gleiche probate Funktion der Befreiung oder
Auflockerung durch Selbstanalyse gehabt hat, hätte er
diesem erfolgreichen Genesungsprozeß geradezu zu-
widergehandelt, wenn er darin auch nur in einem Punkt
von der Wahrheit abgewichen wäre. Mithin muß die
Farce vom verhinderten Barrikadenkämpfer oder
»Barrikadenbauer«, wie sein Freund Lepel gutmütig
spottete, wohl oder übel bestehen bleiben, wenngleich
nicht zu bestreiten ist, daß der junge Pharmazeutiker
eine Zeitlang zu den Wahlmännern seines Stadtviertels
am Alexanderplatz gehört hat.
Es gibt auch eine diesbezügliche Briefstelle noch; wobei hinzuzufügen ist, daß Fontane sich brieflich weitaus
mehr Offenheit erlaubte als in seiner publizistischen
und belletristischen Produktion der reifen Jahre. Der
betreffende Brief stammt vom 19. März 1895 und ist an
Georg Friedlaender gerichtet. Seine Autobiographie
»Zwischen Zwanzig und Dreißig« muß zu der Zeit
schon mehr oder weniger abgeschlossen gewesen sein:
»Heute vor 47 Jahren feierte ich den Sieg der ›Revolution‹ mit einem Karabiner in der Hand, den ich, am
Tage vorher, aus dem Königstädtischen Theater ge-
räubert hatte, um damit für die Freiheit zu kämpfen;
ich stellte ihn aber beiseit', als ich ihn hatte, weil ich seiner Schußkraft fast noch mehr mißtraute als meiner
Heldenschaft. Wer sich in Preußen auf Revolution ein-
lassen will, muß sehr optimistisch leichtsinnig oder sehr
tapfer sein.«[37] Womit die Frage nach dem Barrikadenkämpfer Fontane erledigt sein dürfte.
Drei Tage später, am 21. März 1848, promenieren Vater und Sohn Fontane durch die Straßen der preußischen Residenz: »Beim Näherkommen sahen wir, daß

es der König war, der da heranritt, links neben ihm Minister v. Arnim, eine deutsche Fahne führend.

›Du hast Glück, Papa, jetzt erleben wir was.‹ Und richtig, hart an der Stelle, wo wir standen, hielt der Zug und an die rasch sich mehrende Volksmenge richtete jetzt der König seine so berühmt gewordene Ansprache, drin er zusagte, sich, unter Wahrung der Rechte seiner Mitfürsten, an die Spitze Deutschlands stellen zu wollen. Der Jubel war ungeheuer. – Als der Zug vorbei war, sagte mein Vater: ›Es hat doch ein bißchen was Sonderbares, ... so rumzureiten ... Ich weiß nicht ...‹ Eigentlich war ich seiner Meinung. Aber es hatte mir doch auch wieder imponiert und so sagt' ich denn: ›Ja, mit dem Alten ist es nun ein für allemal vorbei. So mit Zugeknöpftheiten, das geht nicht mehr. Immer an die Spitze.‹

›Ja, ja.‹

Und nun gingen wir auf Fuhlmanns Kaffeegarten zu.«[38]

Wir haben nicht den geringsten Grund, die biedermeierliche Szene für erfunden zu halten. Die bürgerliche Reserviertheit beider Fontanes ist klar. Der Sohn sagt Unsinn und legt sich auch fast fünfzig Jahre nach den Ereignissen nicht große Worte in den Mund. Dem Vater kommt alles sonderbar vor, und das wird es wohl gewesen sein. Dieser März 1848! Nicht das Ruhmesblatt in der deutschen Fortschrittsgeschichte, zu dem man es je nach politischer Lage immer wieder einmal hat stilisieren wollen! Die beiden Herren gingen Kaffee trinken »draußen vor dem Brandenburger Tor« im Tiergarten, wo Berlins Westen seinerzeit nur aus ein paar Villen und einigen Gartenwirtschaften bestand. Doch der revolutionäre Schub, der den Sohn ergriffen hatte, klang mit sehr schmerzlichen Nachwehen ab. »... Hypochondrische Anfälle, halb melancholisches

Brüten, halb leidenschaftliches Auffahren gewinnen
immer mehr Macht über mich, so daß ich mitunter
überhaupt an mir verzweifle, und an dem Poeten nun
schon ganz unbedingt...«[39] So schrieb er im April
1849 an seinen Freund Lepel, war aber ein halbes Jahr
vorher noch in voller Unruhe gewesen: »Ich bin nicht in
der Stimmung, auf deinen unendlich friedlichen Brief,
der nach Abgeschiedenheit und nach jedem beliebigen
Jahrgang – nur nicht nach 1848 schmeckt, einzugehen...« Dann heißt es: »Mit dürren Worten: hast du
nicht auf väterlicher Rumpelkammer eine alte, aber
gute Büchse? Ich fordre es von dir als einen Freund-
schaftsdienst, mich nicht im Stich zu lassen, wenn du
meinen Wunsch erfüllen kannst, und sehe einigen Zeilen, noch lieber dem Muskedonner in Person entgegen.
Lache nicht, die Sache hat ihre sehr ernsthafte Seite...
Vielleicht wird alles anders, als es den Anschein hat,
und auch mein Fieber geht wieder vorüber...«[40]
Lepel hat den »Muskedonner« nicht geschickt, und das
»Fieber« ist vorübergegangen. Am 11. Dezember
1849 schrieb Fontane: »Ich bin nun mal Preuße und
freue mich, es zu sein.«[41]

Der Muskedonner in Person

Wie ist seine Stellung zum Komplex Preußen?
Auch da ergibt sich eine konfuse kontroverse
Aufrechnung. »Preußen muß zerfallen«[42], konnte man
aus der Feder des Journalisten Fontane in der »Berliner Zeitungshalle« 1848 lesen. »Seine Provinzen gleichen ebensovielen Eisenstäben, die ohne Anziehungs-

kraft untereinander durch das Tau eines absoluten Willens zusammengehalten werden. Das Tau ist mürbe geworden, es wird zerrissen, und die Eisenstäbe werden folgen, wohin der Magnet der Stammesgleichheit sie zieht.«[43]

Prophetensatz von aktueller Richtigkeit, den Ereignissen sogar hundert Jahre vorauf, wenn man für die Magnetkraft der Stammesgleichheit die noch weitaus stärkere der Machtblockzugehörigkeit setzt, die die deutsche Nation entzweigerissen hat; welchen irreparablen Vorgang die endgültige Liquidierung des Preußenstaates eingeleitet hatte, 1947.

Wenn nicht Prophetie, so doch Sinn und Spürnase für historische Prozesse, die freilich zunächst in anderer Variante abliefen, als er gemeint hatte, wenn er im eben erwähnten Artikel schrieb: »Bayern, Sachsen, Schwaben, sie werden in Deutschland aufgehen, der großen deutschen Republik werden diese Namen nicht fehlen ... Preußen muß zerfallen.«[44] Das war damals nicht nur des Schreibers Meinung. Preußen war erst auf dem Wiener Kongreß so übermächtig vergrößert worden, und *die* Preußen waren kein deutscher Volksstamm. 1871 konnte das Deutsche Reich neu gegründet werden, allerdings als ein Kaiserreich. Aber wie denn Preußen recht eigentlich erst entstand, als es bei Kunersdorf seine schicksalwendende Niederlage erlitt, so ist es, wenn man so will, nach dem mächtigen deutschen Sieg bei Sedan im Reich aufgegangen; eine eigene Geschichte, die von der Reichsgeschichte getrennt zu betrachten gewesen wäre, hat dieser Staat, ob Königreich oder ab 1918 Republik, fortan nicht mehr gehabt und ist nun ausgelöscht.

Noch mehr der Ketzereien von 1848? »Gleich jenem volksentstammten Korsen ergreift das Volk die Fahne der neuen Zeit und über Leichen und Trümmer hinweg stürmt es unaufhaltsam zum Siege.«[45] Pathetische Zornworte auf der Klimax des revolutionären Schubes, der dann schnell abflaut.

Fontane ist aber dem preußischen Zopf-, Kommiß- und Verwaltungsstil allezeit ein strenger Kritiker geblieben; gräßlich war ihm, was er ›Borussismus‹ nannte. Aber als wenn es nicht einen, sondern zwei Fontane gegeben hätte, blieb der eine doch immer in der Lage, Preußens Größe zu sehen, wenn und wo sie zu sehen war. Wie wären sonst seine vielen Gedichte der nachstehenden Art zu erklären? Zur Enthüllungsfeier des Friedrich-Denkmals – des Rauchschen, es steht heute im Park von Sanssouci – im Jahre 1851, also drei Jahre nach der Märzrevolution, schrieb er – und er wäre doch der letzte gewesen, sich etwas in den eigenen Hals zu lügen:

»Blitz nur herab von deiner Wacht;
Und wenn uns Feinde spotten,
Pandurentum und Slawenmacht
Sich rings zusammenrotten,
Dann, dir zu Füßen, weck' und wink'
Dem alten Leibhusaren
Und sprich: ›He, Zieten, sattl' Er flink!
Wir woll'n mal drunter fahren.«[46]

Und zwanzig Jahre später unentwegt: »Einzug (16. Juni 1871)«

»Hunderttausende auf den Zehenspitzen!
Vorüber, wo Einarm und Stelzfuß sitzen,
Jedem Stelzfuß bis in sein Bein von Holz
Fährt der alte Schlachtenstolz.
Halt,
Vor des Königs ernster Gestalt.

Beim Fritzen-Denkmal stehen sie wieder,
Sie blicken hinauf, der Alte blickt nieder,
Er neigt sich leise über den Bug:
›Bon soir, Messieurs, nun ist es genug.«[47]

So wenig man aus diesem Dichter einen waffenfeindlichen Pazifisten machen könnte – am Rande erwähnt, die letzte Zeile hat auf sehr diskrete Weise eine prophetische Warnung zum Inhalt –, so wenig man aus dem herben Kritiker Preußens, der im Alter auch manche nörgelnde Verdrießlichkeit und Verärgerung erkennen ließ, einen praktizierenden Antipreußen aufbauen könnte, so wenig läßt sich ein Sozialist, wie ihn die DDR versteht, aus Fontane ableiten.

Zwar heißt es 1895 in einem Brief in Hinblick auf einen Roman, »Die Likedeeler«, »als phantastische und groteske Tragödie«: »Der Stoff in seiner mittelalterlichen Seeromantik und seiner sozialdemokratischen Modernität – ›alles schon dagewesen‹ – reizt mich ganz ungeheuer . . .«[48] Aber man wird wohl kaum anhand eines Romanfragments – »die Likedeeler« sind eins geblieben – auf die politisch verbindliche Endmeinung seines Autors pochen dürfen, wie sie denn voll zutage getreten wäre, wenn es nicht beim bloßen Entwurf geblieben wäre. Ebensowenig freilich darf man über den poetischen Wert oder Unwert des gedachten Romans ein Urteil fällen, als hätte man ihn fertig vorliegen; besondere Eignung des Dichters für die Bewältigung gerade eines solchen Stoffs verraten die Bruchstücke nicht. Eine Bildteppich-Manier wie in Stifters »Witiko« hätte angewendet werden müssen, hätte Fontane aber nicht gelegen. Und was an Sozialismen im partienweise recht handfest schon ausgearbeiteten Fragment tatsächlich vorkommt, macht ganz gewiß noch keinen linken Fontane, mit dem ein marxistisch-leninistisch-sozialisti-

scher Staat von heute sich schmücken dürfte. Auf die
»Likedeeler« ist aber immer wieder als auf ein »rotes«
Beweisstück gepocht worden, was um so besser ging, je
weniger dieser Piraten-Romanversuch allgemein bekannt war.

»Wirklicher Reichtum«, schrieb Fontane 1884 an seine
Tochter, »imponiert mir oder erfreut mich wenigstens,
seine Erscheinungsformen sind mir im höchsten Grade
sympathisch, und ich lebe gern inmitten von Menschen,
die fünftausend Grubenarbeiter beschäftigen, Fabrik-
städte gründen und Expeditionen aussenden zur Kolo-
nisierung von Afrika. Große Schiffsreeder, die Flotten
bemannen, Tunnel- und Kanalbauer, die Weltteile
verbinden, Zeitungsfürsten und Eisenbahnkönige sind
meiner Huldigungen sicher. Ich will nichts von ihnen,
aber sie schaffen und wirken zu sehn, tut mir wohl; alles
Große hat von Jugend auf einen Zauber für mich gehabt, ich unterwerfe mich neidlos. Aber ›der Bourgeois‹ ist nur die Karikatur davon; er ärgert mich in seiner Kleinstiezigkeit und seinem unausgesetzten Verlangen, auf nichts hin bewundert zu werden ...«[49]
Fontane unterscheidet so klar zwischen Großunter-
nehmertum und Bourgeoisie, wie er zwischen Preußentum und Borussismus unterscheidet. Die großen Leistungen, deren Zeitgenosse er war, ließ er gelten, ohne
sich anbiedern zu wollen. Aber das Protzentum, das
haßte er: »Vater Bourgeois hat sich für eintausend Taler malen lassen und verlangt, daß ich das Geschmiere
für einen Velasquez halte. Mutter Bourgeois hat sich
eine Spitzenmantille gekauft und behandelt diesen
Kauf als ein Ereignis. Alles, was angeschafft oder wohl
gar ›vorgesetzt‹ wird, wird von einem Blick begleitet,
der etwa ausdrückt: ›Beglückter du, der du von diesem
Kuchen essen, von diesem Wein trinken durftest ...«[50]
Letzteres aus dem gleichen Brief. In »Frau Jenny Trei-

bel«, dem Gesellschaftsroman, der 1888 erscheinen
sollte, kommt aber die ›Mutter Bourgeois‹ gar nicht so
schlecht weg.

Im »Likedeeler«-Fragment geht es um folgendes: Stör-
tebekers Seeräuber, die schließlich allesamt dem Henker verfallen, tun zwar beruhigenderweise kleinen
Leuten nichts, leben aber unverfroren vom Seeraub
und vom Verkauf des Raubes unterm Preis auf kleineren Inlandmärkten. Den Erlös investieren sie in ihre
und ihrer Schiffe Ausrüstung, den Überschuß teilen sie
untereinander zu gleichen Teilen in streng geübter
Bandenmoral, daher der Name Gleichteiler. Was alles
in allem nur auf sozialistische Phantastereien schließen
läßt, auf mehr aber nicht. Wie sagt doch gleich der Prior
zu Marienhafe von Klaus Störtebeker und lacht dabei
sympathisantisch: »Er ist ein ehrlicher Fanatiker und
wenn er dreizehn Hamburger an den Raaen seines
Schiffes hängen läßt, glaubt er sich im Recht und vielleicht ist er's auch.«[51] Döblin übrigens hat das Fragment verurteilt!

Die Novellette »Der Karrenschieber von Grissels-
brunn« ist ebenfalls nicht der Feder eines angehenden
Sozialisten entflossen. Das Interesse des Erzählers gilt
nicht den Karrenschiebern als solchen, gilt nicht ihren
sozialen Nöten, sondern dem einen unter ihnen – auf
einer Baustelle –, der solchermaßen apostrophiert
wird: »Sie sind aus gutem Hause und haben Schulen
besucht und sind dann früher oder später gescheitert,
mit Schuld oder ohne Schuld, sagen wir mit, das ist das
Wahrscheinlichere. Spiel, Weiber, Wechsel, vielleicht
falsche . . .«[52] Der verlorene Sohn streitet's nicht ab.

Ein mehr an Sozialismus wäre aus den Entwürfen »Johann der muntre Seifensieder« zu gewinnen, aber auch
das geht nicht. Fontane meditiert: »Von dem Augenblick an, wo wir statt des jetzigen Menschen lauter Sei-

fensieder, (...) alle von dem Stempel (?) dieses munt-
ren Johann haben werden, von dem Augenblick an ist
die soziale Frage gelöst, die Sozialdemokratie macht
die Bude zu, und das goldene Zeitalter beginnt...
Nietzsche hat das Wort ›Umwertung‹ erfunden. Ich
könnte ihm die Hände dafür küssen. Es muß alles ›um-
gewertet‹ werden, und von dem Augenblick an, wo dies
geschehen sein wird, wird zwar nicht das Unglück aus
der Welt geschafft sein, aber die Menge des Glücks, die
Zahl der Glücklichen wird unendlich gewachsen sein.
Alles läuft darauf hinaus, sich von der Vorstellung frei
zu machen: Geld sei Glück...«[53]
Man gerät in einige Verlegenheit und fragt sich, ob es
dem Nachruhm eines Dichters nicht doch abträglich ist,
wenn man nun gleich all und jedes, jeden Schmierzet-
tel, der des Poeten Schublade nie verlassen hat und mit
seiner Einwilligung wahrscheinlich auch nie verlassen
hätte, nachträglich ans Licht der Öffentlichkeit zerrt?
Mit Verlaub: Fontane war kein philosophischer Kopf,
der tragende Gedanke ist seicht. Wenn alle munter und
glücklich sind wie der bekannte Seifensieder mit seiner
Frohnatur, nun ja, dann sind sie eben munter und
glücklich. Besitz und Reichtum sind aber in der Parabel
weder abgeschafft noch neu verteilt, vielmehr verzichtet der Muntere und gibt dem Reichen sein Geld wieder
zurück, um unbeschwichtigt und unbestochen weiter
singen und sieden zu können. Der Entwurf soll von
1895 stammen.
Spaßigerweise – doch vielleicht deutet sich da die Ne-
bensächlichkeit an, als welche der Einfall rasch einmal
notiert worden ist – hat sich Fontane dabei zwiefach geirrt: das bekannte Gedicht ist weder von Pfeffel noch
von Lichtwer, wie er angenommen hat, sondern von
Hagedorn; darauf verweist schon der Herausgeber.
Auch sollen dieser nun oder jene, Fontane zufolge,

»ein schlechtes Lexikon ... oder gar keins«[54] gehabt haben, wenn sie das ›sablonnier‹ der französischen Vorlage mit ›Seifensieder‹ übersetzen. Gewiß, dazu hätte dort ›savonnier‹ stehen müssen, aber Fontane irrt seinerseits nun, wenn er ›sablonnier‹ mit ›Zinngießer‹ verdeutscht wissen will. ›Sablonnier‹ heißt ›Sandverkäufer‹, vielleicht auch ›Sandformer‹. Wie kann Fontane auf ›Zinngießer‹ gekommen sein? Weil er aus einer französischen Zinngießerfamilie stammte? Aber das lag doch schon weit zurück. Und obendrein haperte es bei ihm selbst, nach eigenem Geständnis, mit der Beherrschung der Sprache seiner Ahnen.

Der Sechsundsiebzigjährige schrieb 1896 an einen Londoner Freund: »Alles Interesse ruht beim vierten Stand. Der Bourgeois ist furchtbar, und Adel und Klerus sind altbacken, immer wieder dasselbe. Die neue, bessere Welt fängt beim vierten Stande an. Man würde das sagen können, auch wenn es sich bloß um Bestrebungen, um Anläufe handelte. So liegt es aber nicht. Das, was die Arbeiter denken, sprechen, schreiben, hat das Denken, Sprechen und Schreiben der altregierenden Klassen tatsächlich überholt. Alles ist viel echter, wahrer, lebensvoller. Sie, die Arbeiter, packen alles neu an, haben nicht bloß neue Ziele, sondern auch neue Wege.«[55]

Dies ist so interessant wie rätselhaft. Ist das auch ein Prophetenspruch? So hat er sich bisher noch nicht erfüllt, wenn auch die meisten Schreiber von heute dem unteren Mittelstand entstammen oder sich ein entsprechendes Air geben. Wo wäre denn über so neues »Denken, Sprechen und Schreiben« etwas zu erfahren gewesen? Bezieht sich der Dichter auf englische Erfahrungen? Er verschweigt es. Meines Wissens kannte Fontane *den* Arbeiter kaum aus persönlicher Fühlungnahme. Wilhelm Liebknecht und August Bebel,

die er wohl im Sinn gehabt haben könnte, waren zwar
sozialdemokratische Sprecher der um sie herum sich
scharenden Arbeiterschaft, waren aber, Liebknecht
Jahrgang 1826, Bebel 1840, selbst keine Arbeiter. Dieser war Drechslermeister, jener studierter Akademi-
ker. Übrigens ist wie so viele unserer Begriffe *der* Arbeiter nie so recht klar definiert worden, so daß er alle
mögliche Gestalt annehmen kann. Man denke nur an
die »Nationalsozialistische Deutsche *Arbeiter*partei«
und an die obersten »*Arbeiter*« an ihrer Spitze. Doch
wird auch schon aus obigem Zitat nicht klar, was Fontane unter »*Arbeiter*« verstanden hat und verstanden
wissen wollte.

»Die Blässe und Unschärfe der ›Globsower‹« – das
sind die sozialdemokratischen Wähler eines Wahlkrei-
ses der Grafschaft Ruppin in Fontanes größtem, schön-
stem und letztem Roman »Der Stechlin« – »als Gestalten am äußersten Rande der Handlung aber steht in einem empfindlichen Gegensatz zu der Rolle, in der sie
als Vertreter ihrer Klasse in den Gesprächen figurie-
ren«[56], bedauert Hans-Heinrich Reuter. In der Tat ist
das, was der »Drechslergeselle Söderkopp«, »der . . .
auch noch mal Bebel werden«[57] kann, verlauten läßt,
unscharf und bläßlich; nur weiß man nicht so recht: will
der Dichter ihn so zeichnen oder mangelt es ihm – das
ist das Unwahrscheinlichere – an Kenntnis des Tenors
und der Tonart sozialdemokratischer Wahlreden von
damals? Doch wenn nach stattgefundener, für die So-
zialdemokraten siegreicher Wahl einer ihrer Wähler,
zwar einer mit schlechtem Leumund, total besoffen am
Wege liegt und der alte Herr v. Stechlin und sein Kutscher diese hilflose Person, die ihnen sehr wohl bekannt
ist, auf den Jagdwagen laden – der alte Herr hat soeben
seine Wahlniederlage in standesgemäßer Gelassenheit
hingenommen –, dann werden die Zweifel, nach wel-

cher Seite sich der Dichter zuneigt oder wünscht, daß
der Leser sich zuneige, schon geringer.

Niemand bestreitet, daß sich Fontane mit den alten
Herren seiner Romane, mit den Herren v. Briest und
v. Stechlin, zunehmend identifiziert hat, wie er ja auch
seine eigene voll ausreifende Person in immer deutli-
cherer Kongruenz mit dem Bilde seines Vaters sah. So
muß man vor allem den alten Stechlin befragen, wenn
man wissen will, was der ganz reife Fontane wirklich
und letztlich gemeint hat. Denn er sagt es von seinem
Vater, aber es gilt genauso für ihn selbst: »... wie er
ganz zuletzt war, so war er eigentlich.«[58] Der alte
Dubslav v. Stechlin, der fühlt, daß seine Tage gezählt
sind, führt im 41. Kapitel dieses Gespräch mit dem Po-
lizisten Uncke: »›Ja, der Pyterke‹ – ein berittener Gen-
darm – ›natürlich immer hoch zu Roß. Und Sie, Uncke,
ja Sie müssen laufen wie'n Landbriefträger. Es hat aber
auch sein Gutes; zu Fuß macht geschmeidig, zu Pferde
macht steif. Und macht auch faul. Und überhaupt, Ge-
brüder Beeneke is schon immer das Beste. Da kann
man nicht zu Fall kommen. Aber jeder will heutzutage
hoch 'raus. Das is, was sie jetzt die ‚Signatur der Zeit‘
nennen. Haben Sie den Ausdruck schon mal gehört,
Uncke?‹

›Zu Befehl, Herr Major.‹

›Und die Sozialdemokratie will auch hoch 'raus und so
zu Pferde sitzen wie Pyterke, bloß noch viel höher.
Aber das geht nicht gleich so. Gut Ding will Weile haben. Und Torgelow‹ – das ist ein sozialdemokratischer
Abgeordneter des Kreises – ›wenn er auch vielleicht
reden kann, reiten kann er noch lange nicht. Sagen Sie,
was macht er denn eigentlich? Ich meine Torgelow.
Sind denn unsere kleinen Leute jetzt mehr zufrieden
mit ihm?‹

›Nein, Herr Major, sie sind immer noch nicht zufrieden

mit ihm. Er wollte da neulich in Berlin reden und hat
auch wirklich was zu Graf Posadowsky gesagt. Und das
ist so dumm gewesen, daß es die andern geniert hat.
Und da haben sie ihm bedeutet: ,Torgelow, nu bist du
still; so geht das hier nich'.‹
›Ja‹, lachte Dubslav, ›und wo der nu steht, da sollte ich
eigentlich stehen. . . Nu kann Torgelow zeigen, daß er
nichts kann. . .‹«[59] Sinngemäß fortgesetzt kann das nur
heißen: sonst hätte ich es an dessen Statt zeigen müssen
und wäre der Blamierte gewesen. Da gibt es keinerlei
parteiisches Pro und Contra, nur lächelnde Selbstbe-
scheidung, umflort freilich mit einem herbstlich-
schmerzlichen Wissen, daß nichts zu halten ist, was zu
fallen reif ist, und nichts aufzuhalten, was da kommen
soll, selbst durch noch so törichte Reden nicht. Dieser
Schlußfirnis des Herbstlich-Schmerzlichen ist es meines Erachtens, der heute, aus dem Abstand eines um-
stürzlerischen Jahrhunderts, den feinsten Reiz der
Fontaneschen Gesellschaftsromane ausmacht, je später je feiner, im »Stechlin« zeigt sich dieser Reiz in seiner sublimsten Potenz. Aber da spielt auch eine belu-
stigte Zuversichtlichkeit noch mit hinein, die nicht
übersehen werden darf. Der alte Stechlin fährt nämlich
fort: »Und wenn sie's alle gezeigt haben«, daß sie's
auch nicht können, »na, dann sind wir vielleicht wieder
dran und kommen noch mal oben auf, und jeder kriegt
Zulage. Sie auch, Uncke, und Pyterke natürlich
auch.«[60] Und wenn auch das ein Prophetenwort wäre,
wie dann?
Eine literaturgeschichtliche Kuriosität oder mehr als
das: man zählte den September des Jahres 1898, als
Fontane die Korrekturen zur Buchausgabe des »Stechlin« abschloß. Am 20. September schloß er die Augen
gegen neun Uhr abends. Wir haben also allen Grund,
die Meinungen des alten Stechlin alias Fontane für et-

was wie letztwillige Meinungen zu halten und zu be-
wahren. Das gilt auch für »Zwischen Zwanzig und
Dreißig«, das im Winter 1894/95 entstanden war, aber
erst im Juni des Sterbejahres bei Friedrich Fontane &
Co erschien. Zwei Bücher in einem Jahr, im letzten.
Bemerkenswerte Koinzidenz überhaupt: Vaterbild –
Dichter – Selbstbildnis im alten Stechlin – Romanab-
schluß und Tod fallen in eins.

»Max Kretzers ›Meister Timpe‹ langweilt mich«[61],
hatte er 1888 notiert, er mag aber dennoch bei jener
Bewertung des vierten Standes hinsichtlich »Denken,
Sprechen und Schreiben« auch Kretzer im Auge gehabt haben, der als Gastwirtssohn zeitweilig Fabrikar-
beiter gewesen ist. Hatte er auch Gerhart Hauptmann
im Sinn? Auch der erste Satz des Romans »Stine«, auf
den Hans-Heinrich Reuter wie auf ein Argument verweist: »In der Invalidenstraße sah es aus wie gewöhnlich; die Pferdebahnen klingelten, die Maschinenarbei-
ter gingen zu Mittag. . .«[62], belegt nur den Ortskundi-
gen, den wir schon gewürdigt haben – es sind die Arbeiter der »Berliner Maschinenbau AG« –, sagt aber wenig oder nichts über den potentiellen Sozialisten, auf
den Reuter immer wieder abhebt. »Stine« übrigens ist
nach den Ärgernissen um die »Irrungen« von der Redaktion der »Vossischen« nicht angenommen worden;
Philister und Moralhüter hatten sich durchgesetzt.

Schwer freilich wiegen Sentenzen wie die, die den
Stand der evangelischen Geistlichen betrifft, die doch
als Romangestalten insgesamt recht gut abschneiden:
»Schafsköpfe, Heuchler, Narren. Diese Stümper,
Stümper noch mehr an Herz als an Geist, diese dürfti-
gen Gesellen . . . eine solche Löffelgarde will sich dem
Riesen der neuzeitlichen Entwicklung entgegenstel-
len«[63], in einem Brief von 1893. Voll gewaltiger Unge-
duld erbebt geradezu ein Brief von 1895 an Georg

Friedlaender: »Mein Haß gegen alles, was die neue
Zeit aufhält, ist in einem beständigen Wachsen, und die
Möglichkeit, ja die Wahrscheinlichkeit, daß dem Sieg
des Neuen eine furchtbare Schlacht vorausgehen muß,
kann mich nicht abhalten, diesen Sieg des Neuen zu
wünschen.«[64]
Eine neue Phase revolutionärer Unruhe hatte sich ihm
angebahnt. Ein Schub? Man muß es wohl so nennen.
Doch soll damit nichts Despektierliches angedeutet
sein! Der große alte Herr wurde von einer Unruhe ergriffen, wurde neugierig, zukunftsgierig, novarum rerum cupidus um jeden Preis. Wie hätten sich sonst die
Jungen ihm zuwenden und ihn zu den ihren zählen dürfen? Sie witterten das allein schon aus dem jung und
jünger werdenden Romanwerk; wohlverstanden, ohne
die Briefe zu kennen, aus denen oben zitiert wurde.
Gewisse Briefstellen hätten ja die Wirkung brennender
Lunten haben müssen, das ist keine Frage. Aber gesetzt
nun, auch der letztgenannte Satz sei einer der großen
Fontaneschen Prophetensätze – was ich nach allem Gesagten weder ausschließen kann noch will –, so sagt er
doch mit keinem Wort, daß Fontane, wenn irgendein
künftiger Sozialismus oder Kommunismus für ihn den
»Riesen der neuzeitlichen Entwicklung«[65] darstellte,
damit nun so etwas wie die Politbürokratie und die
Einparteienherrschaft der DDR ins Seherauge gefaßt
habe, die doch keiner Revolution ihre Entstehung ver-
dankt, sondern unter dem Siegerdruck der russischen
Präsenz zustande gekommen ist und sonst nicht wäre.
»*Wer die Geschichte kennt, darf prophezeien*«[66], hat
der Dichterprophet gesagt und sich selbst die Lizenz er-
teilt. Und mit welchem Recht! In der Dresdner Zeitung
vom 11. April 1850 stand es: »Nein, die russischen
Truppen an der litauisch-polnisch-schlesischen Grenze
stehen da als die immer bereiten Polizeischergen zur

Aufrechterhaltung sogenannter ›Ruhe und Ordnung‹, und wenn sie über kurz oder lang den Fuß auf deutschen Boden setzen sollten, werden die Armeen den alten Bund« – den Vertrag von Tauroggen –, »die alte Kameradschaft von 1813 erneuern, wenn freilich auch die Völker von der größten Lächerlichkeit der Weltgeschichte, ›die Russen wie vordem als ihre Befreier zu empfangen‹, weitab sein werden.«[67] Die detaillierte Treffsicherheit dieser Vorhersage ist verblüffend. Die meisten bekannten Weissagungen in aller Welt pflegten sich allgemeiner auszudrücken. Die Orakel der delphischen Pythia mußten erst in allgemeine Verständlichkeit übersetzt werden. Die Sowjetarmee hat 1945 ihren »Fuß auf deutschen Boden« gesetzt, und wenn auch im DDR-Geschichtsunterricht im wesentlichen bloß die Geschichte der Arbeiterbewegung gelehrt wird, an die Waffenbrüderschaft zwischen Russen und Preußen von 1813 wird immer wieder beziehungsvoll und offiziell angeknüpft. Die Befreierrolle oder doch die Befreiung von Hitler ist ihnen zugefallen, wenn sie sich auch in dieses Verdienst mit den übrigen Alliierten haben teilen müssen.

Ja, Proteus, dieser Meergreis, konnte weissagen! Aber er konnte sich auch verwandeln und die unterschiedlichsten Gestalten annehmen: Löwe, Schlange, Leopard, Keiler, Baum sowie Feuer und Wasser. So tritt auch Mercurius in der mittelalterlichen Alchimie als servus, cervus fugitivus und was nicht alles, aber auch als Vereinbarer des Unvereinbaren auf, als aqua divina, als das Wasser und als das wahre Feuer. Von dieser Art sozusagen mercurialer Seelenverfassung ist Fontane gewesen: man faßt ihn nicht. Je mehr man in die unermeßlichen, so offenkundig ambivalenten Hinterlassenschaften Fontanes eindringt – ambivalent im Sinne der Psychologie –, desto weniger sollte man ihn in irgendeine parteiliche Reuse zwängen wollen; welche auch immer, sie wird, und wäre sie auch noch so voluminös, zu klein sein, und Proteus entgleitet in sein Element, das nicht das gängige, nicht das der gewöhnlichen Sterblichen ist.

Generäle, Geheimräte, Professoren

Fontane war hinsichtlich seiner eigenen gesellschaftlichen Position hochgestochen, wie es im heutigen Jargon heißt, war ›von sich hochhaltend‹, wie eine veraltete Redewendung sagte. Da gibt es nichts zu deuteln, und das steht eben im Verhältnis der Ambivalenz zu seinen ›likedeelerischen‹ Schüben. An seine Frau schreibt der 1882 aus Norderney: »Aber das ist doch andrerseits wahr, daß die Gesellschaft etwas unter Niveau ist: finden sich dann auch ein paar Generäle, Geheimräthe, Professoren ein, so sind es so wenige« – er dachte an Thale im Harz, wo er mehr als einmal gewesen war –, »daß man kaum hoffen darf, etwas einem Sympathisches darunter zu finden; hier aber tummeln sich Hunderte, so daß man die Chance hat, irgend etwas Umgängliches kennen zu lernen.«[68]
Der Dichter war durchaus kein »Singleton«[69] in dieser Beziehung, kein Alleingänger mit umwölkter Stirn und suchte nicht die einsame Zwiesprache mit der Natur, hat sie als Überempfindlicher wohl gar gemieden, wenn er verreist war. Er suchte den Umgang mit Menschen angesichts der Natur, hielt sich an Menschen, die mit ihm von der Table d'hôte aus aufgebrochen waren; wie ja denn auch in seinen Romanen und Erzählungen den

Begebnissen und Begegnungen auf Landpartien und
Reisen, dem auflockernden, lösenden, ja verwandeln-
den Verreistsein erhebliche Bedeutung zukommt.
Aber er für sein Teil nahm nun nicht etwa mit jeder Gesellschaft vorlieb, er suchte den Verkehr mit Leuten
vom gehobenen Bürgertum aufwärts; wobei er, was
ihm standesgemäß wäre, nicht gerade niedrig veran-
schlagt: *Generäle* – der Einjährigen-Freiwillige hatte es
nicht zum Reserveoffizier gebracht –, *Geheimräte* – er
führte keinen Amtstitel und die einzige beamtenartige
Planstelle, auf der er es zum Geheimrat hätte bringen
können, die des Ständigen Sekretärs der Akademie der
Künste, gab er nach kürzester Frist schon wieder wie
eine üble Zumutung auf; den Ehrendoktor erhielt er
erst zum 75sten vier Jahre vor seinem Tod –, *Professo-*
ren – er war mit dem ›Einjährigen‹ und dem kleinen La-
tinum gelernter und approbierter »Apotheker erster
Klasse«, wozu er ein Staatsexamen abgelegt, doch kein
Universitätsstudium wie heute üblich absolviert hatte.
Bestenfalls war er ein Schmalspurakademiker. Ohne
Abitur. »Personen von solcher Ausrüstung wie die
meine war: kein Vermögen, kein Wissen, keine Stellung, keine starken Nerven, das Leben zu zwingen –
solche Menschen sind überhaupt keine richtigen Menschen...«[70] Demgemäß hätte diese außerordentlich
hohe Einschätzung und Einstufung seiner selbst von
seinen Mitmenschen als Arroganz empfunden werden
müssen, als welche sie uns heute gewiß nicht erscheinen
kann – wir ahnen ja, wer Fontane ist! –, als ungerecht-
fertigt aber damals, da er seinen wahren Rang erst so
spät gerechtfertigt hat.
Schon hatte sein Schwager Weber in Schweidnitz oder
Striegau gemunkt: »Dein berühmter Bruder, den niemand kennt«, und Fontane dazu angemerkt: »Niemals
bin ich richtiger beurteilt worden; Endresultat von 45

Arbeitsjahren...« Dieser Unkenruf aus den tratschen-
den Kreisen der lieben Verwandten war erschollen, als
freilich noch keiner der Romane erschienen war. Aber,
außer den Balladen, waren doch die »Wanderungen
durch die Mark Brandenburg« zum Teil sowie
»Kriegsgefangen«, »Osterreise durch Nordfrankreich«
(späterer Titel »Aus den Tagen der Okkupation«) und
die Berichte über jene drei siegreichen Kriege schon
auf dem Markt. Was aber offenbar in Laienaugen zum
Gradus ad Parnassum nicht reichte! Wenn der angeblich gänzlich Unbekannte solche Sottise ironisch bestä-
tigte, so war aber auch Koketterie im Spiel, möchte ich
meinen: vorwissend ist er sich seiner höheren Sendung
bewußt gewesen, wenn solch ahnungsvolles Hochgefühl auch deprimierenden Schwankungen unterworfen
war: »Ich bin ganz gewiß eine dichterische Natur, mehr
als tausend andere, die sich selber anbeten« – soweit
das Hochgefühl, in das aber sogleich wieder die Bedenken einbrechen: »Aber ich bin doch keine große und
reiche Dichternatur... Es drippelt nur so...«
Die höhere Berufung muß ihm aber dennoch wie etwas
Strahlendes von der Stirn abzulesen gewesen sein, für
etwas, das formalgesellschaftliche Unzulänglichkeiten
hinreichend ausglich, er wäre sonst von jener Gesell-
schaftsschicht der »Generäle, Geheimräte, Professoren« nicht willig akzeptiert worden. Wobei ihm freilich
seine notorische Liebenswürdigkeit zu Hilfe gekommen sein wird, desgleichen seine Erscheinung. Garde-
maß.
Thomas Mann hat auf das »blasse, kränklich-schwär-
merische und ein bißchen fade Antlitz« des jungen
Fontane gewiesen und es im Gegensatz zu »dem
prachtvollen, fest, gütig und fröhlich dreinschauenden
Greisenhaupt« gesehen, »und man wird nicht zweifeln,
wann dieser Mann und Geist auf seiner Höhe war...«

Damit hat er recht und doch wieder unrecht. Denn eine Beschreibung von 1842 schildert den jungen Fontane in seiner Dresdener Zeit bereits folgendermaßen: »Fontane ist ein prächtiger Kerl, der mit seinem scharfen Verstand, hellen Geist und glühender Phantasie weit über mir steht...« Der dies notiert, ist der Neffe des Malers G.F. Kersting, der in Elbflorenz die Leiden und Freuden eines Apothekengehilfen mit Fontane zu teilen hatte. »... Er liebt auch das Schöne, strebt nach dem Guten, aber sonst ein kurioser Kautz. Um Wissenschaft kümmert er sich gar nicht, Charakter habe ich noch nicht viel bemerkt, und daher sind seine Grundsätze schwankend, ohne inneren Halt. Er verteidigt nicht selten die niederträchtigsten Maximen, aber eigentlich nicht, weil sie die seinen sind, sondern weil es ihm Gelegenheit gibt, seinen Scharfsinn glänzen zu lassen...« Wie noch zu zeigen sein wird, ist er darin ganz wie sein Vater, Louis Henri Fontane, oder befleißigt sich der imitatio patris, wissentlich oder nicht. Und weiter heißt es beim Kersting-Neffen: »Von Natur sehr sanft und gutmütig, kommen da bisweilen sehr jugendlich aussehende Widersprüche zum Vorschein, wie überhaupt sein geistiger Habitus viel Schönes, Edles, aber auch manches Unreife zeigt. Eitelkeit ist seine Hauptschwäche... Fontane gibt es auch zu, daß er eitel ist und daß Eitelkeit nicht eben etwas sehr Großartiges sei, aber er verdammt sie doch nicht. Er meint, sie sei ein guter Sporn.«

Von Fadheit also keine Spur. Auch die Porträtzeichnung in Kreide »von Maler Kersting«, die als Photogravüre dem Band II, 3 der eingangs erwähnten großen Ausgabe bei F.Fontane & Co. vorangestellt ist – sie stamme nun vom genannten Maler K. oder von dessen malendem Sohn, der damals in Dresden studierte – zeigt keinen faden, wohl aber einen unwahrscheinlich

jung und zart, um nicht zu sagen, feminin aussehenden
Dichter-Aspiranten mit großen hellen, vielleicht etwas
flunkerhaften Augen. Der Kersting-Neffe hat es genau
getroffen, es ist erstaunlich. Bezeichnend aber, daß
vom Adepten Fontane, diesem unbeschriebenen Blatt,
in seinem 23sten Jahr – auf dem Bild sieht er höchstens
wie siebzehn aus – überhaupt schon eine so eingehende
Beschreibung oder Charakterstudie gemacht worden
ist. Derlei widerfährt doch nicht jedermann, sondern ist
bereits etwas absichtslos Auszeichnendes, zu dem Fontanes Wesen aufgefordert haben muß!

Klar und mit präzeptoraler Strenge sind jedoch auch
die Züge der Unreife, eine dem ›Twen‹ nicht mehr wohl
anstehende Kindsköpfigkeit, der Stand des Spätent-
wicklers erfaßt. Nur eines ist augenscheinlich falsch gesehen, falls Kersting unter »Wissenschaft« nur die
Pharmakologie verstanden hat: Fontane muß doch
über ein beträchtliches Maß an Fachwissen verfügt haben. Später zumindest war es so. Das geht beiläufig
nicht nur aus vielem, was er geschrieben hat, hervor, er
hat auch in späten Jahren noch für die Seinen mit bestem Erfolg verschrieben, was immer an Heilmitteln
verordnet werden konnte.

Ein weiterer Beleg für das, was oben das Strahlende
genannt worden ist: 1849 ist Paul Heyse in den Berliner
literarisch-schöngeistigen Verein »Tunnel über der
Spree« getreten, in dem Fontane bereits seit sieben
Jahren Mitglied war. Heyse, nebenbei, war ausgesprochen frühreif, Jahrgang 1830, das Gegenteil von Fontane, dessen Erscheinen im »Tunnel« er so beschreibt:

> »Da ging die Tür auf, und in die Halle
> Mit schwebendem Schritt wie ein junger Gott
> Trat ein Verspäteter frei und flott,
> Grüßt' in die Runde mit Feuerblick,

Warf in den Nacken das Haupt zurück,
Reicht' diesem und dem die Hand
Und musterte mich jungen Fant
Ein bißchen gnädig von oben herab,
Daß es einen Stich ins Herz mir gab.
Doch: er ist ein Dichter! wußt' ich sofort. . .«

Deutlicher als Heyse es sagt, war es nicht zu sagen: das
Stigma des Erwählten umleuchtete den nunmehr
30jährigen schon wie ein Elmsfeuer, das sich dem, der
sehen konnte, ahnungsvoll mitteilte. Heyse sah es. Dieses Leuchten aber, dieses Ausstrahlende – lange vor
den ausgesprochen ruhmträchtigen Leistungen – muß
es gewesen sein, das ihm früh schon wie von selbst den
Zugang zu oberen Gesellschaftsschichten öffnete, der
einem Apotheker ohne eigene Offizin und ohne Reser-
veoffizierspatent anders verschlossen geblieben wäre.
Denn derlei Fragen wurden noch durchgehend mit
konventioneller Exklusivität behandelt. Und nur in der
Provinz gehörte der Apotheker eo ipso zu den Honora-
tioren. Es mag ihn aber auch obendrein seine Zugehörigkeit zur Berliner Hugenottengemeinde empfohlen
haben, die als Ganzes im Ansehen einer gewissen Vor-
züglichkeit stand.
Mit mehr Selbstverständlichkeit sind ihm die geho-
beneren Salons eben dieser noch fest zusammenhalten-
den französischen »Kolonie« zugänglich gewesen, so
zum Beispiel bei Gelegenheit das schwerreiche Haus
Ravené, dessen Inneneinrichtung nebst Gemäldegale-
rie bei der Beschreibung des Hauses van der Straaten in
»L'Adultera« als Vorbild gedient hat. Und als Sprung-
brett wird auch jene Mitgliedschaft im »Tunnel« und in
ähnlichen Tafelrunden von Vorteil gewesen sein. Der
erstgenannte Club hat sich unter anderem laut ge-
schriebener oder ungeschriebener Satzung des Politi-

schen weitgehend enthalten. Daher hatte man in diesem ursprünglich wenigstens nur der Heiterkeit zugewandten Zirkel über Fontanes Sympathien für die Aufständischen von 1848, möglicherweise sogar mit einer gewissen Hochachtung, hinweggesehen.

Viele der meist lebenslangen Freundschaften des Dichters rührten – Untreue war nicht seine Sache – vom »Tunnel« her: die Freundschaft mit seinem dichtenden Kompanieoffizier Bernhard v. Lepel, die schon während des Militärdienstjahres begonnen hatte, die mit Adolf Menzel, der Exzellenz, die mit dem Kunsthistoriker Franz Kugler, der Geheimer Rat im Kultusministerium wurde, die mit Scherenberg, dem Dichter und Bibliothekar im Kriegsministerium, mit dem Kammergerichtsrat Merckel, mit den Dichterkollegen Storm, Geibel und Heyse, den Kunsthistorikern Eggers und Lübke, dem Juristen Dr. Zöllner, der es auch noch bis zum Geheimrat gebracht hat, dem Maler August v. Heyden, dem Architekten Richard Lucae und anderen mehr. Von solcher Basis aus konnte Fontane als Gast auch Eintritt in Adelshäuser finden, woraus ebenfalls lang währende Freundschaften erwuchsen, zum Beispiel mit dem freiherrlichen Haus der Wangenheims, wo er eine Zeitlang Hauslehrer war, für Fontane auch deshalb interessant, weil es ein katholisches Haus war, wie er bis dahin wohl noch keins kennengelernt hatte. Als Mitglied der »Kolonie« gehörte er der Reformierten Kirche an.

Alles in allem war es seine eingehende Vertrautheit mit den Sitten und Gebräuchen der oberen Gesellschaftskreise, die es ihm ermöglichte, deren Milieu und Allüren, deren Tun und Lassen in seinen Gesellschaftsromanen so exakt, so anschaulich und detailliert zu schildern, ob sich die Handlung nun in den Herrenhäusern des märkischen Adels oder in den Fabrikantenvillen der Bourgeoisie bewegt. Wie mag es nur gekommen sein, daß er, in dessen brieflichen Äußerungen sich der Unmut über die Bourgeoisie von Jahr zu Jahr steigert, dennoch im Kommerzienrat Treibel, dem »Produkt dreier, im Fabrikbetrieb immer reicher gewordenen Generationen«[71] – das heißt nach bürgerlicher Auffassung schon kein Parvenü mehr – und seiner Frau Jenny geb. Bürstenbinder aus einem Kolonialwarenladen keine Spottfiguren hingestellt hat, sondern Menschen mit ihren Schwächen, Mitmenschen, denen man am Ende nicht böse sein kann und auch nicht werden soll? Gab es auch da zwei Fontanes, den Briefschreiber und den Romancier? Der von Hans-Heinrich Reuter und manchem anderen aufgebaute Sozialist tritt greifbarer nur beim Briefsteller zutage.

Einmal freilich klingt etwas an, wenn die Kommerzienrätin in der erleuchteten Mansarde gegenüber eine Plätterin sieht, »die mit sicherer Hand über das Plättbrett hinfuhr – ja, es war ihr, als höre sie das Mädchen singen. Der Kommerzienrätin Auge mochte von dem anmutigen Bild nicht lassen, und etwas wie wirklicher Neid überkam sie.«[72] Nicht die arme Büglerin blickt im Zorn auf die hellen Fenster der Protzenvilla, sondern deren Hausherrin wird von dem Gefühl angewandelt, daß das Glück in der Mansarde eher zu Hause sei als bei »Stuck und Goldleisten«[73], über die sie gebietet. Variation über das Seifensieder-Motiv, mehr aber nicht. (An dieser Stelle absichtsvoll kontrastierend mit dem Entschluß der Rätin, ihren Sohn keinesfalls ein wohl bürgerliches, aber nicht üppig ausgesteuertes Mädchen heiraten zu lassen. Die Rätin ist Parvenü, er, Treibel, schon nicht mehr so sehr.)

Etwas mehr schwingt mit, wenn die Schmolke, Wirtschafterin im Hause des Gymnasialprofessors Schmidt, vom Elend der Freudenmädchen erzählt, so wie ihr Se-

liger, der bei der Sitten-Polizei war, es ihr dargestellt
hat: »... wer da so tagaus tagein in der Sitte sitzen muß,
dem vergeht es, dem stehen die Haare zu Berge über all
das Elend und all den Jammer, und wenn dann welche
kommen, die nebenher auch noch ganz verhungert
sind, was auch vorkommt, und wo wir ganz genau wissen, da sitzen nu die Eltern zu Hause un grämen sich
Tag und Nacht über die Schande, weil sie das arme
Wurm, das mitunter sehr merkwürdig dazu gekommen
ist, immer noch lieb haben und helfen und retten möch-
ten, wenn zu helfen und zu retten noch menschenmög-
lich wäre...«[74] Fontane wußte über diese Verhältnisse
Bescheid, vertuschte auch nichts, doch ließ er ein solches Thema nur am Rande aufglimmen, abgesichert
durch die Form eines Berichts über einen Bericht.
Seine Erfahrungen mit dem Berliner Proletariat, dessen Entstehung mit dem der Bourgeoisie zeitlich und
ursächlich korrespondiert, hat Fontane früh schon, so
zum Beispiel in der Jungschen Apotheke dicht am
Alexanderplatz gemacht. In »Zwischen Zwanzig und
Dreißig« steht es: »Nicht für Verwundete war man so
früh schon aufgebrochen« – man zählte den 19. März
1848 – »nein, die Frauen, die da saßen und warteten,
waren dieselben, die... jeden dritten oder fünften Tag
zum Doktor gingen, um sich da das Lebertranrezept für
ihre skrofulösen Kinder erneuern zu lassen, und die
diesen Lebertran dann als Lampenöl benutzten. Alle
diese guten Hausmütter hatten auch am 19. März
frühmorgens keine Ausnahme gemacht und unbe-
kümmert darum, ob ›Vater‹ am Tage zuvor sein Ge-
wehr abgeschossen oder seinen Ziegel geschleudert
hatte, war ›Mutter‹ jetzt da, um ihre Lampe wieder gra-
tis mit Öl zu versorgen. Freiheit konnte sein, Lebertran
mußte sein. Das Alltägliche bleibt immer siegreich und
am meisten das Gemeine.«[75]

Auch dies eine bemerkenswerte Stelle, scheint mir: interessant ohnehin zu erfahren, daß es in der preußischen Königsstadt schon 1848 Ansätze zu einer vorbeugenden Sozialversorgung allerärmster Kinder gegeben hat, einer unentgeltlichen sogar. Eine der hunderttausend Notizen Fontanes zum Bild der Zeitgeschichte. Die Armut der Eltern jedoch war so groß, daß der Lebertran anstatt in die bedürftigen Münder in die Tranfunzeln gelangte. Das ist dem jungen Apotheker nicht bloß aufgefallen, sondern nahegegangen – er lebte damals selbst unter kläglichen Bedingungen –, doch haben diesbezügliche Beobachtungen ihm keinen Anstoß zu romanhaft-thematischer Verwendung gegeben. Aus dem Text kann man entnehmen, daß ihm die Unbedenklichkeit, mit der hier die Aufwendungen der öffentlichen Hand ohne weiteres zweckentfremdet wurden, gegen den Strich ging. Er gibt dem »Alltäglichen« mit seinen Nöten und Notwendigkeiten den Vorrang vor der »Freiheit«, die also mehr den Abbau von »Zugeknöpftheiten« beinhaltet als das »Likedeeling« der Güter.

In einem Brief aus der Spätzeit an seine Tochter Martha oder Mete steht genügend deutlich, wie weit sein höchst persönlicher Sozialismus reicht: »Sehr gefreut habe ich mich, daß du mit Anna in der Ausstellung warst: so muß man's machen. Eh nicht die letzte ›Madamm‹ begraben ist, eh wird es nicht besser. Dein alter Pa.«[76] Anna ist das damalige Hausmädchen bei Fontanes in der Potsdamerstraße 134c. Der Haushalt des Dichters ist meines Wissens nie ohne langjährige Angestellte gewesen, vor Anna war es eine Mathilde, glaube ich, die 14 Jahre geblieben war, und »die Ausstellung« ist die Gewerbeausstellung im Treptower Park 1896, die die Tochter des Hauses gemeinsam mit dem »Mädchen für alles« besucht hat. Eine solche Ex-

kursion zu zweit wird damals ein fast extravagantes
Höchstmaß an modern-liberaler Auffassung bedeutet
haben. Doch wir Heutigen können dazu nur feststellen,
daß die ›Madamm‹ im großen und ganzen ausgestorben
ist, der Stand der Domestiken aber eben auch; was,
wenn man Fontanes Romanwerk in diesem Punkt einmal prüft, nicht anders als ein herber Verlust zu verbu-
chen ist.

Das Hohelied der Domestiken

Fontanes poetische Soziologie hat dem Domesti-
kenstand ein schönes und gewiß verdientes
Denkmal gesetzt. Eine ganze Kompanie kann gleich ins
Feld geführt werden: Da ist zunächst erwähnte Rosalie
Schmolke (in »Frau Jenny Treibel«), die schon seit langen Jahren die Hauswirtschaft besagten Professors be-
sorgt und dessen Tochter Corinna von Kindesbeinen an
betreut und bemuttert hat, woraus sich ein herzerquik-
kend menschliches Verhältnis zwischen diesen beiden
entwickelte – Corinna gilt als ein Porträt von Fontanes
Tochter Mete, sagen wir, als positives Porträt.
Da ist die Frau Kulicke, eine Lehrerswitwe, die dem
Pastor Lorenzen im »Stechlin« als Wirtschafterin
dient. Da ist Wilke, »das alte Briestsche Haus- und
Familienfaktotum«.[77] Da ist Jeserich beim Grafen
Barby, der seinen Diener duzt – so muß das wohl gewesen sein, denn Fontanes Soziologie wird hierin nicht
weniger verläßlich sein als seine Wohnungszuweisun-
gen: ». . . ›Du bist überhaupt ein Menschenkenner. Wo
du's bloß her hast? Du hast so was von 'nem Philoso-

phen. Hast du schon mal einen gesehen?‹

›Nein, Herr Graf. Wenn man so viel zu tun hat und immer Silber putzen muß.‹

›Ja, Jeserich, das hilft doch nu nicht, davon kann ich dich nicht freimachen . . .«

›Nein, so mein ich es ja auch nicht, Herr Graf, und bin ja auch fürs Alte. Gute Herrschaft und immer denken, man gehört so halb wie mit dazu – dafür bin ich. Und manche sollen ja auch halb mit dazu gehören. . . Aber ein bißchen anstrengend ist es doch mitunter, und man ist doch am Ende auch ein Mensch . . .‹

›Na höre, Jeserich, das hab ich dir doch nicht abgesprochen.‹

›Nein, nein, Herr Graf, Gott, man sagt so was bloß. Aber ein bißchen is es doch damit . . .‹«[78]

So muß es gewesen sein; warum dem Dichter unterstellen, er habe beschönigt? Da ist sogar das sanft maulende Aufbegehren des Dieners, dessen Trost aber ist, so mehr oder weniger dazuzugehören; was freilich nur dann ein Trost sein konnte und da und dort wohl auch ein Stolz gewesen ist, wenn die Herrschaften wirkliche Herrschaften waren, mehr eben als die neureiche »Madamm« der Bourgeoisie. (Graf Barby und seine Töchter wohnen übrigens am Kronprinzenufer; ein paar Schritte weiter befand sich die Hindersinstraße, in der es jenem Obristleutnant v. Esens zu aufwendig gewesen war, eine Wohnung zu beziehen, wie oben gemeldet.)

Solche ihren Dienstherrschaften ganz unentbehrlichen Hausgeister beiderlei Geschlechts sind dem Dichter allenthalben begegnet – und, um einmal noch etwas Persönliches einzuschalten, zu zeigen, wie das alles noch gar nicht so lange her ist: auch ich habe sie noch in den großelterlichen Häusern erlebt, die Mine dort und die Ida da. Beide hatten der elterlichen Generation, als diese noch im Kindesalter war, beide haben den kindlichen Gemütern auch der Enkel noch in den kleinen Wechselfällen des Lebens oft nähergestanden als die jeweiligen Erzeuger, weil sie keine Prinzipien exerzierten, weil sich zwischen »Herrschafts«-Kind und Dienstboten so etwas wie eine Solidarität der Minderprivilegierten ausbildete und die Bediensteten jederzeit bereit waren, kindliche Verfehlungen zu vertuschen und zu verteidigen. Viel Warmherzigkeit war da im Spiele, und da es ohne diese Hausvertrauten gar nicht ging, bildeten sie, abgesichert gegen eigene Schicksale, sozusagen im Souterrain der Familienstruktur die beständigen Schwer- und Mittelpunkte, die stabilisierenden Gewichte.

Ob nun aber erdichtet oder erlebt, es macht keinen Unterschied. Unter den no-fiction-Gestalten ist als erster »Ehm« zu nennen, der, »obwohl er davon nichts verstand, im voraus dazu bestimmt war, unser Kutscher zu werden«[79], ein getreuer Kinderfreund aus den Kindheitsjahren des künftigen Dichters in Swinemünde. Ferner muß die Wirtschaftsmamsell Schrödter erwähnt werden: »Die Schrödter war ein Schatz . . . Solange wir in Swinemünde blieben, solange blieb auch die Schrödter in unserem Hause, von alt und jung geliebt und geehrt . . .«[80] Hübsch und typisch ist die Moralpredigt, die dem kleinen Jungen galt und an die er sich fast siebzig Jahre danach erinnert: »Ja, du denkst wunder, wer du bist, aber du bist ein kindischer Junge, gerade so wie die anderen und mitunter noch ein bißchen schlimmer. Willst immer den jungen Herrn spielen, aber junge Herren lecken keinen Honig vom Teller und streiten es wenigstens nicht ab, wenn sie's getan haben, und lügen überhaupt nicht. Neulich hast du was von Ehre geschnackt; nun, ich sage dir, Ehre sieht anders aus.«[81] Des weiteren muß die rührende Luise genannt werden,

die Fontanes ganz vereinsamten Vater in Schiffsmühle
im Oderbruch betreut. Fontane vernimmt von ihr, der
alte Herr »habe ja sonst nichts; sie höre zwar immer zu,
wenn er was sage, aber sie sei doch nur dumm.«[82] Nicht
zu vergessen ist der Kutscher Moll, dieser amüsant aufs
Materielle beschränkte Mann aus Fürstenwalde
(»Wanderungen«, Band »Spreeland«), der den Dichter im Bereich des Scharmützelsees umherfährt. Bei
dieser Gelegenheit will ich doch gleich mein Scherflein
zur Fontane-Forschung beitragen: Ein Arzt, der jetzt
in Itznang im Hegau lebt, schreibt mir: »Meinem im
Jahre 1888 in Fürstenwalde geborenen Vater zufolge,
der in unserem Haus Eisenbahnstraße 50 direkt neben
der kaiserlichen Post aufwuchs, gab es gar keinen
Fuhrherrn namens Moll. Es wäre wohl nur ein Syn-
onym für den allen alten Fürstenwaldern als ›Kutscher
Fontanes‹ wohlbekannten ›ollen Repke‹ gewesen.«
Und wieder zurück zu den Erdichteten, die an Lebens-
echtheit den De-Faktischen nichts nachgeben. Zu den
Herrschaftskutschern, Kutscher Martin beim alten
Herrn v. Stechlin, Kutscher Imme bei den Barbys; Im-
mes Frau ist schon vom 15. Lebensjahr in Barbyschen
Diensten und schied erst, als sie heiratete, aus. Imme,
nebenbei, trägt einen Backenbart »(und Frauen mit
Sappeurbartmännern sind fast immer kinderlos)«[83],
daher es denn auch Frau Imme sein und bleiben muß;
das ist so einer der kleinen Joker, die Fontane in seine
Karten mischt. Der freiherrlich Berchtesgadensche
Kutscher Robinson, ein Engländer wie aus dem Bilderbuch so possierlich. Ihm und Imme fehlt noch ein
dritter Mann zum Skat, und man läßt einen Portier ho-
len, wobei, als sich die Frage stellt, ob der auch Zeit
haben werde, der treffliche Satz fällt: »Portiers können immer.«[84] Menschenkunde in Gran und Skru-
pel, sehr fontanesch. Ansehnlicher Troß verläßlicher

Vertrauensleute alles in allem mit viel Originalität, freilich auch ein bißchen mit der vor allem auf Bühnen herkömmlichen und bewährten Drolligkeit herausgeputzt, die einmal zum Rollenfach gehört. Und soweit Märker mit dem leicht hintergründigen märkischen Mutterwitz gerüstet, dem man auch heute noch begegnen kann.

Die alte Regine aus »Grete Minde«, die Wulsten im Hause Otto Treibel – im Treibelschen Umkreis hat aber scheinbar das Personal nicht die hohen Qualitäten wie bei Adel und akademischen Bürgern, was noch zu untersuchen wäre –, Kirst, der Kutscher derer v. Vitzewitz in »Vor dem Sturm« und Jeetze, der dortige Diener, die Mamsell Pritzbur im Hause Stechlin, die Maruschka bei den Hornbostels in »Quitt« sind allesamt Leute, die unbeirrt, selbstlos, doch ungedemütigt dienen. Nicht zu vergessen ist »das Vrenel«, das sich die Adultera Melanie und ihr Jungvermählter aus der Schweiz mitbringen. Fontane läßt sein vielköpfiges Personal eine Sprache sprechen, die entweder Plattdeutsch ist, das er gut beherrschte und das zu seinen Lebzeiten noch überall in der Mark gesprochen wurde, oder, in künstlerisch dosierten Andeutungen, berlinisch. Genaugenommen ist es die Mentalität des Berlinischen, die er zum Ausdruck bringt, das Eigentliche also, und nicht so sehr das Idiomatische.

Das Vrenel hat herkunftsmäßig Schwyzerdütsch zu sprechen. Gut soweit. Da hat sich aber 1894 ein Schweizer Rezensent zu einem ernsten Wort gemeldet: »Eines übrigens werden schweizerische Leser mit Recht rügen: daß ein in Interlaken angeworbenes Berner Dienstmädchen Vreneli ein schauerliches Schwäbisch-Deutsch, nur sicher kein Wort Schweizer-Deutsch spricht. Dem dürfte für eine 3. Auflage abgeholfen werden.« Dem Rezensenten J. V. Widmann war

die 2. Auflage von »L'Adultera« in die Hände gekommen, doch ist der Verstoß gegen das Idiom der Berg-
alemannen bis auf den heutigen Tag nicht repariert
worden, und so wird es dabei bleiben. Nehmen wir an,
daß Fontane seinem Schwäbisch eine bessere Lesbar-
keit zugetraut hat, nur hätte es darum noch nicht
»schauerlich« zu sein brauchen. Im übrigen aber ist die
Widmannsche Kritik an »L'Adultera« sehr positiv.
Im »Stechlin« ist die Sprache des alten Herrn und seines Dieners Engelke weitgehend die gleiche. Engelke
kann überhaupt als der Doyen dieser für ihre Herrschaften so unentbehrlichen Schar gelten, die hier nicht
etwa vollzählig zitiert ist. Engelke – man wolle nicht
nur diesen redenden Namen, sondern auch die der vor-
stehend benannten Domestiken beachten, die nach
winzigen, eigentlich nur für das Ohr eines Berliners
wahrnehmbaren Graden der Vulgarität gestuft sind –,
Engelke ist das unerschütterlich getreue alter ego des
alten Stechlin. Dieser spricht: »›. . . und du alte Seele
kannst ausschlafen. Ach, Engelke, das Leben ist doch
eigentlich schwer. Das heißt, wenn es auf die Neige
geht; vorher is es so weit ganz gut. Weißt du noch, wenn
wir von Brandenburg nach Berlin ritten? In Brandenburg war nich viel los; aber in Berlin, da ging es.‹
›Ja, gnädiger Herr. Aber nu kommt es.‹«[85] Engelke
war schon seines Herren Bursche, als dieser noch aktiver Offizier war. In annähernd fünf Jahrzehnten Leib-
dienst war etwas wie eine Symbiose, eine symbiotische
Schicksalsgemeinschaft entstanden, in der alle Stan-
desgrenzen nichtig werden.

AUTOBIOGRAPHISCHES

MEINE KINDERJAHRE

Nicht weit von der Rhonemündung, auf dem etwa zwischen Toulouse und Montpellier gelegenen Gebiet, stoßen von Westen her die Vorlande der Gascogne, von Norden und Osten her die Ausläufer der Cevennen zusammen, und auf diesem verhältnismäßig kleinen Stück Erde, wahrscheinlich im jetzigen Departement Hérault oder doch an seiner Peripherie, waren meine Vorfahren, väterlicher- wie mütterlicherseits, zu Hause. Nächste Nachbarn also.

Aus »Meine Kinderjahre«

Gascogne und Cevennen lagen für meine Eltern, als sie geboren wurden, schon um mehr als hundert Jahre zurück, aber die Beziehungen zu Frankreich hatten beide, wenn nicht in ihrem Herzen, so doch in ihrer Phantasie, nie ganz aufgegeben. Sie repräsentierten noch den unverfälschten Kolonistenstolz.

Aus »Meine Kinderjahre«

Alle Augenblicke empfind ich meine romanische Abstammung. Und ich bin stolz darauf.

Fontane an seine Frau, 1875

Ich bin – auch darin meine französische Abstammung verratend – im Sprechen wie im Schreiben ein Causeur.

Fontane an Mete, 24. 8. 1882

Wie stolz und wie glücklich bin ich, daß »meiner Ahnen Wiege« in Languedoc, ja sogar in der Gascogne gestanden hat. Übrigens bist Du auch da her; Toulouse und Montpellier liegen beieinander.

Fontane an seine Frau, 30. 9. 1888

DIE URGROSSMUTTER: MARIE LOUISE FONTANE, geb. Schroeder, im Alter von 69 Jahren. Marie Louise Schroeder heiratete den 1731 geborenen Zinngießer Pierre Barthélemy Fontane. Dieser ließ als erster seinen Namen eindeutschen, indem er das »i« streichen ließ.

DER GROSSVATER: PIERRE BARTHÉLEMY FONTANE
(1757–1826). Er war dreimal verheiratet: in erster Ehe mit der Tochter
eines wohlhabenden westfälischen Viktualienhändlers Deubel
(1790–1797). Aus dieser Ehe stammte der am 26. März 1797 geborene
Vater des Dichters Louis Henri Fontane. Pierre Barthélemy Fontane
wurde Zeichenlehrer der Kinder Friedrich Wilhelms II., später Kabinettssekretär der Königin Luise, schließlich – nachdem ein nervöses Au-
genleiden ihn zur Aufgabe dieses Berufes gezwungen hatte – Kastellan
von Schloß Niederschönhausen.

*DIE GROSSMUTTER: LOUISE SOPHIE FONTANE, geb.
Deubel.*

Mein Vater war ein großer stattlicher Gascogner voll Bonhomie, dabei Phantast und Humorist, Plauderer und Geschichtenerzähler, und als solcher, wenn ihm am wohlsten war, kleinen Gasconnaden nicht abhold (. . .)

Aus »Meine Kinderjahre«

Lieber Vater, / Du bist kein Kater. / Du bist ein Mann, / Der nichts Fettes vertragen kann; / Doch von den Russen hörst Du gern, / Wie sie den Polen den Weg versperrn (. . .)
versifizierter Geburtstagsbrief an den Vater, geschrieben zwischen 1828 und 1830.

Aus »Meine Kinderjahre«

(. . .) sein Lebelang in der Welt umherzukutschieren, immer auf der Suche nach einer Apotheke, ohne diese je finden zu können, wäre wohl eigentlich sein Ideal gewesen.

Aus »Meine Kinderjahre«

(. . .) wenn ich gefragt würde, welchem Lehrer ich mich so recht eigentlich zu Dank verpflichtet fühle, so würde ich antworten müssen: meinem Vater, meinem Vater, der sozusagen gar nichts wußte, mich aber mit dem aus Zeitungen und Journalen aufgepickten und über alle möglichen Themata sich verbreitenden Anekdotenreichtum unendlich viel mehr unterstützt hat als alle meine Gymnasial- und Realschullehrer zusammengenommen.

Aus »Meine Kinderjahre«

Denn wie er ganz zuletzt war, so war er eigentlich.

Aus »Meine Kinderjahre«

Er ist eigentlich ein schiefgewickelter, oder ins Apothekerhafte übersetzter Weltweiser. Hinter allerhand tollem, einseitigen und übertriebenen Zeug verbirgt sich immer ein Stück wohlberechtigter Lebensanschauung.

Fontane an Karl und Emilie Zöllner. Berlin, 15. 7. 1866

DER VATER: LOUIS HENRI FONTANE (1796–1867). Apothekergehilfe in Berlin und Danzig. Eheschließung am 24. März 1819 mit Emilie Labry. Im gleichen Jahr erwarb er die Löwen-Apotheke in Neuruppin. Am 30. Dezember 1819 Geburt des ersten Kindes, Henri Theodor. Im Sommer 1826 gab er die Löwen-Apotheke auf und erwarb ein Jahr später die Adler-Apotheke in Swinemünde. Im Sommer 1847 Trennung des Ehepaares ohne Scheidung. Lebte zunächst in Eberswalde-Neustadt, sodann in Schiffmühle bei Freienwalde, wo er am 5. Oktober 1867 vereinsamt starb.

(. . .) meine Mutter andrerseits war ein Kind der südlichen Cevennen, eine schlanke, zierliche Frau von schwarzem Haar, mit Augen wie Kohlen, energisch, selbstsuchtslos und ganz Charakter, aber (. . .) von so großer Leidenschaftlichkeit, daß mein Vater halb ernst-, halb scherzhaft von ihr zu sagen liebte: »Wäre sie im Lande geblieben, so tobten die Cevennenkriege noch.«

Aus »Meine Kinderjahre«

Erst in meinen alten Tagen ist mir der Sinn für ihre Superiorität aufgegangen. Als ich selber noch jung war, erschien mir vieles in ihrer Haltung, besonders meinem Vater gegenüber, zu hart und zu herbe, später indes habe ich einsehen gelernt, wie richtig alles war, was sie tat, vor allem auch, was sie nicht tat, und beklage jetzt jeden gegen sie gehegten Zweifel. Sie war dem ganzen Rest der Familie, der damaligen wie der jetzigen, weit überlegen, nicht an sogenannten Gaben, aber an Charakter, auf den doch immer alles ankommt. Ihre ganz südfranzösische Heftigkeit, die mitunter geradezu ängstliche Formen annahm, war vielleicht nicht immer zu billigen, aber doch schließlich nichts andres als eine beneidenswerte Kraft, sich über Pflichtverletzung und unsinnige Lebensführung tief empören zu können, und ich muß es als ein großes Unglück ansehen, daß diese mir jetzt klar zutage liegenden Vorzüge von uns allen zwar immer gewürdigt, aber in ihrem vollen Wert und Recht nie ganz erkannt wurden.

Aus »Meine Kinderjahre«

DIE MUTTER: EMILIE FONTANE, geb. Labry (1797–1869) im Alter von 19 Jahren. Die Tochter des wohlhabenden Seidenkaufmanns Jean François Labry war bereits einige Jahre Vollwaise und lebte in einem angesehenen Pensionat der »Kolonie«, als sie, 21 Jahre alt, Louis Henri Fontane kennenlernte, sich mit ihm verlobte und ihn kurz darauf heiratete. Kurz nach der silbernen Hochzeit zerbrach die Ehe für immer. Emilie Fontane zog mit der jüngsten Tochter Elise (1838–1923) nach Neuruppin, wo sie am 13. Dezember 1869 starb.

Es war (. . .) eine glückliche Zeit gewesen (. . .) Damals (. . .) als ich in Haus und Hof umherspielte und draußen meine Schlachten schlug, damals war ich unschuldigen Herzens und gewecktens Geistes gewesen, voll Anlauf und Aufschwung, ein richtiger Junge, guter Leute Kind. Alles war Poesie.

Aus »Meine Kinderjahre«

Ich war unter Verhältnissen großgezogen, in denen überhaupt nie etwas stimmte. Sonderbare Geschäftsführungen und dementsprechende Geldverhältnisse waren an der Tagesordnung. In der Stadt, in der ich meine Knabenjahre verbracht hatte – Swinemünde –, trank man fleißig Rotwein und fiel aus einem Bankrott in den anderen, und in unserem eigenen Hause, wiewohl uns Katastrophen erspart blieben, wurde die Sache gemütlich mitgemacht und mein Vater, um seinen eigenen Lieblingsausdruck zu gebrauchen, kam aus der ›Bredouille‹ nicht heraus. (. . .) Alles in allem hatte ich, wenn ich von meiner Mutter – die aber ganz als Ausnahme dastand – absehe, so wenig geordnete Zustände gesehn.

Aus »Von Zwanzig bis Dreißig«

Es gibt doch wirklich eine Art *genius loci,* und während an manchen Orten die Langeweile ihre graue Fahne schwingt, haben andere unausgesetzt ihren Tanz und ihre Musik. Diese Beobachtung habe ich schon als Junge gemacht; wie spießbürgerlich war mein heimatliches Ruppin, wie poetisch das aus bankrotten Kaufleuten bestehende Swinemünde, wo ich von meinem siebenten bis zu meinem zwölften Jahre lebte und nichts lernte. Fast möchte ich hinzusetzen ›Gott sei Dank‹. Denn das Leben auf Strom und See, der Sturm und die Überschwemmungen, englische Matrosen und russische Dampfschiffe, die den Kaiser Nikolaus brachten – das war besser als die unregelmäßigen Verba, das einzig Unregelmäßige, was es in Ruppin gab. Ja, Swinemünde war herrlich (. . .)

Fontane an Georg Friedlaender, 22. 10. 1890

Selbstbiographie Fontanes, geschrieben 1874

Ich wurde am 30. Dezember 1819 zu Neu-Ruppin in der Mittelmark geboren. Oder Brandenburger-Gäster Käfer. Bei der Malern Wilhelm Gentz waren meine Genossen. Nach Hülsen's gezwungten ... An unserem Garten stieß der Schulintendanten-Garten, in dem, ein halber ... früher, ...

1827 überholten meine Eltern nach Swinemünde, wo ich meine Knabenzeit vom 7. bis 13. Jahre verlebte. Ich entsinne mich aus dieser Zeit ganz besonders der Jahre 30 bis 31, der Eroberung von Algier, der Juli-Revolution, der großen polnischen Insurrektion ... Als ... 10 jähriger folgte ich dem militärischen Vorgängen mit demselben ... Eifer, wie einzig sehr ...

Zunächst die *Schönebergs.* In Swinemünde selbst ist gegenwärtig der Name erloschen, aber während jener Jahre, von denen ich hier zu erzählen habe, war der alte Schöneberg zwar nicht der hervorragendste, klügste und vornehmste, wohl aber der reichste Mann der Stadt. Und zwar der *wirklich* reichste. Denn sein Besitz war solide, was man dem Reste der Swinemünder Honoratiorenschaft nicht nachrühmen konnte.

Aus »Meine Kinderjahre«

Heinrich August [Schöneberg] hieß, als wir 1827 nach Swinemünde kamen, bereits der »*alte Schöneberg*«, was insoweit ganz in der Ordnung war, als ihm, dem freilich erst Einundfünfzigjährigen, bereits ein junger Schöneberg im Geschäft zur Seite stand. Dies Schönebergsche Geschäftshaus war ein großes Eckhaus am Marktplatz, und meine Mutter, wenn es sich um Einkäufe handelte, dahin begleiten zu dürfen, gewährte mir jedesmal eine große Freude. Was ich da sah, war mir eine fremde Welt.

Aus »Meine Kinderjahre«

Ich war immer helles Staunen und Bewunderung, und nicht bloß dem zu Kauf Stehenden, sondern auch den die Honneurs des Hauses machenden Verkäufern gegenüber, Vater und Sohn. Der Vater, noch ein schöner Mann, exzellierte gleichmäßig in Umgangsformen und weißester Wäsche, während sein Sohn, auf den sich von der Mutter her eine das Kränkliche streifende Zartheit vererbt hatte, diese Zartheit durch etwas sehr Bestimmtes in seinem Wesen wieder wettzumachen wußte. Dezidiert und verbindlich zugleich, diese Charaktermischung war es denn auch, die ihn, mehr noch als sein Reichtum, das schönste Mädchen der Stadt heimführen ließ, eine leuchtende, echt germanische Blondine, einzige Tochter des im übrigen mit Söhnen beinah allzureich gesegneten Scherenbergschen Hauses.

Aus »Meine Kinderjahre«

DIE SCHÖNEBERGS. Fontane widmete der Swinemünder Kaufmannsfamilie in seinen »Kinderjahren« ein besonderes Kapitel.

Die
Schönebergs.

Der alte
Schöneberg.

Stadtältest. August
Schöneberg.

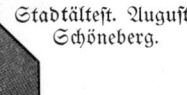

Emilie Schöneberg,
geb. Scherenberg.

Oberst August Schöneberg.

Geh. Sanit.-Rat Dr. Otto Schöneberg.

Die *Scherenbergs* (. . .) stammten ursprünglich aus Westfalen, wo sie, mehrere Jahrhunderte zurück, den noch jetzt bei einem Zweige der Familie verbliebenen Sieger-Hof besaßen. Andere Zweige verließen ihre heimatliche Provinz und übersiedelten teils westlich ins Jülich-Clevesche, teils östlich bis an die Oder hin, wo sie sich in Stettin und später in Swinemünde niederließen.

Aus »Meine Kinderjahre«

Überblicke ich mit Umgehung der Damen, in deren Reihen sich vielfach dieselbe künstlerische Neigung zeigte, die Gesamtheit dessen, was seit Beginn des Jahrhunderts der Scherenberg-Familie zugehörte, so stellt sich, trotzdem fast alle von vornherein für den Kaufmannsstand bestimmt wurden, folgendes als Resultat heraus:
Christian Friedrich Scherenberg (gestorben 1881), der Dichter von Ligny und Waterloo, von Zieten-Ritt, Abukir und Hohenfriedberg; *Ernst* Scherenberg, Dichter und Schriftsteller; *Gustav* Scherenberg, Schauspieler und Theaterdirektor; *Hermann* Scherenberg, Maler und Illustrator; *Hans* Scherenberg (Sohn Hermanns), ebenfalls Maler. Ein gut Stück Künstlerschaft.

Aus »Meine Kinderjahre«

Die Beziehungen meiner Eltern, besonders meiner Mutter, zu dem Scherenbergschen Hause waren sehr freundliche; wir Kinder aber, vielleicht weil der alte Scherenberg schon ein Schwerkranker war, überschritten kaum jemals die Schwelle des Hauses. Desto deutlicher hab ich dies Haus selbst in seiner äußeren Erscheinung in Erinnerung: ein sauberer Bau mit aufgesetztem Frontgiebel und schönen alten Linden davor. Kam dann der Sommer, so hörte man das Summen der Bienen in dem Gezweig, und die Vögel flogen viel munterer hier ein und aus. Es war, als wüßten sie, wieviel fröhliche Genossenschaft ihnen aus dem Hause, das sich hinter dem blühenden Gezweige barg, über kurz oder lang erwachsen würde.

Aus »Meine Kinderjahre«

Die Swinemünder Familie SCHERENBERG. 1884 veröffentlichte Fontane das Buch »Christian Friedrich Scherenberg und das literarische Berlin von 1840–1860«, das dem Andenken des Dichters Scherenberg (1878–1881) gewidmet war (siehe auch Bildteil »Der Briefschwärmer«, Seite 260/261).

Die Scherenbergs.

Henriette Scherenberg geb. Villaret.

Chr. Friedr. Scherenberg
(der Dichter v. Waterloo usw.).

Dichter Ernst Scherenberg.

Maler Hermann Scherenberg.

Die Herrschenden in der Stadt waren die *Krauses*.

Aus »Meine Kinderjahre«

Das Haupt der Familie war um die Zeit, von der ich hier spreche, der Geheime Kommerzienrat Krause, meistens der »alte Geheimrat« oder auch nur kurzweg der »alte Krause« genannt. Alles erging sich in Respekt gegen ihn, und der meinige war schon da, bevor ich noch den Vielgefeierten von Angesicht zu Angesicht kennengelernt hatte.

Aus »Meine Kinderjahre«

Er war, trotz seiner beinah siebzig, noch in glänzender Verfassung, so daß ich sagen darf, auf meinem Lebensweg niemandem begegnet zu sein, der mir die dominierenden Gestalten des vorigen Jahrhunderts so veranschaulicht hätte wie er. Die Männer von heute wirken wie blaß daneben, weil ihnen *das* fehlt, was sich in der Gegenwart nicht gleich glücklich entwickeln kann: ein ungeheures Selbstgefühl.

Aus »Meine Kinderjahre«

Geheimrat KRAUSE, *der* »König von Swinemünde«.

Dr. Lau, so hieß der neue Hauslehrer, war ein vorzüglicher Pädagog, weil er ein vorzüglicher Mensch war, und wenn ich oben gesagt habe, daß ich eigentlich alles den Anekdoten meines Vaters zu verdanken hätte, so muß ich doch den guten Dr. Lau ausnehmen. Dieser verstand es auch, einem allerlei kleine Geschichten, woran eine Kinderseele hängt, zu vermitteln, aber weil er zugleich ein geschulter Mann war, so tat er das alles in Ordnung und Zusammenhang, und das bißchen Rückgrat, das mein Wissen hat, verdank ich ihm.

Aus »Meine Kinderjahre«

Er war nämlich auch Bräutigam. Das Bildnis seiner Braut, in Pastell, hing am Fußende seines Bettes, eine Pastorentochter von freundlichen, beinahe hübschen Gesichtszügen, mit einem schwarzen Samtband um den Hals, daran ein Medaillon hing. Das Gesicht war uns interessant genug, aber das Interesse, das es uns einflößte, verschwand doch neben dem Medaillon, weil wir von der Frage nicht los konnten: »Was steckt eigentlich darin? Ist es sein Bildnis oder ist es ein Schnitzelchen von seinem Haar?«

Aus »Meine Kinderjahre«

Dr. LAU, Hauslehrer bei Kommerzienrat Krause, an dessen Unterricht Fontane und einige Swinemünder Honoratiorenkinder von Ostern 1828 bis Spätherbst 1830 teilnahmen.

Dr. Lau und Braut, Albertine Barth.

VON ZWANZIG BIS DREISSIG

Aus dem Namen »Tante Pinchen« könnte man nun vielleicht schließen, daß die sich meiner so freundlich annehmende Dame eine alte
Jungfer gewesen sei, mit grauen Löckchen, einem verschlissenen Kleid
und einer Hornbrille. Tante Pinchen war aber ganz im Gegenteil eine
junge Frau von wenig über Dreißig, die während ihrer frühsten Jahre –
und ihre Jahre hatten sehr früh begonnen – ungewöhnlich hübsch gewesen sein sollte. Was auch wohl zutraf.

Aus »Von Zwanzig bis Dreißig«

Tante Pinchen hatte mancherlei Tugenden, half gern und tat es auch
wohl aus gutem Herzen; aber das eigentlich treibende Motiv ihres Tuns
war doch ein schauspielerischer Zug, ein unbezwingbarer Hang, sich
als rettender Engel in Szene zu setzen.

Aus »Von Zwanzig bis Dreißig«

Gott, Tante! Ich hatte auch mal eine, eine merkwürdige Frau, die Gott
weiß was von mir verlangte, nur nicht das eine, daß ich sie ehren sollte.
Beinahe das Gegenteil.

Aus »Stine«, Kapitel 11

---

*PHILIPPINE FONTANE, geb. Sohm (etwa 1810–1882), 1835, Phi-
lippine Fontane, genannt »Tante Pinchen«, Tochter eines Theaterdirek-
tors und ehemalige Schauspielerin, teilte die fröhliche Lebenskunst mit
ihrem Mann August. 1842 verbrachte Fontane noch einmal einige Wochen im Hause des Onkels in Leipzig, wo ihn Tante Pinchen während einer Krankheit pflegte.*

Onkel August und Tante Pinchen waren ein sehr merkwürdiges Paar, dem ich mich, trotzdem ich nicht viel Rühmliches von ihnen zu vermelden habe, persönlich doch zu großem Danke verpflichtet fühle.

Aus »Von Zwanzig bis Dreißig«

Da war alles auf Schein, Putz und Bummelei gestellt; medisieren und witzeln, einen Windbeutel oder einen Baiser essen, heute bei Josty und morgen bei Stehely, nichts tun und nachmittags nach Charlottenburg ins Türkische Zelt fahren – das war so Programm. Wo das Geld dazu herkam, erworben oder nicht erworben, war gleichgültig, wenn es nur da war.

Aus »Von Zwanzig bis Dreißig«

Denn ein so schlechter Komödiant er gewesen war, im Leben war er ein sehr guter Schauspieler.

Aus »Von Zwanzig bis Dreißig«

Im übrigen aber ist er ein so vollendeter Bummler, ein so überreifer Yankee, daß ich blitzwenig Lust habe mit ihm zu verkehren und dadurch gewissermaßen seine Schwindeleien gutzuheißen, mindestens zu tolerieren.

Fontane an Friedrich Witte, 1. 5. 1851

AUGUST FONTANE (1801–1870), 1828. Der Gewerbeschüler Fontane hatte seit Anfang 1834 in Berlin bei seinem Onkel August und dessen Frau Philippine gewohnt. Onkel August, ein gescheiterter Künstler, der zunächst die Malerei, dann die Schauspielkunst aufgegeben hatte, war nun Kaufmann, Besitzer eines Geschäfts für Malutensilien – bis 1836 auch diese Existenz zerbrach, die Unterschlagung von Mündelgeldern wurde entdeckt und das Ehepaar mußte flüchten.

Da war in erster Linie der alte *Wilhelm Rose* selbst. Dieser – übrigens erst ein Mann in der ersten Hälfte der Vierzig – war, auf Gesellschaftlichkeit hin angesehn, nichts weniger als interessant, aber doch ein dankbarer Stoff für eine Charakterstudie.

Aus »Von Zwanzig bis Dreißig«

Denn der Bourgeois, wie ich ihn auffasse, wurzelt nicht eigentlich oder wenigstens nicht ausschließlich im Geldsack; viele Leute, darunter Geheimräte, Professoren und Geistliche, Leute, die gar keinen Geldsack haben oder einen sehr kleinen, haben trotzdem eine *Geldsackgesinnung* und sehen sich dadurch in der beneidenswerten oder auch nicht beneidenswerten Lage, mit dem schönsten Bourgeois jederzeit wetteifern zu können. Alle geben sie vor, Ideale zu haben; in einem fort quasseln sie vom »Schönen, Guten, Wahren« und knicksen doch nur vor dem Goldenen Kalb, entweder indem sie tatsächlich alles, was Geld und Besitz heißt, umcouren oder sich doch heimlich in Sehnsucht danach verzehren. Diese Geheimbourgeois, diese Bourgeois ohne Arnheim, sind die weitaus schrecklicheren, weil ihr Leben als eine einzige große Lüge verläuft. Daß der liebe Gott sie schuf, um sich selber eine Freude zu machen, steht ihnen zunächst fest; alle sind durchaus »zweifelsohne«, jeder erscheint sich als ein Ausbund von Güte, während in Wahrheit ihr Tun nur durch ihren Vorteil bestimmt wird, was auch alle Welt einsieht, nur sie selber nicht. Sie legen sich vielmehr alles aufs Edle hin zurecht und beweisen sich und anderen in einem fort ihre gänzliche Selbstsuchtslosigkeit. Und jedesmal, wenn sie diesen Beweis führen, haben sie etwas Strahlendes.
In diese Gruppe gehörte nun auch unser Wilhelm Rose (. . .)

Aus »Von Zwanzig bis Dreißig«

(. . .) ein Mann, der Apotheker hieß, während er doch eigentlich keiner war, weil er sich eben zu gut dafür hielt, und der nun allerlei Plänen und Aufgaben nachhing, zu deren Bewältigung er weder die äußeren noch die inneren Mittel besaß.

Aus »Von Zwanzig bis Dreißig«

Der Apotheker WILHELM ROSE (gest. 8.4.1867). Am 1. April 1836 trat Fontane als Lehrling in die Apotheke »Zum Weißen Schwan« in der Spandauer Straße bei Wilhelm Rose ein.

Er ist höchst liebenswürdig durch seine offene, stets gleichbleibende, sanfte Freundlichkeit, hat einigen Witz und einen großen Hang zu poetischer Schwärmerei (. . .) Und das beste für seine Achtbarkeit ist, daß er bei alledem ein recht tüchtiger Apotheker ist.

Richard Kersting an seine Mutter, 15. 9. 1842

Fontane ist ein prächtiger Kerl, der mit seinem scharfen Verstand, hellen Geist und glühender Phantasie weit über mir steht, er liebt auch das Schöne und strebt nach dem Guten, aber sonst ein kurioser Kautz. Um Wissenschaft kümmert er sich gar nicht, Charakter habe ich noch nicht viel bemerkt und daher sind seine Grundsätze schwankend, ohne inneren Halt. (. . .) Von Natur sehr sanft und gutmütig, kommen da bisweilen sehr jugendlich aussehende Widersprüche zum Vorschein, wie überhaupt sein geistiger Habitus viel Schönes, Edles, aber auch noch manches Unreife zeigt. Eitelkeit ist seine Hauptschwäche. Ich habe alles mögliche getan, um diesen scheußlichen Wurm, der dem schönsten geistigen Leben das Herzblut aussaugt, in ihm zu ertöten. Fontane gibt es auch zu, daß er eitel ist und daß Eitelkeit nicht eben etwas sehr Großartiges sei, aber ganz verdammt er sie doch nicht. Er meint, sie sei ein guter Sporn, der schon manch edles Produkt aus den gern ruhenden Geistern getrieben habe: Lord Byron, Goethe, Schiller u. a., auch Herwegh, Freiligrath haben vieles aus Eitelkeit geschrieben.

Richard Kersting an Ernst Kersting, 2. März 1843

Theodor Fontane lebt noch und ist einer der bekanntesten und geschätztesten Romanschriftsteller der Gegenwart. Er war eine gewinnende Persönlichkeit, ein hochbegabter Mann, voll aufgeräumten Frohsinns und unerschöpflich guter Laune. Er begann sein Leben in einer Apotheke und hatte in seiner Jugend schwer zu kämpfen, wodurch er daran gehindert wurde, sich zu voller Höhe und Kraft zu entfalten. Er hätte ein zweiter Heine werden können, aber die vielen Jahre harter Arbeit und hoffnungsloser Plackerei hinderten ihn daran, sich so hoch aufzuschwingen, wie ihn seine jungen Flügel hätten tragen können.

Max Müller über Theodor Fontane in seinen
Erinnerungen »Auld lang Syne«, London 1898

THEODOR FONTANE 1843.

(. . .) Apotheker. Warum ich das bin? Mein Vater sprach: »car tel est notre plaisir«; zudem war er selbst Apotheker; ein andrer Grund liegt nicht vor. Mit 16 Jahren trat ich in die Lehre; mein Lehrherr war human; meine eigensten Neigungen stießen nicht geradezu auf Widerstand, so hielt ich aus.

Fontane an Gustav Schwab, 18. 4. 1850

Armer Lehrling, / Ich weiß dein Schicksal nicht, nur eines weiß ich: / Wie dir die Lehrzeit hinging bei Frau Marzahn, / Ging mir das Leben hin. Ein Band von Goethe / Blieb mir bis heut mein bestes Wehr und Waffen (. . .) / Fritz Katzfuß, du mein Ideal, mein Vorbild. / Der Band von Goethe gab mir Kraft und Leben, / Vielleicht auch Dünkel (. . .)

Gedicht »Fritz Katzfuß« (1888/89)

Man ließ mich Apotheker werden, weil man das Geld verprassen wollte, was zur Ausbildung der Kinder hätte verwendet werden müssen, und jetzt, wo sich die Reue darüber leise im Herzen regt, ist es zu spät; die Not ist da, der Bankrutt bricht herein – jetzt *kann* niemand mehr helfen.

Fontane an Bernhard von Lepel, 5. 10. 1849

Anbei den Embryo einer Biographie. Ich sehe das sardonische Lächeln, mit dem Sie die Umschreibung resp. die Verleugnung der Apothekerschaft hinnehmen werden; doch haben mich meine Erfahrungen seit 10 Jahren vielfach gelehrt, daß es gerathen ist, über diesen dunklen Punkt ohne weitere Lichtverbreitung hinzugehn.

Fontane an Wilhelm Hertz, 5. 10. 1862

Betreffs Ibsens muß ich doch noch eine gute Bemerkung anfügen, die Emil Rittershaus (der mich gestern auf 2½ Stunden besuchte) über Ibsen machte. »Haben Sie nicht bemerkt«, sagte er, »daß Ibsen ganz wie ein Apotheker wirkt; er ist den Apotheker nicht losgeworden, und das spukt nun in seinen Stücken, seinen Problemen und Tendenzen, und auch in seiner Konversation. Er ist immer ein kleiner Apotheker, der abwartet und dribbelt und auf der Lauer liegt.« Es ist vollkommen richtig, und ich mußte laut lachen, schon um hinter der großen Lache meine eigne Angst zu verbergen.

Fontane an Mete, 14. 9. 1889

THEODOR FONTANE 1843. Fontane begann 1836 seine Lehrzeit als Apotheker. Er litt unter seinem Apothekerberuf, solange er ihn ausübte – und noch lange nachher.

Seit Jahren blickt' ich auf England wie die Juden in Ägypten auf Kanaan.

Aus »Englische Tagebücher«

London hat einen unvertilgbaren Eindruck auf mich gemacht; nicht sowohl seine Schönheit als seine Großartigkeit hat mich staunen lassen. Es ist das Modell oder die Quintessenz einer ganzen Welt.

Aus »Englische Tagebücher«

Ich hätte nicht gedacht, daß die Stadt – deren rein äußerliches Leben und Treiben ich wenigstens kannte – mich wiederum so mächtig bewegen würde und noch in diesem Augenblick brauch' ich nur nach den Verbindungsstraßen zwischen City und Westend (hier herrscht das regste Leben) zu eilen, um urplötzlich meine Sorgen von mir genommen zu sehn. (. . .) Du wirst vielleicht sagen: daran erkennt man den Anglomanen, den guten *pp* Fontane, der seit Jahr und Tag in alles englische Wesen vernarrt ist. Ich muß das gerade jetzt bestreiten: vieles behagt mir gar nicht und läßt mich, wenn ich vergleiche, deutlich einsehn, daß wir in aberhundert Dingen weit voraus sind (. . .) aber das darf ich nach einer 8tägigen Erfahrung bereits versichern, daß mein diesmaliges Urtheil über London anders ausfallen wird, als vor 8 Jahren. Ich war damals unerfahren, gutmüthig und wenn ich so sagen darf schwärmerisch genug, alles was ich *anders* fand auch sofort *besser* zu finden; dieser Standpunkt indeß ist überwunden und ich kritisire jetzt mit feiner gebildetem *Sinn*.

Fontane an seine Mutter, 28. 4. 1852

Der Zauber Londons ist – seine M a s s e n h a f t i g k e i t. Wenn Neapel durch seinen Golf und Himmel, Moskau durch seine funkelnden Kuppeln, Rom durch seine Erinnerungen, Venedig durch den Zauber seiner meerentstiegenen Schönheit wirkt, so ist es beim Anblick Londons das Gefühl des Unendlichen, was uns überwältigt – dasselbe Gefühl, was uns beim ersten Anschauen des Meeres durchschauert.

Aus »Ein Sommer in London«

THEODOR FONTANE in London, 1844. 1844/45 absolvierte Fontane sein Militärjahr beim Kaiser-Franz-Regiment in Berlin. Er war erst wenige Wochen Soldat, als ihn unerwartet Hermann Scherz, ein Freund aus Ruppiner Tagen, zu einer kurzen Reise nach England einlud. Die erste Fahrt nach London war erfüllt von der liebenswürdigen Euphorie eines jungen Menschen, der seinen Militärdienst unterbrechen darf. Fontane, er nannte sich gelegentlich einen »Anglomanen«, hat sich mit keinem Land soviel beschäftigt wie mit England. Dreimal war er dort: im Sommer 1844 zwei Wochen; 1852 ein halbes Jahr; dann die längste Spanne von 1855 – 59.

Ausschnitt aus dem Tunnelbild von Hugo von Blomberg. Links stehend: von Lepel, rechts mit dem Schild: Fontane.

Es ging mir also anfangs nicht allzu gut. Ganz allmählich aber fand ich mich zu Stoffen heran, die zum Tunnel sowohl wie zu mir selber besser paßten als das »Herweghsche«, für das ich bis dahin auf Kosten andrer Tendenzen und Ziele geschwärmt hatte. Dies für mich Bessere war der Geschichte, besonders der brandenburgischen, entlehnt, und eines Tages erschien ich mit einem Gedicht »Der Alte Derfflinger«, das nicht bloß einschlug, sondern mich für die Zukunft etablierte (. . .) Ich wurde sehr freundlich begrüßt, erhielt meinen Tunnelnamen – Lafontaine – und hätte durchaus zufrieden sein können, wenn ich nur mit dem, was ich dichterisch zum besten gab, mehr oder doch wenigstens einen Erfolg gehabt hätte. Das wollte mir aber nicht gelingen.

Aus »Von Zwanzig bis Dreißig«

Ich gehörte dem Tunnel unausgesetzt ein Jahrzehnt lang an und war während dieser Zeit, neben Scherenberg, Hesekiel und Heinrich Smidt, das wohl am meisten beisteuernde Mitglied des Vereins. Die große Mehrzahl meiner aus der preußischen, aber mehr noch aus der englisch-schottischen Geschichte genommenen Balladen entstammt jener Zeit, und manche glückliche Stunde knüpft sich daran. Die glücklichste war, als ich – ich glaube bei Gelegenheit des Stiftungsfestes von 1853 oder 54 – meinen »Archibald Douglas« vortragen durfte. Der Jubel war groß.

Aus »Von Zwanzig bis Dreißig«

Diplom des Vereins »Tunnel über der Spree«. In der Mitte: Fontane.
Theodor Fontanes Eintritt in den »Tunnel« fand am 29. September 1844
auf Antrag von Wilhelm von Merckel statt, nachdem er bereits im Juli
1843 von seinem Freunde Bernhard von Lepel eingeführt worden war.
Zuvor schon war er in Leipzig Mitglied des Herwegh-Klubs, in Berlin
des Platen- sowie des Lenau-Vereins gewesen. Literarische Gesellschaf-
ten erfreuten sich im vormärzlichen Deutschland großer Beliebtheit.

THEODOR FONTANE (zweiter von links) im Kreise seiner Freunde, 1847. Fontane blieb Apotheker bis 1849. Aber er fühlte sich mehr und mehr zur Schriftstellerei berufen. Die Jahre 1847 und 1848 brachten in seine eigentliche Berufslaufbahn eine Wende, die den endgültigen Verzicht vorbereitete.

Schließe übrigens aus dieser Äußerung nicht, daß ich wie Wallenstein nächstens »einen langen Schlaf zu tun« oder wie Hamlet »in das Land zu reisen« gedenke, von dannen keine Wiederkehr – nein, gegenteils! Ich bin mit den Jahren jünger geworden, und die Lebenslust, die eigentlich ein Erbteil der Jugend ist, scheint in mir zu wachsen, je länger der *abgewickelte* Faden wird (...) ich bin jetzt von meinem *Recht* durchdrungen, ein Gedicht zu machen; das mag Dir andeuten, daß ich ein anderer geworden bin. Du lächelst vielleicht; Du frägst, worauf sich dieses Selbstvertrauen stützt, und lächelst wieder, wenn ich sage, *das fühlt sich*. Ich könnte Dir erzählen, daß ich mit dem Cottaschen Morgenblatt auf dem besten Fuße stehe, könnte Dir mitteilen, daß man in mich dringt, meine Sachen zusammenzustellen und rauszugeben – indessen wiederhol ich Dir, es ist nicht diese Anerkennung von außen, sondern die tief innere Überzeugung, daß ich einen Vers schreiben kann, was mein Fiduzit erweckt. Diese Überzeugung läßt mich ruhig und bedachtsam handeln; ich laufe mir nicht nur nicht die Beine ab, um einen Buchhändler zu ergattern, sondern ich danke sogar für diejenigen, die mir unter der Hand angeboten werden. Was gut ist, bleibt gut, und das andre mag fallen (...)

Fontane an Wilhelm Wolfsohn, 10. 11. 1847

Ich liebe dich und bin geborgen,
Wenn du mir Lieb um Liebe gibst;
Das aber sind all meine Sorgen:
Ob du so recht mich wieder liebst?
Oh, könnt ich doch zu dieser Stunde
In deine lieben Augen schaun;
Ich schöpfte wohl aus ihrem Grunde,
Wie immer Hoffnung und Vertraun.

Letzte Strophe eines Gedichts an Emilie
zum ersten Jahrestag der Verlobung
am 8. 12. 1846

Das Hervorstechende ihres Wesens ist, körperlich und geistig, das *Interessante,* sie wird mich auch da zu fesseln wissen, wo mir größere Schönheit, umfassenderes Wissen und selbst tieferes Gefühl auf meinem Lebenswege begegnen sollten. Mit einem Wort, sie ist »liebenswürdig«, sie hat jenes unerklärbare Etwas, was allem einen Reiz verleiht; die Schwächen selbst werden so zu Tugenden gestempelt; Unkenntnis gibt sich als herzgewinnende Natürlichkeit; launenhafte Wünsche und Einfälle kleiden sich in das Gewand des Eigentümlichen.

Fontane an Wilhelm Wolfsohn, 10. 11. 1847

(. . .) nachsichtig gegen mich bist und für die schreckliche Krankheit meines Herzens, die doch am Ende mich selbst am meisten quält, stets ein Wort des Trostes hast – sieh, mein Herz, dann muß es doch am Ende anders mit mir werden, und ich werde dann so unbegrenzt in meinem Vertrauen sein wie jetzt wahnsinnig in meinem Argwohn. Rede mir zu, streiche mich, blicke mich fest und freundlich an – ach, Du kannst das alles auch mit Worten, wenn Du mir fern bist – tu es, und zu meiner Liebe geselle sich mein wärmster Dank.
Ich will ein *Mann* sein, *Dein* Mann sein und bitte Dich: behandle mich wie ein Kind. Wie bin ich Dir gegenüber doch ein andrer Mensch geworden! Jedes Liebeswort machte mich sonst lachen, und jetzt les ich die zärtlichsten Stellen Deiner Briefe oft zwanzigfach und klammre mich an sie an wie an (. . .)

Fontane an Emilie, 2. Ostertag 1849
(aus dem Fragment eines Briefes,
der sich durch Zufall erhalten hat)

EMILIE ROUANET-KUMMER (1824–1902) 1848. Fontane lernte Emilie bereits 1835 kennen. »Rat« Kummer, Pflegevater von Emilie, war ein »Jeu«-Genosse von Fontanes Onkel August. Am 8. Dezember 1845 beschloß Fontane sich zu verloben, aber erst fünf Jahre später, am 16. Oktober 1850, folgte die Eheschließung. Trotz vieler Probleme und Konflikte war es eine gute Ehe, die fünfzig Jahre währte.

VON DREISSIG BIS ACHTZIG

Meine Tage verfließen gleichmäßig. Ob ich durch einen politischen oder belletristischen Artikel, durch eine Rezension oder ein Dutzendbuch mein Dasein kümmerlich friste, ist unwesentlich – es ist das Aktenschreiben des Juristen, das Rezeptemachen des Apothekers. Weder dem einen noch dem andern fällt es ein, über seinen mehr oder minder mechanischen Erwerb ein Wort zu verlieren.

Fontane an Friedrich Witte, 1. 7. 1851

Sei versichert, daß ich mit allen Kräften, mit Kopf und Beinen, bemüht bin, ein bißchen Glück und *Unabhängigkeit* für uns zu erobern. Dies unterstrichene Wort – Du glaubst gar nicht, wie ich danach dürste, und ich bin entschlossen, allen Plänen und Neigungen zu entsagen, nur um dem unerträglichen Betragen derer zu entgehen, die ein paar Taler mehr besitzen und sich berufen glauben, mitleidig auf den armen Teufel herabzublicken. Wenn ich mir so die ganze Berliner Gevatterschaft – mit wenigen gern zugestandenen Ausnahmen – vor die Seele rufe, so knirsch ich immer und möchte mich mit verzweifelter Kraft an diese Londoner Langweiligkeit anklammern.

Fontane an seine Frau, Anfang August 1852

Sie wissen gewiß – wer wüßt es nicht! – aus eigener Erfahrung, daß Zeiten kommen, wo sich Gott und Menschen gegen uns verschworen zu haben scheinen, wo man in der besten Gesellschaft sich unter lauter Vampiren wähnt, die nur darauf warten, uns das Herzblut auszusaugen, und wo man an der Liebe und Teilnahme der Menschen so gründlich verzweifelt, daß man verwundert um sich blickt, wenn einem jemand freundlich ›Guten Morgen‹ bietet.

Fontane an Theodor Storm, 17. 4. 1854

THEODOR FONTANE 1853. Die fünf Jahre von 1850 bis 1855 waren die schwerste Zeit im Leben Fontanes. Materielle Sorgen, politische Resignation und Zweifel an der Berufung als Schriftsteller trafen zusammen. Der Mut und das Selbstbewußtsein, die in dem Jahrzehnt zwischen 1840 und 1850 sein literarisches Schaffen bestimmt, ihn noch 1849 veranlaßt hatten, den Beruf des Schriftstellers zu wählen, schienen gebrochen zu sein.

Sie *dichteten,* sie *sangen,* sie *kalauerten* Humor; sie entluden ihn auch besonders gern in Gelegenheitsgedichten, so bei Kuglerschen und anderen Festen.

Aus: Adolf Wilbrandt »Aus der Werdezeit« (1907)

Dem Tunnel bin ich total entfremdet. Die jüngern Mitglieder stehn mir fern; Lepel hat kein Urteil, Kugler und Eggers sind gebildete Leute, aber Schablonenpoeten, Paul Heyse ist zu jung und findet alles schlecht, was nicht von Goethe oder – ihm selbst herstammt; mit den andern ist vollends nichts los: Orelli ist gelehrt-verrückt, Rendant Müller hat Urteil über das *Fertige,* aber nicht über den Plan; Scherenberg wäre mir noch der liebste, aber ich steh ihm ein wenig fern, und dann tadelt er zu wenig. Er läßt alles gelten, und nachher hat man dann die Bescherung, das – Fiasko.
So steht's!

Fontane an Friedrich Witte, 1. 5. 1851

Dem Tunnel bin ich entwachsen; was Ordentliches kommt ja nur selten vor und schlechte oder mittelmäßige Gedichte sind mir jetzt ein Greul.

Fontane an seine Frau, 23. 5. 1862

Daß der Rütli eingeschlafen, ist ein Segen; er war seit Jahren ein Trauerbild; je mehr ich, rückblickend, an ihm hänge, je mehr darf ich dies vielleicht aussprechen, ohne undankbar zu sein.

Fontane an Moritz Lazarus, 5. 1. 1897

Einladungskarte zu einer »Rütli«-Sitzung (Fontane mit Zylinder und Umhang). Federzeichnung von Adolph Menzel.
Zu Beginn der fünfziger Jahre zweigten sich zwei kleinere Gruppen vom »Tunnel« ab, die sich »Rütli« und »Ellora« nannten. »Eine Art Nebentunnel, eine Art Extrakt der Sache« nannte Fontane den »Rütli«.

England hat wieder einen guten Eindruck auf mich gemacht, wie immer, wenn ich es wiedersehe. Die schöne, noble Küste, das brandende Meer, Schiffe, soweit man sieht, artige Menschen, alles adrett, ohne Tuerei und Geräusch – ich liebe sie nun einmal, und wenn ich ein gebürtiger Engländer wäre, so würd' ich mindestens denselben Stolz haben, den man der ganzen Nation vorwirft.

Fontane an seine Frau, 8. 5. 1857

Es herrschen hier mehr Mißbräuche als irgendwo anders; aber das Volk lebt trotz alledem glücklicher und behaglicher als irgendwo anders. Dies Behagen ist eine Folge des Gefühls persönlicher Freiheit.

Aus »Englische Tagebücher«, 6. 8. 1956

Die Sache, bei Lichte betrachtet, ist nun einfach die: Ich bin weder ein ›Kreuzzeitungs‹-Mensch noch ein Manteufflianer noch ein besonderer Anhänger des neuen Ministeriums von Bethmann-Hollweg bis Patow, ich bin ganz einfach Fontane, der bloß nicht Lust hat, Manteuffeln unmittelbar nach seinem Sturze anzugreifen, weil besagter Manteuffel (dessen Pech am Hintern und dessen Polizeiregime mir ein Greul gewesen ist) besagtem Fontane *persönlich Gutes getan hat.* Was ich getan und gesprochen habe, ist nichts als die ganz gemeine Pflicht des Anstands und der Dankbarkeit. (. . .)

Fontane an Bernhard von Lepel, 1. 12. 1858

Ich will vor allem gern hier fort.

Fontane an Bernhard von Lepel, 1. 12. 1858

Ich fühle – in pflichtschuldigster Bescheidenheit sei das gesagt –, daß ich etwas gesehn und gelernt habe.

Fontane an seine Frau, 25. 1. 1859

THEODOR FONTANE 1857. 1855 bis 1859 zum dritten Male in England. Fontane gibt zunächst im Auftrage der preußischen Regierung eine »Deutsch-Englische Korrespondenz« heraus; nach dem Eingehen der »Korrespondenz« freier Mitarbeiter an den ministeriellen Presseorganen, für die er bereits 1852 in London geschrieben hat. Hinzu kommen jetzt noch die »Neue Preußische (Kreuz-) Zeitung« und die »Vossische Zeitung«. Sommer 1858 Reise nach Schottland mit Lepel.
Nach dem Sturz des Ministeriums Manteuffel kündigt Fontane seine Londoner Stellung und verläßt London am 15. Januar 1859.

Ich bin absolut *einsam* durchs Leben gegangen, ohne Klüngel, Partei, Clique, Coterie, Club, Weinkneipe, Kegelbahn, Skat und Freimaurerschaft, ohne rechts und ohne links, ohne Sitzungen und Vereine. Der Rütli mit 3 Mann kann kaum dafür gelten. Ich habe den Schaden davon gehabt, aber auch den Vortheil, und wenn ich's noch einmal machen sollte, so macht' ich's wieder so. Vieles büßt man ein, aber was man gewinnt ist mehr.

Fontane an seine Frau, 14. 6. 1883

Ich war immer ein Singleton, ein Einsiedler von Jugend auf. Ich bin gelegentlich Gesellschaftsmensch, aber doch meistens absolut das Gegenteil davon. In einem kleinen befreundeten Kreise schwatzt niemand mehr als ich. Sowie der Kreis aber Gesellschaftszirkel oder gar ein ›Verein‹ wird, in dem nicht mehr geplaudert, sondern öffentlich geredet werden soll, ist es mit meiner Beredsamkeit vorbei. Ich bin dann stumm und kann nicht mehr mitspielen.

Fontane an Richard Béringuier, 6. 10. 1885

Fontane war ein außerordentlicher Gesellschaftsmensch – zu zweien. Ich habe keinen zweiten gekannt, der von so sprudelnder Fülle und Ursprünglichkeit in der geistvollen Plauderei – zu zweien – gewesen wäre.

Eduard Engel 1929 über Fontane in seinen
Erinnerungen »Menschen und Dinge«

THEODOR FONTANE (oben dritter von links) mit Berliner Schriftstellern auf einer Landpartie am Schlachtensee, etwa 1856.

Wie man auch über Berlin spötteln mag, wie gern ich zugebe, daß es diesen Spott gelegentlich verdient, das Faktum ist doch schließlich nicht wegzuleugnen, daß das, was hier geschieht und nicht geschieht direkt eingreift in die großen Weltbegebenheiten. Es ist mir Bedürfniß geworden, ein solches Schwungrad in nächster Nähe sausen zu hören, auf die Gefahr hin, daß es gelegentlich zu dem bekannten Mühlrad wird.

Fontane an Paul Heyse, 28. 6. 1860

Und was heißt Carrière machen anders als in Berlin leben, und was heißt in Berlin leben anders als Carrière machen.

Fontane an Georg Friedlaender, 21. 12. 1884

Unsre »Eigentlichsten« sind immer zugleich unsre eigentlichsten Gegner. Ich selbst gehöre auch mit dazu. Je berlinischer man ist, je mehr schimpft man oder spöttelt man auf Berlin. Daß dem so ist, liegt nun aber nicht bloß an dem Schimpfer und Spötter, es liegt leider wirklich auch an dem Gegenstande, also an unsrem guten Berlin selbst. Wie unsre Junker unausrottbar dieselben bleiben, kleine, ganz kleine Leute, die sich für historische Figuren halten, so bleibt der Berliner ein egoistischer, enger Kleinstädter. Die Stadt wächst und wächst, die Millionäre verzehnfachen sich, aber eine gewisse Schusterhaftigkeit bleibt, die sich vor allem in dem Glauben ausspricht: »Mutters Kloß sei der beste.« Dabei gibt es hier – denn man kann doch nicht immer auf Bismarck und Moltke rekurrieren, die nicht mal Berliner waren – überhaupt nichts Bestes; es gibt in Berlin nur Nachahmung, guten Durchschnitt, respektable Mittelmäßigkeit, und das empfinden alle klugen Berliner, sowie sie aus Berlin heraus sind. Das *menschliche* Leben draußen (nicht das politische, bei dem's aber auch zutrifft) ist freier, natürlicher, unbefangener und deshalb wirkt die nicht-berlinische Welt *reizvoller*. Die Menschen draußen sind nicht klüger, nicht besser, auch wohl nicht einmal begabter und talentvoller, sie sind bloß *menschlicher*, und weil sie menschlicher sind, wirkt alles besser, *ist* auch besser.

Fontane an Georg Friedlaender, 14. 5. 1894

THEODOR FONTANE, um 1859. Am 28. März 1859 war Fontane, aus England zurückkehrend, wieder in Berlin, wo er, abgesehen von seinen vielen Reisen, bis zu seinem Tode lebte. Berlin war auch der Mittelpunkt in seinen Romanen.

Da ging die Tür, und in die Halle
Mit schwebendem Gang wie ein junger Gott
Trat ein Verspäteter, frei und flott,
Grüßt' in die Runde mit Feuerblick,
Warf in den Nacken das Haupt zurück,
Reichte diesem und dem die Hand
Und musterte mich jungen Fant
Ein bißchen gnädig von oben herab,
Daß es einen Stich ins Herz mir gab.
Doch: D e r ist ein Dichter! wußt' ich sofort.

Silentium! L a f o n t a i n e hat's Wort.
(. . .)

Paul Heyse »An Theodor Fontane«

(. . .) ein Mann in der Vollblüte der Jahre, hoch aufgeschossen, so hoch und schlank, daß Brust und Schulter fast zu schmal geraten aussahen; ein bleiches langgezogenes Gesicht mit blitzenden, dunkelblauen Augen war umflutet von einer Fülle seidenweichen schwarzen Haares. Die ganze Gestalt so geschmeidig und so vornehm wie die eines englischen Knight of Perrys Relics.

Felix Dahn über Fontane in seinen »Erinnerungen« (1892)

Das schönste Feuer und die blühendsten Einfälle hatte dann Theodor F o n t a n e; auch sein schwungvoller Vortrag war siegreich, und seinem ausdrucksvoll mitredenden, schön niederhängenden Schnurrbart kam kein anderer gleich.

Adolf Wilbrandt über Fontane in seinen
Erinnerungen »Aus der Werdezeit« (1907)

THEODOR FONTANE, um 1860.

Einen Plan gemacht: die Marken, ihre Männer und ihre Geschichte. Um Vaterlands und künftiger Dichtung willen gesammelt und herausgegeben von Th. F. – Die Dinge selber gebe ich alphabetisch. Wenn ich noch dazu komme, das Buch zu schreiben, so habe ich nicht umsonst gelebt und kann meine Gebeine ruhig schlafen legen.

Tagebuchaufzeichnung, 19. 8 1856

Ich liebe nämlich das Land, in dem ich geboren wurde, mehr, aufrichtiger, selbstsuchtsloser als die Mehrzahl meiner hier lebenden Landsleute und fühle, bei meiner wachsenden Neigung, vaterländisches Leben künstlerisch zu gestalten, die Trennung vom Vaterlande allerdings empfindlicher als mancher andre. Das ist aber nicht die Hauptsache.

Fontane an Wilhelm von Merckel, 20. 9. 1858

Jetzt sind es 30 Jahre, fast auf den Tag, daß ich mit Lepel die Reise machte, eine der schönsten in meinem Leben, jedenfalls die poetischste, poetischer als Schweiz, Frankreich, Italien und alles was ich später sah. Das interessanteste Blatt für mich ist das mit dem Douglasschloß im Kinroß-See, zu dem ich mit Lepel im Boot hinüberfuhr und als wir 2 Stunden später, nach Besichtigung von Schloß und Insel, über denselben See hin die Rückfahrt machten und ich dabei an Rheinsberg und den Rheinsberger See dachte, stand es in meiner Seele fest, die Mark Brandenburg und ihre Schlösser und Seen beschreiben zu wollen. Was dann auch geschehn ist.

Fontane an Mathilde von Rohr, 16. 5. 1888

»Der Wanderer durch die Mark Brandenburg«. Am 18. Juli 1859 trat Fontane mit Bernhard von Lepel die erste märkische Wanderung »ins Ruppinsche« an. Der Plan hierfür war freilich schon in England entstanden.

Daß ich seit 4 Wochen eine Stellung bei der Kreuz-Zeitung habe und den engl. Artikel des Blatts redigiere, wirst Du vielleicht schon erfahren haben. Bis jetzt hab' ich durchaus keine Ursach, den gethanen Schritt zu bereun. Man wird mit den Jahren ehrlich und aufrichtig conservativer und läßt sich durch Persönlichkeiten und zufällige Vorkommnisse immer weniger in den großen Prinzipien beirren.

Fontane an Paul Heyse, Berlin, 28. 6. 1860

Alles, was Du über meine Stellung zur Zeitung schreibst, ist richtig und ist sogar noch viel richtiger, als Du wissen kannst; man ist eine bloße Sache, man hat den Wert eines Maschinenrades, das man mit Öl schmiert, solange das Ding überhaupt noch zu brauchen ist, und als altes Eisen in die Rumpelkammer wirft, wenn die Radzähne endlich abgebrochen sind, aber so gewiß ich das Brutale schmerzlich empfinde, so hab ich doch nun nachgerade einsehen gelernt, daß es *hierzulande,* in den gesegneten Gauen des Norddeutschen Bundes, überall so ist und daß man nur so lange Wert hat, als man tagtäglich und immer aufs neue seine Brauchbarkeit beweisen kann.

Fontane an seine Frau, 4. 12. 1869

Glaube doch nicht, daß diese ganz gute, aber doch enfin ganz triviale Kreuzzeitungs-Stellung etwas Apartes war, glaube mir auf mein Wort, sie war es *nicht,* sie war das Freiheitsopfer nicht wert, das ich ihr so viele Jahre lang gebracht habe. Ich werde in der Zukunft ebensoviel Geld verdienen und dabei zu erheblichem Grade Herr über meine Zeit sein.

Fontane an seine Frau, 28. 5. 1870

Ich blieb bis kurz vor dem Siebziger Krieg in meiner Kreuzzeitungs-Stellung und muß diese zehn Jahre zu meinen allerglücklichsten rechnen.

Aus »Von Zwanzig bis Dreißig«

THEODOR FONTANE im Alter zwischen 40 und 50 Jahren. Ab Juni 1860 war Fontane zehn Jahre Redakteur für englische Belange an der »Kreuz«-Zeitung; eine Tätigkeit, die ihm nicht nur die finanziellen Sorgen nahm, sondern auch Muße für das große Werk der »Wanderungen durch die Mark Brandenburg« ließ. Nach einer Auseinandersetzung mit dem Chefredakteur Dr. Beutner kündigte Fontane am 20. April 1870 die Stellung.

»Der Gefangene von Oléron«

Ende September 1870, einige Wochen nach Ausbruch des Krieges zwischen Deutschland und Frankreich, reiste Fontane im Auftrag des Verlegers Rudolf von Decker als Kriegsberichterstatter auf die Schlachtfelder. Während eines Abstechers nach Domrémy, der Geburtsstätte von Jeanne d'Arc wurde er unter Spionageverdacht verhaftet.

Eine halbe Stunde lag ich so, oder vielleicht länger, ich weiß es nicht. Dann hatt' ich mich mit der Gewißheit meines Schicksals auch wieder gefunden. Eine Fassung kam über mich, deren ich mich nicht für fähig gehalten hätte. Ich war fertig mit allem und bat Gott, mich bei Kraft zu erhalten und mich nicht klein und verächtlich sterben zu lassen. Genug davon. War es Erschöpfung, oder war es die Ruhe vollster Ergebung – ich schlief wieder ein.

Aus »Kriegsgefangen«

Das waren zwei große Tage, der 24. und 25.! Vorgestern früh erfuhr ich, daß ich »frei sein und auf Ehrenwort nach Deutschland zurückkehren könne«. Gestern, ganz gegen Erwarten, glückte es mir, meine preußischen Bankscheine wechseln zu können (ohne diesen glücklichen Zwischenfall konnte ich von meiner Freiheit keinen Gebrauch machen), und endlich gestern nachmittag erhielt ich durch gütige Vermittlung des Bischofs von La Rochelle und des hiesigen Geistlichen, Deine Zeilen vom 2. November, das erste Lebens- und Liebeszeichen von Dir seit länger als acht Wochen. Deine Worte haben mich tief bewegt, zugleich meinem Herzen wohlgetan.
Unsern Wangenheims und – zufolge ihrer Vermittlung – der Geistlichkeit dieses Landes verdanke ich überhaupt viel, vielleicht alles. Erst seit gestern weiß ich bestimmt, daß ich »dicht davor« war.

Fontane an seine Frau. Château Isle d'Oléron, 26. 11. 1870

Der Heimgekehrte schreibt: »Es ist Pflicht zu sagen, daß die Eindrücke die allerangenehmsten waren und daß ich mir keine Nation denken kann, die in *so* vielen ihrer aufs Geratewohl gewählten Repräsentanten imstande wäre, ein günstigeres Urteil hervorzurufen (. . .)

Aus »Kriegsgefangen«

Ich muß Dir, lieber Vater, und auch im Namen aller unserer Herren einen kleinen Vorwurf machen, weil Du die Franzosen in Deinen Schicksalen zu sehr herausstreichst.

Georg Fontane an seinen Vater. St. Denis, 2. 2. 1871

Im übrigen wünschen wir aufrichtigst und in Dankbarkeit gegen das was zurückliegt, daß die nächsten 9 Jahre nicht unglücklicher verlaufen mögen, als die Epoche von 1863 bis 72. Es waren, wie die besten so auch die interessantesten Jahre meines Lebens. Drei Kriege und welche! Alles an den Fenstern vorüber, Dänen, Croaten, Turcos. Dazu Reisen kreuz und quer und selbst eine romantische Gefangenschaft.

Fontane an Mathilde von Rohr, 25. 9. 1872

Das Theater, das mich in letzter Zeit vielfach in Anspruch nahm, macht mir Leid und Freud. Es hat viel Amüsantes, auch menschlich Interessierendes, ist und bleibt ein Bildungsmittel, außerdem macht mir die Art, in der ich mich zu dem ganzen ›Kunstinstitut‹ gestellt habe, einigen Spaß; andrerseits fühl ich, daß ich für eine solche Beschäftigung zu alt bin. Das müssen junge Leute tun oder *solche* alten, die ihr ganzes Leben diesem Theaterkram gewidmet haben. Davon bin ich ja nun aber, wie Sie wissen, weit, weit ab. Ich schreibe Kriegsbücher, Historisches mannigfacher Art, dazu will es denn freilich nicht recht passen, wenn ich mich hinsetze, um über Frl. Kühle oder Frl. Keßler, über Herrn Liedtcke oder Herrn Karlowa meine Witzchen zu machen. Ich kann all diese Witzchen zwar verantworten, sie haben einen ernsten Hintergrund und dienen, nach dem Maße meiner Erkenntnis, der Wahrheit und nicht der Lüge, dennoch empfind ich die Richtigkeit dessen, was mir meine Frau vorgestern sagte: ›Es ist nicht ganz deiner würdig!«

Fontane an Mathilde von Rohr, 30. 3. 1872

Meine Berechtigung zu meinem Metier ruht auf einem, was mir der Himmel mit in die Wiege gelegt hat: Feinfühligkeit künstlerischen Dingen gegenüber. An diese meine Eigenschaft hab' ich einen festen Glauben. Hätt' ich ihn nicht, so legte ich heute noch meine Feder als Kritiker nieder.

Fontane an Maximilian Ludwig, 2. 5. 1873

Ich verfolge all diese Erscheinungen mit dem größen Interesse und finde, die Jugend hat recht. Das Überlieferte ist vollkommen schal und abgestanden; wer mir sagt: ›Ich war gestern in Iphigenie, welch Hochgenuß!‹, der lügt oder ist ein Schaf und Nachplapprer.

Fontane an Georg Friedlaender, 29. 4. 1890

Denn man bilde sich nur nicht ein, daß ein Theaterkritiker ein Richter ist, weit öfter ist er ein Angeklagter. »Da sitzt dieses Scheusal wieder«, habe ich sehr oft auf den Gesichtern gelesen.

Aus »Kritische Jahre – Kritiker-Jahre«

Im Juni 1870 schloß Fontane den Vertrag ab, künftig für die » Vossische Zeitung« die Rezensionen der Theateraufführungen im Königlichen Schauspielhaus am Gendarmenmarkt zu schreiben.

Zweite Auflage.

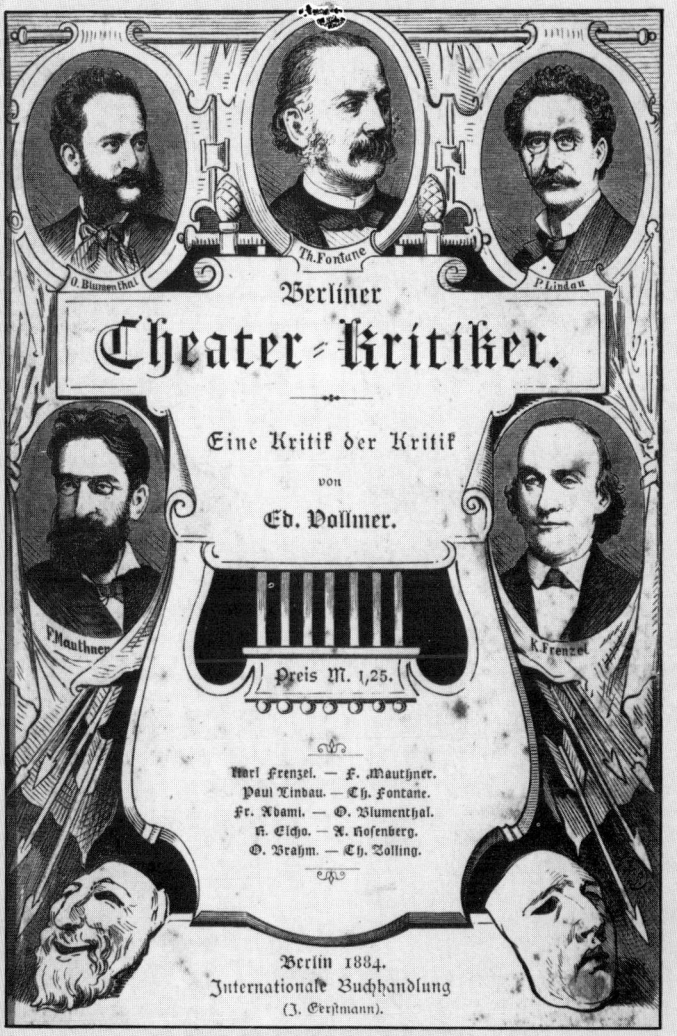

Berliner

Theater-Kritiker.

Eine Kritik der Kritik

von

Ed. Vollmer.

Preis M. 1,25.

Karl Frenzel. — F. Mauthner.
Paul Lindau. — Th. Fontane.
Fr. Adami. — O. Blumenthal.
K. Elcho. — A. Rosenberg.
O. Brahm. — Th. Zolling.

Berlin 1884.
Internationale Buchhandlung
(J. Gerstmann).

THEODOR FONTANE 1874

WIE SICH MEINE FRAU EINEN BEAMTEN DENKT

1. Ein Beamter lebt lange.

2. Solange er lebt, hat er ein auskömmliches Gehalt.

3. Ist er krank, so wird er vertreten. Je öfter, desto besser.

4. Badereisen sind garantiert.

5. Der Dispositionsfonds ist unerschöpflich und wird nur von der unergründlichen Güte seines Verwalters übertroffen.

6. Arbeit Schimäre.

7. Dienststunden werden gehalten oder nicht gehalten. Werden sie gehalten, so wechselt die Lektüre der National-Zeitung mit der der Vossischen.

8. Fehler sind gleichgültig, solange nur nach außen hin die eigene und des Standes Unfehlbarkeit gewahrt bleibt.

9. Zum Ordensfest und zu Königsgeburtstag muß der Beamte gesund sein. (Weiße Binde.)

10. Erfüllt er dies, so verdoppelt der König die Witwenpension aus dem Schatullenfonds. Für die Töchter: Erziehungsgelder; für die Söhne: drei Kadettenstellen frei.

EMILIE FONTANE 1874

Ich hatte mich zu entscheiden, ob ich, um der äußeren Sicherheit willen, ein stumpfes, licht- und freudeloses Leben führen oder, die alte Unsicherheit bevorzugend, mir wenigstens die *Möglichkeit* heiterer Stunden zurückerobern wollte. Ich wählte das letztere, während meine Frau das erstere von mir forderte.

Fontane an Mathilde von Rohr, 1. 7. 1876

Der Roman ist in dieser für mich trostlosen Zeit mein einziges Glück, meine einzige Erholung. In der Beschäftigung mit ihm vergesse ich, was mich drückt. Aber wenn er überhaupt noch zur Welt kommt, so werde ich, im Rückblick auf die Zeit, in der er entstand, sagen dürfen: ein Schmerzenskind. Er trägt aber keine Züge davon. Er ist an vielen Stellen heiter und nirgends von der Misere angekränkelt. Ich glaube auch sagen zu dürfen, *Ihnen* wird er gefallen, und die Hoffnungen, die Sie immer daran geknüpft haben, werden nicht ganz unerfüllt bleiben. Ich empfinde im Arbeiten daran, daß ich *nur* Schriftsteller bin und nur in diesem schönen Beruf – mag der aufgeblasene Bildungspöbel darüber lachen – mein Glück finden konnte.

Fontane an Mathilde von Rohr, 1. 11. 1876

So lächerlich es klingen mag, ich darf – vielleicht leider – von mir sagen: ›*Ich fange erst an.*‹

Fontane an Wilhelm Hertz, 18. 8. 1879

(. . .) ich bin erst in dem Unglücksjahre 76 *ein wirklicher Schriftsteller* geworden; vorher war ich ein beanlagter Mensch, der was schrieb. Das ist aber nicht genug.

Fontane an seine Frau, 28. 8. 1882

THEODOR FONTANE 1879. Im März 1876 wird Fontane zum Ersten Sekretär der Königlichen Akademie der Künste in Berlin berufen; bereits Ende Mai 1876 kommt er wieder um seine Entlassung ein. Unvereinbar mit den Pflichten eines preußischen Angestellten erscheint ihm sein Beruf als Schriftsteller.

Ich bin gewiß eine dichterische Natur, mehr als tausend andre, die sich selber anbeten, aber ich bin keine *große* und keine *reiche* Dichternatur. Es drippelt nur so. Der einzelne Tropfen mag ganz gut und klar sein; aber es ist und bleibt nur ein Tropfen, kein Strom, auf dem die Nationen fahren und hineinsehn in die Tiefe und in das himmlische Sonnenlicht, das sich drin spiegelt.

Fontane an seine Frau, 8. 1. 1857

Zu Großtaten fühl ich mich nicht fähig, und neue Bahnen werd ich nicht entdecken. Aber ›tüchtig sein im Kleinen‹, das liegt innerhalb meiner Kraft. Glück auf!

Fontane an Henriette von Merckel, 30. 4. 1858

Das Büchermachen *aus Büchern* ist nicht meine Sache.

Fontane an seine Frau, 12. 4. 1871

»Aber diese Langsamkeit resultiert nur aus Stilgefühl, ›aus Feile‹. Das, was ich hingeschrieben habe, genügt mir nicht. Und das Basteln, das nun nötig wird, kostet dreimal mehr Zeit als die erste Niederschrift und zwanzigmal soviel Zeit als der erste Entwurf. Diesen schreib ich unter genauer Kapiteleinteilung hintereinander weg, und alles von Anfang an an richtiger Stelle. Von dem Augenblicke an, wo mich das starke Gefühl ergreift, ›dies ist ein Stoff‹, ist auch alles fertig, und ich überblick im Nu und mit dem realen Sicherheitsgefühl, daß ich nirgends stocken werde, Anfang, Höhepunkt und Ende. Was dazwischen liegt, ist, wenn ich mich so ausdrücken darf, dunkel und ahnungsvoll ebenfalls da, ahnungsvoll – aber mit der Gewißheit, daß mir dies Füllsel keine Schwierigkeiten machen wird . . . Und nun schreib ich zwei Stunden hintereinander weg, und alles steht da. Jedes Kapitel hat seinen bestimmten Inhalt. Und im wesentlichen bleibt es auch so. Aber zu dieser äußeren Raschheit meiner Phantasieschöpferkraft gesellt sich leider eine unendlich schwache *Treffkraft für den Ausdruck,* ich kann das rechte Wort nicht finden. Und so brauch ich sechs Monate, um eine Arbeit zu vollenden, die ich im Nu konzipierte und in zwei Stunden entwarf. Das Kind ist da. Aber eh es stehen und gehen kann, welch weiter, weiter Weg!«

Fontane über seine Schaffensweise in:
»Rudolf Lindau. Ein Besuch« (1883)

Ich weiß, daß die Schilderungen breit und in ihrer Breite vielleicht anfechtbar, möglicherweise sehr anfechtbar sind, trotzdem ist diese unbarmherzige Kleinmalerei gerade das, worauf es mir ankam.

Fontane an Julius Rodenberg, 24. 7. 1893

THEODOR FONTANE 1883. Die Entscheidung vom Frühjahr 1876 führt die bedeutungsvollste Wendung in Fontanes Schaffen herbei. Stärker als alles andere beansprucht die Dichtung sein Interesse, seine Hingabe, bald wird er sich ihr ausschließlich widmen.

Ich erinnere mich bei diesen Betrachtungen der Wernigeroder Sonntagnachmittage vor dem weißen Hirsch. War Papa nicht dabei, fand ich den ganzen Spaß verfehlt und sah nur schlechtes Pflaster und häßliche langweilige Menschen; wie mit einem Schlage änderte es sich in Papa's Gegenwart und, als hätte ich andere Augen bekommen, war ich im Moment versetzt in eine reiche Welt des Interessanten, Komischen und selbst Erfreulichen.

Mete an die Mutter, 21. 11. 1880

Traf man den alten Theodor Fontane, den grünen oder weißen Schal bei schlechtem Wetter um den Hals, bei gutem in der Hand, am Kanalufer, so bekam man unweigerlich einen Blick der strahlenden blauen Augen, denn er hatte Zeit und Gelegenheit, die wenigen Spaziergänger zu beobachten.

Heinrich Spiero 1929 über Fontane in seinen Lebenserinnerungen

Man sah ihn übrigens täglich im Tiergarten, den kleinen bunten Wollplaid locker über die Schultern genommen, auf die das graue Haar strähnig herunterfiel. Ein dichter Schnurrbart und Kinnbart verdarb nichts an diesem schönen, klug-sympathischen Dichterkopf. So spazierend gleichsam sieht man ihn heut noch in einem Teil des Tiergartens als Bronzedenkmal aufgestellt.

Gerhart Hauptmann über Fontane aus dem
unveröffentlichten zweiten Teil der Lebenserinnerungen

Fontane und seine Tochter Martha (Mete) 1886 in Arnsdorf im Riesengebirge.

Man hat mich kolossal gefeiert und – auch wieder gar nicht. Das moderne Berlin hat einen Götzen aus mir gemacht, aber das alte *Preußen,* das ich, durch mehr als 40 Jahre hin, in Kriegsbüchern, Biographien, Land-und-Leute-Schilderungen und volkstümlichen Gedichten verherrlicht habe, dies »alte Preußen« hat sich kaum gerührt und alles (wie in so vielen Stücken) den Juden überlassen.

Fontane an Heinrich Jacobi, 23. 1. 1890

»Du hast nicht olympisch das Haupt geschüttelt,
Als die Grünen am Tor des Parnaß gerüttelt;
Du hast dich zu ihnen hinab begeben
Und noch einmal hinein in das brausende Leben. . . .
Dann hast du gedichtet, und eh man's gedacht,
Hast du es einfach besser gemacht.«

Aus Ernst von Wolzogens Gedicht
zu Fontanes siebzigstem Geburtstag

THEODOR FONTANE 1890: Der Siebzigjährige. Am 4. Januar 1890 gaben der Preßklub und die »Literarische Gesellschaft«, der »Rütli« und die »Vossische Zeitung« ein Festessen zu Fontanes siebzigstem Geburtstag.

Photogr. v. Lutze & Witte.

Ja, die arme Effi! Vielleicht ist es mir so gelungen, weil ich das Ganze träumerisch und fast wie mit einem Psychographen geschrieben habe. Sonst kann ich mich immer der Arbeit, ihrer Mühe, Sorgen und Etappen, erinnern – in *diesem* Falle gar nicht. Es ist so wie von selbst gekommen, ohne rechte Überlegung und ohne alle Kritik.

Fontane an Hans Hertz, 2. 3. 1895

Auch die äußere Erscheinung Effis wurde mir durch einen glücklichen Zufall an die Hand gegeben; ich saß im Zehnpfund-Hotel in Thale, auf dem oft beschriebenen großen Balkon, Sonnenuntergang, und sah nach der Roßtrappe hinauf, als ein englisches Geschwisterpaar, er 20, sie 15, auf den Balkon hinaustrat und 3 Schritt vor mir sich an die Brüstung lehnte, heiter plaudernd und doch ernst. Es waren ganz ersichtlich Dissenterkinder, Methodisten. Das Mädchen war genau so gekleidet, wie ich Effi in den allerersten und dann auch wieder in den allerletzten Kapiteln geschildert habe: Hänger, blau und weiß gestreifter Kattun, Ledergürtel und Matrosenkragen. Ich glaube, daß ich für meine Heldin keine bessere Erscheinung und Einkleidung finden konnte, und wenn es nicht anmaßend wäre, das Schicksal als etwas einem für jeden Kleinkram zu Diensten stehendes Etwas anzusehen, so möchte ich beinah sagen: das Schicksal schickte mir die kl. Methodistin.

Fontane an Hans Hertz, 2. 3. 1895

Dies Natürliche hat es mir seit langem angetan, ich lege nur *da*rauf Gewicht, fühle mich nur *da*durch angezogen, und dies ist wohl der Grund, warum meine Frauengestalten alle einen Knacks weghaben. Gerade dadurch sind sie mir lieb, ich verliebe mich in sie, nicht um ihrer Tugenden, sondern um ihrer Menschlichkeiten, d. h. um ihrer Schwächen und Sünden willen. Sehr viel gilt mir auch die Ehrlichkeit, der man bei den Magdalenen mehr begegnet als bei den Genoveven. Dies alles, um Cécile und Effi ein wenig zu erklären.

Fontane an Colmar Grünhagen, 10. 10. 1895

ELSE BARONIN VON ARDENNE, Urbild der Effi Briest, in der Anfangszeit ihrer Ehe.

Der Roman, von einer schweren Schaffenskrise unterbrochen, entstand in den Jahren 1889–94. Mit Ausnahme des ersten und letzten Romans, sind alle reifen Werke Fontanes »Frauenerzählungen«.

An meinem Fünfundsiebzigsten

Hundert Briefe sind angekommen,
Ich war vor Freude wie benommen,
Nur etwas verwundert über die Namen
Und über die Plätze, woher sie kamen.

Ich dachte, von Eitelkeit eingesungen:
Du bist der Mann der »Wanderungen«,
Du bist der Mann der märk'schen Geschichte,
Du bist der Mann der märk'schen Gedichte,
Du bist der Mann des Alten Fritzen
Und derer, die mit ihm bei Tafel sitzen,
Einige plaudernd, andre stumm,
Erst in Sanssouci, dann in Elysium;
Du bist der Mann der Jagow und Lochow,
Der Stechow und Bredow, der Quitzow und Rochow,
Du kanntest keine größeren Meriten,
Als die von Schwerin und vom alten Zieten,
Du fand'st in der Welt nichts so zu rühmen,
Als Oppen und Groeben und Kracht und Thümen,
An der Schlachten und meiner Begeisterung Spitze
Marschierten die Pfuels und Itzenplitze,
Marschierten aus Uckermark, Havelland, Barnim,
Die Ribbecks und Kattes, die Bülow und Arnim,
Marschierten die Treskows und Schlieffen und Schlieben –
Und über alle hab' ich geschrieben.
Aber die zum Jubeltag da kamen,
Das waren doch sehr, sehr andre Namen,
Auch »sans peur et reproche«, ohne Furcht und Tadel,
Aber fast schon von prähistorischem Adel:
Die auf »berg« und auf »heim« sind gar nicht zu fassen,
Sie stürmen ein in ganzen Massen,
Meyers kommen in Bataillonen,
Auch Pollacks, und die noch östlicher wohnen;
Abram, Isack, Israel,
Alle Patriarchen sind zur Stell',
Stellen mich freundlich an ihre Spitze,
Was sollen mir da noch die Itzenplitze!
Jedem bin ich was gewesen,
Alle haben sie mich gelesen,
Alle kannten mich lange schon,
Und das ist die Hauptsache ... »kommen Sie, Cohn.«

THEODOR FONTANE, um 1894: *Der Fünfundsiebzigjährige*

Th. Fontane.

Theodor Fontane 1896

Theodor Fontane 1895

Mein Haß gegen alles, was die neue Zeit aufhält, ist in einem beständigen Wachsen, und die Möglichkeit, ja die Wahrscheinlichkeit, daß dem Sieg des Neuen eine furchtbare Schlacht voraufgehen muß, kann mich nicht abhalten, diesen Sieg des Neuen zu wünschen.

Fontane an Georg Friedlaender, 6. 5. 1895

Im Winter habe ich einen politischen Roman geschrieben (Gegenüberstellung von Adel, wie er bei uns sein *sollte* und wie er *ist*). Dieser Roman heißt: »*Der Stechlin*«.

Fontane an Carl Robert Lessing, 8. 6. 1896

Ich stecke so drin im Abschluß eines großen, noch dazu politischen (!!) und natürlich märkischen Romans, daß ich gar keine andern Gedanken habe und gegen alles andre auch gleichgültig bin.

Fontane an Ernst Heilborn, 12. 5. 1897

Zu meiner großen Freude habe ich einen umfangreichen Roman noch fertiggekriegt – fast gegen eignes Erwarten –, aber nun ist es auch vorbei (. . .) Die Kräfte sind hin (. . .)

Fontane an Ernst Heilborn, 23. 9. 1897

In den letzten Lebensjahren, schon hoch in den Siebzigern, erfährt Fontanes Schaffen noch eine besondere Krönung. Es gelingt ihm, in wenigen Wochen ein opus magnum zu schreiben, sein dichterisches Vermächtnis, den »Stechlin«.

Über Land und Meer.

Zeichnung Julius Samberg.

№ 1.

79. Band. Vierzigster Jahrgang. Oktober 1897—1898.   Preis vierteljährlich 3.50 M. Mit Postaufschlag 3.75 M.

Redakteur: Ernst Schubert in Stuttgart.

Stechlin.

Roman von

Theodor Fontane.

I.

Im Norden der Grafschaft Ruppin, hart an der mecklenburgischen Grenze, zieht sich von dem südlichen Ramsee bis nach Rheinsberg hin (und noch darüber hinaus) eine mehrere Meilen lange Seenkette durch eine menschenarme, nur hie und da mit ein paar alten Dörfern, sonst aber ausschließlich mit Förstereien, Glas- und Teeröfen besetzte Waldgegend. Einer der Seen, die diese Seenkette bilden, heißt „der Stechlin". Zwischen flachen, nur an einer einzigen Stelle steil und quaiartig ansteigenden Ufern liegt er da, rundum von alten Buchen eingefaßt, deren Zweige, von ihrer eignen Schwere nach unten gezogen, den See mit ihrer Spitze berühren. Hie und da wächst ein

weniges von Schilf und Binsen auf, aber kein Kahn zieht seine Furchen, kein Vogel singt, und nur selten, daß ein Habicht drüber hinfliegt und seinen Schatten auf die Spiegelfläche wirft. Alles still hier. Und doch, von Zeit zu Zeit wird es an eben dieser Stelle lebendig. Das ist, wenn es weit draußen in der Welt, sei's auf Island, sei's auf Java, zu rollen und zu grollen beginnt oder gar der Aschenregen der hawaiischen Vulkane bis weit auf die Südsee hinausgetrieben wird. Dann regt

Mein Leben

Mein Leben, ein Leben ist es kaum,
Ich geh durch die Straßen als wie im Traum.

Wie Schatten huschen die Menschen hin,
Ich selber ein Schatten dazwischen bin.

Und im Herzen tiefe Müdigkeit –
Alles mahnt mich: Es ist Zeit!

Ausgang

Immer enger, leise, leise,
Ziehen sich die Lebenskreise,
Schindet hin, was prahlt und prunkt,
Schwindet Hoffen, Hassen, Lieben,
Und ist nichts in Sicht geblieben
Als der letzte dunkle Punkt.

FONTANE 1896. Am 20. September 1898 abends gegen 9 Uhr stirbt Fontane in seiner Wohnung, anwesend war nur Mete.

Kräuterweiber, Hexen, Wenden

Schier unabsehbar und daher an dieser Stelle nicht näher zu erörtern der Katalog der sprechenden Komparserie und die Liste untergeordneter Personen, die nicht unmittelbar zu einem bestimmten Herrschaftshaushalt gehören, dennoch aber als zuwartende Geister fungieren, an der Handlung teilhaben oder in diese eingreifen: Gastwirte, Gendarmen, Dorfschulzen, Gerichtsmänner, Lehrer, Laboranten, Cherokees, Förster, Kellner und Kellnerinnen, Bauern, allesamt teils ohne, teils mit Namen. Klose, Wonneberger, Neigenfink (Neigenfindt hieß eine Krummhübeler Laborantenfamilie.), Opitz und Menz in »Quitt« – dem Roman, dessen Handlungsbeginn im schlesischen Gebirge spielt, aber in dem die Versuche des Autors, den Gebirglern Anklänge an schlesische Mundart zu geben, sich fast gar nicht geltend machen, während doch im amerikanischen Teil der Erzählung englische Sprachbrocken illustrieren helfen und zum Beispiel der dort auftretende Franzose l'Hermite eine hübsche Portion Französisches einstreut. Ein allgemein schriftstellerisches, zweifelsohne nicht etwa nur ein Fontanesches Problem, das nicht leicht gelöst werden kann. Fontanes Offiziere auf Fort McCulloch zum Beispiel müssen sich – in einem deutschen Roman geht das nicht anders – deutsch artikulieren und nicht englisch, und Gunpowder-Face, der Indianer, hat zum Glück nur einmal nein und einmal ja zu sagen – auf deutsch –, dann stirbt er. Eine schöne und elegante Lösung des Problems hat

Thomas Mann in seiner Joseph-Trilogie gefunden: ob Israeliten oder Ägypter, die Personen dieser meister- lichsten aller deutschen Erzählungen sprechen ein Bi- bel-Deutsch im Sinn der Lutherschen Übersetzung. Fontane hätte für seinen historischen Roman »Grete Minde« eine ähnliche Lösung finden müssen, hat sie aber nicht gefunden.

»›Grete Minde‹ ... ist eine seiner schwächsten Erzäh- lungen, sentimental und flüchtig, ohne Kraft der histo- rischen Imagination«, so Roy Pascal in »The German Novel« 1956. Dieses harte Urteil des englischen Ger- manisten kann man nicht als völlig verfehlt bezeichnen. Die Frage nach der Mundart und Sprechweise der Per- sonen wäre in diesem Falle gut lösbar gewesen. Die Handlung spielt in der Altmark am Anfang des 17. Jahrhunderts, zu welcher Zeit alle dort Einheimischen, gleich welchen Standes, das alte Niederdeutsch gespro- chen haben, das sich für den Leser des 19. Jahrhunderts sehr wohl hätte akkommodieren und moderieren las- sen. Es wäre dabei auf philologisch exakte Sprachre- konstruktion doch nicht angekommen, sondern auf die Überzeugtheit des Lesers, so und nicht anders müsse gesprochen worden sein. Statt dessen sprechen alle Personen von Stand ein alt sein sollendes, unangenehm geschraubtes Salondeutsch, und nur einige niedere Chargen äußern sich in plattdeutscher Mundart. Fein und unfein sind mithin scharf geschieden. War das be- absichtigt? Allerdings sind auch treuherzig und perfide auf diese Weise gesondert. In »Unterm Birnbaum« heißen die kleinen Leute – von denen nur der Pastor durch seinen Namen Eccelius und der Justizrat Vowin- kel abstechen –, wie man im Oderbruch eben so heißt, Orth, Igel, Mietzel, Kunicke, Reetzke, Geelhaar, Quaas, dazu Hradscheck, der Wirt, und sein Opfer Szulski alias Schulz aus dem oberschlesischen Beuthen.

Und dann haben wir dort auch noch die alte Jeschke! »... eine schlimme Nachbarschaft und quacksalberte nicht bloß, sondern machte auch sympathetische Kuren, besprach Blut und wußte, wer sterben würde. Sie sah dann die Nacht vorher einen Sarg vor dem Sterbehause stehen. Und es hieß auch, ›sie wisse, wie man sich unsichtbar machen könne‹, was, als Hradscheck sie seinerzeit danach gefragt hatte, halb von ihr bestritten und dann halb auch wieder zugestanden war.«[86] Eine Hexe, mit anderen Worten.

Nicht die einzige in Fontanes Romanwerk. Denn von dem Hoppenmarieken, einer zwergwüchsigen Botenfrau in »Vor dem Sturm« heißt es: »Die liederlichen Dirnen schlichen sich abends in ihr Haus: sie wahrsagte, legte Karten ... niemand glaubte, daß sie eine ehrliche Christin sei. Man hielt sie für einen Mischling von Zwerg und Hexe. Selbst im Herrenhause, wo man ihr als einer Dorfkuriosität, zum Teil aber auch um ihrer Brauchbarkeit willen manches nachsah, dachte man im ganzen genommen wenig günstiger über sie. Nur Lewin stand ihr mit einer gewissen poetischen Zuneigung zur Seite ... sie sei ein Überbleibsel der alten wendischen Welt, ein Bodenprodukt dieser Gegenden ...«[87]

Und dritte im Bunde: die Buschen! »... die weiß Bescheid, versteht sich. Man bloß, daß sie ne richtige alte Hexe is, und um Walpurgis weiß keiner, wo sie is. Und die Mächens gehen Sonnabends auch immer hin, wenn's schummert ...«[88] Beschrieben wird ihre äußere Erscheinung anläßlich eines Krankenbesuchs beim alten Stechlin so: »Sie hatte sich für den Besuch etwas zurechtgemacht und trug ihre besten Kleider, auch ein neues schwarzes Kopftuch. Aber man konnte nicht sagen, daß sie dadurch gewonnen hätte. Fast im Gegenteil. Wenn sie so mit 'nem Sack über die Schulter oder mit 'ner Kiepe voll Reisig aus dem Walde kam, sah man

nichts als ein armes altes Weib; jetzt aber, wo sie bei
dem alten Herrn eintrat und nicht recht wußte, warum
man sie gerufen, sah man ihr die Verschlagenheit an,
und daß sie für all und jedes zu haben sei.«[89] Die Alte
wendet ihre Kräuterweibleinskünste gegen Stechlins
Gebresten zunächst mit Erfolg an. Aufgüsse von »Bär-
lapp« und von »Katzenpoot«. Sie unsympathisch zu
schildern, wenn das die Absicht war, will dem Dichter
nicht so recht gelingen. Die »gewisse poetische Zuneigung« obsiegt.

Das Pharmazeutische ist die Domäne des Autors, versteht sich. Seine diesbezüglichen Kenntnisse ragen besonders auf dem Gebiet der Botanik hervor, das
kommt immer wieder zum Vorschein. Auch da oder
vielleicht besonders da, wo das wissenschaftlich Er-
faßte ins Volksmedizinische und ins Quacksalberische
übergleitet, weiß er vollauf Bescheid. »Allermannsharnisch und Liebstöckel, Hirschbrunst und Teufelsabbiß, Venuswagen und Unsrer Lieben Frauen Bett-
stroh«[90] finden sich in der Erzählung »Der letzte Labo-
rant« aufgeführt. Da ist ein gewisser Hampel, in dessen
Alchimistenküche unter vielem anderen »Dillgeist,
Fichtengeist, Krauseminzengeist, Melissengeist«[91]
abgezogen werden. Dieser Letzte seiner Branche ist
nach Fontane im Sommer 1879 verstorben, meines
Wissens aber hieß der wirklich Letzte Zölfel und starb
erst 1884; dies jedoch nur nebenbei, es tut der erzählerischen Qualität keinen Abbruch. Es hat etwas sonderbar Heidnisches – und da zeigt sich, was den Dichter
unter anderem fasziniert hat –, wenn im Hampelschen
Trauerkondukt zuletzt die Kräuterweiber mitgehen
»aus dem ganzen Gebirge, wohl zwanzig oder dreißig,
die sich fein gemacht und auf Harken und Stangen all
das trugen, was sie zeitlebens für den Hampelschen
Kräuterboden gesammelt hatten: Enzian und Arnika,

Fingerhut und Besingkraut und vor allem Isländisch Moos, das in langen wirren Flechten von den Harken herniederhing.«[92] Das Heidnische, das Hexische!

Für das Fragment »Sidonie v. Borcke« werden folgende Pflanzen obskurer Verwendung aufgezählt: »1. Liebstöckel, 2. Allermannsharnisch. 3. Teufelsabbiß (Scabiosa). 4. Porst. 5. Knöterich. 6. Wohlverleih. 7. Erdbeerkraut und Sauerampferkraut Abkochung gegen das Fieber. 8. Fingerhut. 9. Liebeswagen. 10. Distel. 11. Nessel. 12. Besenkraut. 13. Heidekraut. 14. Schafgarbe etc. . . . Die alte Wolde hat drei Sorten von Kräutern: a. Böse Kräuter. Giftkräuter. Nachtschatten. Stechapfel, Bilsenkraut, Fingerhut etc. b. Liebeskräuter Liebstöckel etc. c. Gute Kräuter bei äußrem und innrem Leiden. – Wohlverleih etc.«[93] Die alte Wolde ist eine Hexe der bösen Art.

»Sidonie v. B., Priorin zu Marienfließ in Pommern, schön, gescheit, encouragiert, aber zugleich auch hochmütig, intrigant und herrschsüchtig, in Un- und Aberglauben tief versunken . . .«[94], so hat er dieses Weibsbild in einem Brief (an Karpeles, 1879) konzipiert. Sidonie kann für eine Hexe gehalten werden und wird als solche gerichtet, eine historische Gestalt, die im Romanentwurf zuletzt einzig nur von einer getreuen Wendin verteidigt wird.

Es gab schon von Wilhelm Meinhold (gest. 1851) einen dreibändigen Roman über Sidonie, demselben Meinhold, der »Die Bernsteinhexe« verfaßt und als angeblich aus einer Chronik stammend hat erscheinen lassen. An Meinholds raffinierter Kunstsprache im Chronistenstil des 17. Jahrhunderts hätte sich Fontane für seine »Grete Minde« ein Beispiel nehmen können oder sollen, denn da er Meinholds »Sidonia v. Bork« offensichtlich gekannt hat, wird ihm auch dessen sehr erfolgreiche »Bernsteinhexe« nicht unbekannt gewesen sein.

Immerhin heißt ja einer seiner Verse im »Damentoast«
von 1863: »Am Strande hin schreitet die Bernstein-
hex' . . .«[95]

Nun könnte einer denken, wenn das Hexen-Thema
immer wieder vorgebracht wird, dies sei eine Marotte,
mit deren Gruselreizen Fontane den Leser an die Lektüre fesseln will. So einfach liegt das nicht, Marotte
vielleicht, die »gewisse poetische Zuneigung«, aber
schriftstellerischer Kniff, Effekthascherei schon gar
nicht. Erstens einmal ist »die Hexe« ein Aspekt des
Weiblichen überhaupt, was hier noch in anderem Zusammenhang zu erörtern sein wird. Zum andern wollte
er, wie gesagt, nicht *erfinden*, sondern *finden*. Und wie
er an den Hängen des Riesengebirges, das er öfters zwischen 1884 und 1892 besuchte, Kunde vom eben erst
erloschenen Laborantenwesen erhalten mußte, er, der
pharmazeutisch ausgebildete Dichter, so muß dem
Wanderer durch die Mark Brandenburg allenthalben
noch das dort geradezu endemisch verbreitete Hexenwesen begegnet sein. Denn das Verabreichen von Lie-
besträncken, das Besprechen von Krankheiten, Besprechen überhaupt in gutem wie bösem Sinn und anderes
mehr, ist auch nach 1945 noch sehr gebräuchlich gewesen.

Fontane brachte das für Pommern und die Mark, wie
obige Zitate andeuten, in Zusammenhang mit dem fast
ganz unterdrückten Wendentum; doch war seine Auffassung der Wendenfrage und waren die diesbezüglichen Ansichten des frühen 19. Jahrhunderts im wesentlichen unzutreffend, und erst die Archäologie des
späten 19. und vor allem die des 20. hat manches in
ganz anderes Licht gerückt. Amüsant ist hierbei nur der
Dauerstreit zwischen Pastor Seidentopf als einem
Germanophilen und dem Justizrat Turgany als einem
Vertreter der panslawistischen Theorie von der Au-

tochthonie der Slawen in den Gebieten zwischen
Weichsel und Elbe (siehe »Vor dem Sturm«, Kapitel
13).

Aber nicht nur das Gespräch der beiden befreundeten
Gegner in dieser Sache ist amüsant. Amüsant ist auch
der Gegenstand, um den es geht, und so mag der kleine
Exkurs erlaubt sein. Das Gespräch findet der Selbstge-
setzlichkeit des Romans gemäß im Jahre 1812 statt.
Der kleine bronzene Kultwagen, der da den Ge-
sprächsgegenstand abgibt, existiert wirklich, ist aber
erst 1848 beim Straßenbau jenseits der Oder ausgegra-
ben worden. Da mochte der Dichter noch von der bekannten dichterischen Freiheit anachronistisch Gebrauch machen. Als er den ersten Entwurf von »Vor
dem Sturm« niederschrieb, zählte man das Jahr 1866,
doch als der fertige Roman, ein dicker Wälzer, erschien, waren volle zwölf Jahre vergangen (und Fontane war schon beinahe sechzig). Zu dieser Zeit aber
war aller Streit, ob so ein Wagen germanisch oder sla-
wisch, bereits obsolet. Denn Virchow, der vielseitige
und berühmte, hatte schon den heute noch gültigen
Begriff der Lausitzer Kultur geprägt, die vorgerma-
nisch und folglich erst recht vorslawisch ist. Das
schmucke Wägelchen wird jetzt ins 9. bis 8. vorchristli-
che Jahrhundert datiert. Das freilich konnte Fontane
noch nicht wissen, doch Gedanken über die Lausitzer
Kultur hätte er sich sehr wohl schon machen können,
ehe er letzte Hand an das Manuskript legte. Wieso tat
er es nicht? War ihm der fiktive Dauerdisput Seidentopf contra Turgany wichtiger als der derzeitige Stand
wissenschaftlicher Erkenntnis? Er hatte doch Vertrauen zur Archäologie und hielt mit dem Professor
Schmidt (aus »Jenny Treibel«) zu Schliemann, allerdings wohl auch, weil dieser von der überheblichen
Fachwissenschaft abgelehnt wurde. Der Wagen war

sehr bald in Zietenschen Besitz gekommen, wo ihn
Fontane um 1850 herum im Schloß zu Wustrau hat be-
sichtigen dürfen. Das Vehikelchen befindet sich heute
im Neuruppiner Heimatmuseum.

Verschenkter Romanstoff: Grete Minde

Nun aber zurück zum Hexenthema. Von verschiedenen hexenmäßigen Frauenzimmern abgesehen,
die auch sonst noch vorkommen, hat sich Fontane eins
aber entgehen lassen, und zwar Margarethe von Minden, deren Geschichte er unter dem veränderten Namen »Grete Minde« einer »altmärkischen Chronik«
folgend zu erzählen vorgibt. Doch erzählt er sie keineswegs so, wie sich die Dinge damals in Tangermünde
zugetragen haben, sondern er stutzt sich die Fakten zurecht und motiviert sie ganz anders: Gegen die eigene
Regel verstoßend, verlegt er sich aufs *Erfinden*. In welcher Weise, kann hier nur angedeutet werden. Ob die
Prozeßakten noch vorhanden sind, entzieht sich meiner
Kenntnis. Der letzte, der Akteneinsicht an Ort und
Stelle hat nehmen können, war Ludolf Parisius, Jahrgang 1827, Heimatforscher, Jurist, Fortschrittspoliti-
ker, Reichstagsabgeordneter. Fontane hat die eigentliche Grete-Minde-Geschichte nur flüchtig oder auch
gar nicht gekannt. Hat er sie bei Parisius in einem Aufsatz »Ehrenrettung der Brandstifterin usw.« gefunden,
der dann vor oder im Frühjahr 1878 in einer heimat-
kundlichen Zeitschrift hätte erscheinen sein müssen?
Was freilich noch näher zu klären wäre.
Fontane ist (daraufhin?) 1878 zweimal in Tanger-

münde gewesen, um sich, wie das seiner Arbeitsweise
entsprach, ein Bild von den örtlichen Verhältnissen zu
machen. Das ging bis zum Ausmessen örtlicher Entfernungen nach Schritten; auch pflegte er sich Lageskiz-
zen anzufertigen. Ob solche allerdings auch in Tangermünde entstanden sind, weiß ich nicht. Sein Entschluß,
über die Brandstifterin eine Novelle zu schreiben,
scheint aber schon festgestanden zu haben. Ob er die
Aufzeichnungen der lokalen Chronisten Helmreich
und Rittner bei dieser Stadtvisite hat einsehen können,
ist noch nicht erwiesen. Beide, geplagte Zeitgenossen
des Dreißigjährigen Krieges, bringen nicht viel über
den Fall, doch Übereinstimmendes. Es wird ihm aber
Pohlmanns »Geschichte der Stadt Tangermünde« von
1829 vor Augen gekommen sein, die der Minden-Story
vier Druckseiten widmet.
Parisius, der als Jurist selbstverständlich Einblick in die
Akten hatte, als seines Postens enthobener Richter und
Linksliberaler das Aktenmaterial aber meines Erachtens parteiisch ausgewertet hat – Fontane sah da den
»Pferdefuß des verrannten Parteimannes«. Parisius hat
alles daran gesetzt, die Unschuld der Margarethe von
Minden, ihr Nichtbeteiligtsein an dem vernichtenden
Stadtbrand von 1617 zu erweisen, und will in dem To-
desurteil für sie, ihren Mann und weitere Bandenmitglieder einen klaren Fall von Justizmord sehen. Diesem
postumen Freispruch durch Parisius sich anzuschlie-
ßen, war Fontanes Sache nicht, immer gesetzt den Fall,
daß er den Stoff dem Parisius verdankte. Dessen ten-
denziöse Deduktionen hätten ihn nicht überzeugen
können oder haben ihn nicht überzeugt. Doch müßten
ihn andererseits die hexenmäßigen Einzelheiten, die
Parisius den Akten entnommen hat, ohne sich viel dabei zu denken, angelockt haben. Übersehen haben,
könnte er sie nicht.

Margarethe war, in Abweichung von Fontane, nicht ratsverwandt, wie es dazumal geheißen hätte, wohl aber die Tochter eines ehrverlustigen Ratsverwandten. Dieser hatte wegen Totschlags flüchtig werden müssen, war unter die Soldaten gegangen und hatte sich nach damaligem Brauch ein entsprechendes Weib genommen, war aber bald darauf verstorben. Die Witwe des Soldaten stand mit dem winzigen Töchterchen allein. Die Frau begab sich nach Tangermünde und bemühte sich, vom Erbe des Verstorbenen etwas ausgezahlt zu bekommen. Das schlug ihr der Rat ab. Ob mit vollem Recht? Es sieht nicht so aus.

Die Witwe ist dann nicht mehr in Erscheinung getreten, wohl aber nach Jahr und Tag das Soldatenkind Margarethe, in heiratsfähigem Alter nunmehr und von der Mutter entsprechend abgerichtet, wie anzunehmen. Auch ihre wiederholt gestellten Erbansprüche wurden abgelehnt. Es ging ihr nicht gut, ja sie geriet schließlich immer tiefer ins Elend. Das in sich gekehrte, unauffällige, anscheinend brave Mädchen hatte sich, der Subalternität überdrüssig, verheiratet, höchst unselig aber. Ricarda Huch sagt dagegen in »Lebensbilder deutscher Städte«, die Enterbte habe ihren Ehemann, einen vagabundierenden Soldaten, durch einen Liebestrank an sich gebunden. Jedenfalls aber hat die junge Frau sich eine ganze Bande von Schwartenhälsen gefügig gemacht, die gemeinsam mit diesem Ehemann, raubend und auch den Raubmord nicht scheuend, durchs Land streiften. Mindestens an einem Raubüberfall auf offener Straße ist Margarethe erwiesenermaßen selbst beteiligt gewesen.

Nicht sie vermutlich, sondern die Gartbrüder, die sogar ein Parisius als Mordbrennerbande bezeichnet, haben die Stadt dann planmäßig angezündet und lange Zeit terrorisiert. Dazu aber müssen sie von Margarethe angestiftet worden sein, denn keiner von ihnen führte gegen Tangermünde etwas im Schilde, das die Einäscherung auch nur entfernt motiviert hätte. Man bekam die meisten zu fassen, und das letzte Wort sprach der Henker. Soweit das Gerüst der wirklichen Story, wie sie etwas weniger detailliert auch bei erwähntem Pohlmann steht. An sie hätte sich Fontane halten sollen, sie ist viel großartiger, als der Racheakt seiner gedemütigten Patriziertochter im Alleingang, die an ihrem Geschick keineswegs unschuldig ist, die es auch weiß und schließlich, in wahnsinnigem Verlangen nach dem eigenen Untergang mitsamt dem der Stadt ihrer Väter, sich sogar auch des doppelten Kindesmordes noch schuldig macht. Margarethens eheliches Söhnchen hingegen hat in seiner Mutter bis zuletzt, wie verkommen, wüst und rachedürstend diese auch gewesen sein muß, eine gute Fürsorgerin gehabt. Der Kurfürst verfügte denn auch, daß dieser kleine Unschuldige auf Kosten eines Rats aufzuziehen sei, der die Katastrophe Tangermündes an seinem Teil ja mit heraufbeschworen hatte. Die Angelegenheit ist korrekt ihren Rechtsweg gegangen, den »hochnothpeinlichen« allerdings. Von Justizmord keine Rede.

Fontane hat sich die wenig salonfähige Vorgeschichte erspart, statt derer aber eine Kinderliebe an den idyllischen Anfang gestellt. Auf die rechtlichen Implikationen am Ende hat er nicht einzugehen brauchen, weil seine psychologisch unzulänglich gezeichnete, veredelte Titelheldin bereits im Stadtbrand ihr Ende findet und nicht auf dem Scheiterhaufen. Parisius andererseits ist vor lauter Engagement nur darauf versessen, polemische Münze daraus zu schlagen. Indem er Margarethens gänzliche Unschuld emphatisch beteuert und, wie das auch heute gern gemacht wird, ganz einseitig alle Schuld der herrschenden Klasse anlastet, laugt er alles Salz aus der Geschichte ohnegleichen, degradiert den tragischen Konflikt zur bloß unseligen Kollision und raubt seiner »milieugeschädigten« Mandantin, die ihn darum nicht gebeten hat, gerade jene schwarze Größe, die ergreift und mitleiden läßt, auch wenn wir die Missetaten aus der düsteren Grandiosität ihres Hasses gar nicht billigen können.

In schillernden Farben aber glimmt in Parisius' Aktenauszügen allenthalben etwas vom Hexenwesen auf, was Fontane bei seiner Affinität für derlei Dinge, für diesen dämonischen Aspekt des Weiblichen hätte faszinieren müssen. Zugegeben aber, diese Schockfarben hätten zu den Galerietönen, die er hier hat verwenden wollen, nicht gepaßt. Margarethe nämlich, so ist es aktenkundig, wurde zur Landstörzerin und verdiente sich, von ihrem Mann betrogen und verlassen, ihr bitteres Brot durch »Planetenlesen, Handlesen und Kräuterhandel«. Die gerichtliche Frage, ob sie eine Hexe sei, hat sie allerdings verneint. »Göldrian, Enzian, Gallian, Veilchenwurzel und Bibergeil« gehörten aber zu ihrer Handelsware, ebenso »Alräunchen und Galgenmännlein«, die aus präparierten Fröschen herzustellen waren, während die einzelnen Bandenmitglieder sogenannte »Hartmacherbriefe« verhökerten oder höchst kunstreich Lunten von stundenlanger Brenndauer herstellten und anwendeten. Fontane hat nicht zugegriffen, sondern seiner salongängigen Version den Vorzug gegeben. Das ist verwunderlich. Auch bedauerlich. Eine große Möglichkeit wurde vertan und harrt noch ihres Schreibers.

Etwas blinkt einmal auf, eine Winzigkeit, die Domina von Arendsee sieht es der Grete an: »Unglücklich Kind. Sie hat das Zeichen.«[96] Ein Dunkelsatz aber, scheint mir. Denn was für ein Zeichen soll das sein? Nur das Kainsmal der Brandstifterin, die sie anderntags

schon sein wird? Vielleicht. In ähnlicher Weise, dort
aber in klarer Bezogenheit, wird in der Kurzgeschichte
»Gerettet« von dem außerhalb der Legalität wirken-
den Heilpraktiker Legler von der Josefsbaude gesagt:
»Legler hat die Kräuter und hat auch den Spruch . . .«[97]
Das Frühlingslied im 6. Kapitel der »Grete Minde«
kann nicht schon um 1600 gesungen worden sein, da es
von Christian August Vulpius und aus dem Jahr 1811
stammt. Hier hat Fontane geirrt. Bezeichnenderweise
blieb der Erfolg aber nicht aus, obwohl die »Grete
Minde« vergleichsweise schnell in druckfertige Form
gebracht worden ist. Laut Friedrich Fontane erschien
die Novelle schon 1879 in der Zeitschrift »Nord und
Süd« und 1880 bei W. Hertz in Buchform. »Vor dem
Sturm« war 1878 erschienen, ebenfalls bei Hertz.
Paul Heyse feierte die Minde-Novelle als eine »Dichtung von erschütternder Kraft und hoher poetischer
Schönheit«, ein Urteil, dem heute wohl niemand mehr
voll zustimmen wird. Nur die Filmemacher noch. Sie
haben sich jüngst erst im wesentlichen an die Fontanesche Novelle gehalten, ohne von Parisius' Publikation
auch nur Notiz zu nehmen. Auch die Anmerkung der
Nymphenburger Ausgabe: »Fontanes Hauptquellen
waren . . .« erwähnte Chroniken »sowie die Ehrenrettung der Brandstifterin durch . . . Parisius (1883)« ist
irreführend. Denn wie hätte Fontanes Arbeit von 1879
etwas als Quelle dienen können, was erst 1883 erschienen sein soll?
Gleichviel, ich will aus meiner Abneigung gegen die
Minde-Story kein Hehl machen; mir gefiel sie schon
nicht, ehe ich noch die Darstellung des Parisius kannte.
Personenkult zu treiben ist mir unmöglich. Fontane zu
schätzen, zu bewundern, zu verehren, auch zu lieben,
bedeutet für mich nicht, alles, was aus seiner nimmermüden Feder geflossen ist, um jeden Preis vorzüglich

zu finden. Ach, wie steht es denn überhaupt mit Fontane-Kult und Fontane-Renaissance? Nicht Fontane steht da mehr zur Beurteilung an, sondern *der Leser* und der Fan.

Fontane wäre jetzt an die 160 Jahre alt. *Der Leser* ist fortschrittlich oder hält sich dafür. Woher die Rückbesinnung auf etwas so Altes?

Fontane lesen, heißt Preußens besten bürgerlichen Repräsentanten lesen, wie auch immer. Aber *der Leser?* Von Preußens martialischem Wesen oder Unwesen hat sich alle Welt demonstrativ losgesagt. Davon wird sich *der Leser* nicht ausnehmen wollen. Von den so eingehend wie fachkundig geschriebenen Kriegsdokumentationen war andeutungsweise schon die Rede; diese sind jedoch auch in den neueren großen Ausgaben nur auszugsweise enthalten und sind kein Futter für Leseratten, die den Romanen meist den Vorzug geben werden. Aber *der Leser* braucht nur den Band »Ruppin« der »Wanderungen« vorzunehmen und zwar den Abschnitt »Die Ruppiner Garnison«, so kann er sich nichts über den Autor in dieser Hinsicht vormachen.

Der Leser ist kein Monarchist. Aber Königstreue war Fontane doch die längste Zeit seines Lebens über selbstverständlich, auch wenn er der Herrenkaste im allgemeinen den Spiegel seiner Kritik nicht vorenthalten hat. Er hat insbesondere ja auch die stickige Hofluft um Friedrich Wilhelm IV. hart genug kritisiert, wo immer der »Pferdefuß« zum Vorschein kam, »die Schweineklaue«. Er stand auch dem jungen Wilhelm II. mit hellseherischer Skepsis gegenüber.

Heimatliebe hält der Leser heutzutage eher für eine überholte und kleinkarierte Sache, die auch gar noch nach »Blut und Boden« oder nach Revanchismus riecht. *Der Leser* hat sich mit der staatsvertraglich besiegelten Zweiteilung des einstigen Deutschen Reichs abgefunden. Liest er jetzt von der Mark Brandenburg, wie es da vor über hundert Jahren aussah, so liest er vom Kernstück jenes Reichs, von der Reichsmitte, die heute Grenzland ist. Der deutsche Sprachraum hat dort sein östliches Ende. Ist er Bundesdeutscher, so liest er von einem Land außerhalb der Bundesrepublik . . . Ist es modisch gebotene Nostalgie? Oder sitzt es tiefer? Mischt sich Trauer über soviel Verlorenes, soviel Verlust mit ein? Baut sich ein Geschichtsbewußtsein, baut sich ein Nationalgefühl wieder auf?

Wenn es ein Fontanesches Gefühl wäre, das von Fontanescher Bedachtheit, Pathoslosigkeit, Selbstkritik und Ironie kontrolliert und in der Waage gehalten würde, so wäre es nicht zu tadeln. Man berufe sich nicht nach Belieben auf dies oder das, was Fontane einmal geäußert hat. Man halte es mit Fontanes knappesten Merksprüchen: »Alles ist gut, wenn es gut ist«[98] oder »Schlecht ist schlecht, und es muß gesagt werden.«[99]

Die Kriminalgeschichten

Daß man »Grete Minde« mit den sogenannten »Kriminalgeschichten« Fontanes, mit »Ellernklipp«, »Unterm Birnbaum« und »Quitt« hat gleichstellen wollen, scheint mir unangebracht. Die Minde-Novelle ist eine in Prosa mitgeteilte Ballade oder vielleicht auch nur eine Moritat. Wer läßt denn auch gleich eine ganze Stadt in Flammen aufgehen, bloß weil man ihm sein Erbteil vorenthält? Rechtsmittel, die man hätte einlegen können, gab es auch damals schon.

»Ellernklipp«, fast gleichzeitig mit der »Minde« konzi-

piert und 1880 erschienen, kann zumindest nicht als
»Krimi« im heutigen Sinne gelten; dazu spukt es denn
doch gar zu sehr und es werden zuviel Vorbedeutendes,
zuviel »deterministischer Fatalismus« und Spökenkie-
kerei geboten. Aber es liest sich, und es wird grauen-
haft wahrscheinlich, wie da ein bislang ehrenfester
Mann aus jäh ihn anwandelnder Platzhirsch-Eifersucht
zum Mörder seines Sohnes wird.

»Quitt« – der Name sagt es so etwa – ist eine moralisie-
rende Erzählung von schuldhaftem Verhalten und tödlicher Buße einerseits und mörderischem Verschulden
und tödlicher Sühne andererseits. Doch das wahre Salz
eines Kriminalromans besteht in der vexierenden Auf-
klärung der Tat und der Aufspürung des Täters, der in
der Regel zunächst unbekannt und unerkannt ist, dem
Leser aber nicht unbekannt sein muß. In »Quitt« sind
aber Tathergang und Tataufklärung die bei weitem
kürzesten Abschnitte des Ganzen. (Der Roman ist
nach einem gekürzten Vorabdruck in der »Gartenlaube« 1890 als Buch erschienen.)

Die Angabe einer Chronik als Quelle war für »Grete
Minde« doch eher nur vorgeschützt. Der Untertitel von
»Ellernklipp« heißt ›Nach einem Harzer Kirchen-
buch‹; auch er ist mehr auf captatio der Leserneigung
berechnet und warum auch nicht? Man hatte den Dichter auf eine Kirchenbuch-Eintragung aufmerksam gemacht und dazu eine Erklärung für den Geländena-
men Bäumlersklippe abgegeben, denn der Mord war in
einer Familie Bäumler vorgefallen. Für »Quitt« hat der
Dichter auf solche Empfehlungen verzichtet. Das zu-
gehörige Ereignismuster ist ihm während einer seiner
Sommerreisen ins Riesengebirge erzählt worden. Ein
ungenannter Wilddieb hatte einen Revierförster namens Wilhelm Frey erschossen und sich nach Amerika
verflüchtigt. Dem Förster hatte man – es war vor Fon-

tanes erster Reise – 1877 am Tatort einen Denkstein
gesetzt und dessen Beschriftung hatte den Dichter ge-
ärgert, zugleich aber inspiriert. Das ist überaus aufschlußreich.

Im Jahre 1885, als der Roman »Quitt« im Entstehen
war, schrieb Fontane an seine Tochter: »Auf dem
Denkmal steht ›ermordet durch einen Wilddieb‹. Ich
finde dies zu stark. Förster und Wilddieb leben in einem Kampf und stehen sich bewaffnet, Mann gegen
Mann, gegenüber; der ganze Unterschied ist der, daß
der eine auf dem Boden des Gesetzes steht, der andere
nicht, aber dafür wird der eine bestraft, der andere be-
lohnt, von ›Mord‹ kann in einem ebenbürtigen Kampf
keine Rede sein . . .«[100]

»Der ganze Unterschied ist der, daß . . .!« Aber der
eben ist fundamental: der Förster ist gehalten, in Ver-
teidigung des Wildbestandes und in Abwehr der Holz-
frevler notfalls von der Waffe Gebrauch zu machen,
der Wilddieb aber ist nicht gehalten, zu wildern und auf
Förster zu schießen, daher kann er denn auch Notwehr
für sich nicht geltend machen. Der Kampf »Mann gegen Mann« ist vom Wilderer, nicht vom Förster heraufbeschworen, wenn man dem Wilderer nicht eine Art
Naturrecht zubilligen will. Ob den gräflich Schaffgott-
schen Weidwerkern dabei die Patronen bisweilen lok-
kerer gesessen haben als notwendig, ändert daran
nichts. Aber man sieht, wohin des Dichters Sympathien
neigen. Sein Förster Opitz, ganz und gar gedienter Ser-
geant, ist so angelegt, daß er nicht auf das Mitgefühl des
Lesers rechnen kann, der dafür aber das reuige Fortle-
ben des aufsässigen Wilderers Lehnert Menz über Jahr
und Tag hinaus miterleben darf. Bis zu dem Tag, an
dem, wie mit Zirkelschlägen konstruiert, das Leben des
geläuterten, wenn auch innerlich noch nicht erlösten
Wilderers haargenau so endet wie das jenes unleidli-

chen Försters Opitz. Oder vielmehr nicht haargenau: Menz verunglückt bei dem edlen Versuch, einen anderen zu retten. Der Förster war bloß im Dienst. Seine Flinte hatte eine Ladehemmung, daran lag es, die des Lehnert Menz aber nicht.

1889 kam »Quitt« auf den Büchermarkt. 1890 wurde Franz Werfel geboren. Dessen Novelle »Nicht der Mörder, der Ermordete ist schuldig« erschien 1920; woraus erhellt, wieso die junge Generation den alten Fontane unter anderem feierte: für seinen Schritt oder Fortschritt in eine neue Liberalität, für seine Verlagerung der moralischen Gewichte, für die »Umwertung«. Rückt da nicht auch schon die Anprangerung des »Feldwebels Himmelstoß« herauf? Wie hätte Fontane diesen Leuteschinder nicht hassen müssen! Remarque, der dieses Zerrbild mißbräuchlicher Kommandogewalt sprichwörtlich gemacht hat, kam in Fontanes Sterbejahr zur Welt. In Fontane selbst hat sich die Zeit gewendet, das ist es. Das macht ihn so unfaßbar und nicht selten direkt widersprüchlich. In gewisser Weise hat er dabei sogar die nachfolgende Generation zu Epigonen gemacht, Döblin ausgenommen. Keiner mehr ist Fontane gleichgekommen, und nur Thomas Mann, wie Dehmel so richtig vorausgesagt hat, ist über ihn hinausgelangt.

Fontane hat eine Meisterschaft besonderer Art, wenn es gilt, in sein Erzählergarn Unheimliches einzufädeln. Begreiflicherweise schauerlich wird dem Mörder Menz zumute, wenn er zur Nachtzeit in Wolfshau die Hilferufe des in den Bergen oben zu Tode getroffenen Försters hört. Aber es ist wohl mehr das innere Ohr, das den Mordschützen die Rufe hören läßt, denn wenn man die Gegend kennt, ist es ganz ausgeschlossen, daß man vom sogenannten Gehänge bis in die wälder- und wildwasserdurchrauschten Talhänge bei Wolfshau auch nur das Geringste hören kann, da die Luftlinien-Entfernung beinahe drei Kilometer beträgt. Doch ob inneres oder äußeres Ohr, der seine Zutaten gut dosierende Dichter läßt es offen. »Sinnestäuschung? Nein. Gewissen.«[101], heißt es erst im 33. Kapitel des Romans. Der Förster Opitz, der erschossen, und aus »Ellernklipp« der Heidereiter Baltzer Bocholt, der zum Mörder seines Sohnes wird, gleichen einander, Patentexemplare vom Typ ›Harter Mann‹, cholerisch, apoplektisch, jähzornig, selbstgefällig, ehrpusselig, tüchtig und, unter Berufung auf Obrigkeit an sich, ein unleidlich strenges Regiment in ihrem Wirkungskreise führend. Fontane muß dieser Typ Mann gemäß seinem eigenen, so ganz anders gearteten Naturell zutiefst zuwider gewesen sein: »... solch ein Orlando furioso und Charakterfatzke kann sich begraben lassen. Ich habe noch nicht gesehen, daß ein Dollbregen oder auch nur ein Prinzipienreiter heil durchs Leben gekommen ist[102], so äußert er sich in einem Brief an die Tochter im Jahr 1893.

Zwischen Opitz und seinem Mörder gibt es einen alten Haß, der vom Krieg von 1870/71 und von den Schikanen des Ausbildungsunteroffiziers Opitz herrührt. Beide dienten beim gleichen Görlitzer Regiment, wo der Ausbilder den Rekruten gedemütigt hat. Beide sind mit diesem Regiment ins Feld gerückt, und als es nach Gefechten zur Ordensverteilung kam, fühlte sich Menz nicht nur übergangen, sondern sogar betrogen, ob nun zu Recht oder nicht, während die Brust des Unteroffiziers Opitz fortan von einem Orden geziert wurde, einem unverdienten in Menzscher Sicht. Der junge Menz, vaterlos und von einer hexenhaften Mutter übel beraten, kommt nach seiner Heimkehr auf dem Pfad der Tugend nicht recht voran, so daß das dienstliche Auge des ebenfalls heimgekehrten Försters mit Mißtrauen auf ihm zu ruhen Anlaß findet und auch Anlaß sucht. Doch Pastor Siebenhaar ist von dem guten Kern des Jungen überzeugt, und auch der Leser soll davon überzeugt sein. »Volksgestalt mit aufrechtem Menschentum« sagt Hans-Heinrich Reuter. Ich weiß nicht so recht. (Siebenhaar war übrigens wirklich ein Krummhübeler Familienname, ist also als solcher keine Erfindung.)

Anders in »Ellernklipp«. Den Heidereiter, auch er von Kopf bis Fuß ehemaliger Soldat, lernen wir als einen Mann von anerkannt mustergültigem Wandel kennen, einen Witwer, und sein heranwachsender Sohn Martin ist ein – etwas farbloser – wahrhaft braver Junge. Die unsympathischen Züge des Heidereiters gelangen erst nach und nach zu voller Deutlichkeit und zwar, bezeichnenderweise, von dem Tag an, als er einen Wilddieb, den Maus-Bugisch, ins Jenseits befördert hat, was zwar seines Amtes ist, von seiner dörflichen Umgebung jedoch als ein böser Übergriff aufgefaßt wird. Aber die große Katastrophe, in den Charakteren nur als etwas Mögliches angelegt, kommt erst durch ein weibliches Wesen in die äußerlich so heile Ordnung der dortigen Verhältnisse, kommt von einem seltsamen Mädchen, das als Vollwaise im Heidereiterhaus aufgezogen wird und heranwächst: Hilde.

Hilde ist ein Wesen echt Fontanescher Erfindung, das erste eines ganzen Reigens verwandter Art im weiteren Romanwerk; aus diesem Grund soll sie hier etwas eingehender beschrieben werden. Hildes Herkunft umhüllt der Dichter mit Nebelschleiern, die neugierig machen. Ihr Erzeuger ist der junge Graf Emmerode, der 24jährig vor Prag fällt, das läßt sich nach und nach erraten; die Erzählung spielt in der friderizianischen Zeit. Die Kindesmutter Muthe wird von der gräflichen Familie gedrungen, einen gewissen Rochussen, einen

dunkel pigmentierten Mann, etwas wie einen Zigeuner,
zu heiraten. Hilde beginnt ihre Lebensbahn als dessen
Tochter, er selbst aber gerät bald aus dem Blickwinkel
des Lesers. Jedermann munkelt oder weiß, daß es mit
seiner Vaterschaft nicht stimmt. Hilde ist hellhäutig,
hell rothaarig, langwimprig und feingliedrig. Muthe,
mit deren vorzeitigem Ableben die Erzählung beginnt,
war schwarzhaarig mit hexenmäßigen Wesenszügen:
Hochadel und Hexe haben eine absonderliche Blut-
und Wesensmischung gezeitigt! Der Tod der Mutter
läßt das Kind »ohne Zeichen tieferer Bewegung«.[103]
Aber der Heidereiter, der die Vollwaise nun zu sich ins
Haus nimmt, bemerkt: »Sie hat so was Feines, und ist
alles anders.«[104]

Hilde, allezeit von eigenartiger Müdigkeit, Lethargie,
Apathie und abhold energischer Betätigung, dafür aber
um so lebhafter an der sektiererisch durchfärbten Reli-
giosität eines alten Schäfers interessiert, wächst heran
und beginnt, ohne Absicht, Berechnung und Genugtuung in aller Unschuld die Männer um sie her zu verwir-
ren, um nicht zu sagen, zu verhexen. Der Knecht Joost
fragt sich: »Un ick weet nich, wo't ehr sitten deiht«, und
erhält von der Wirtschafterin die Antwort: »Wo't ehr
sitten deiht? In de Ogen sitt et ehr.«[105]

Längst hat diese lebenskluge Schaffnerin des Heidere-
iterschen Hauswesens es erkannt, daß Martin, daß der
Heidereiter, ja selbst der liebenswerte Dorfgeistliche
Sörgel »närrsch« werden: »Un jed een kuckt ehr nah
de Ogen, un jed een glöwt, he wihrd wat finn'n. Awers
he finnt nix. Un du kuckst ook ümmer«, muß sich der
Knecht sagen lassen.

»Ick?« sagte Joost etwas verlegen. »I nei. Glöwst du?
Doh ick?«

»Joa, du deihst . . .«[106]

Martin und Hilde wollen nicht länger wie Geschwister

sein und nähern sich einander. Nicht Hilde, sondern
Martin ist dabei die treibende Kraft. Dem Heidereiter
entgeht das nicht. Er spürt einem Stelldichein des ge-
mutmaßten Paares nach, begegnet im Abenddämmer
auf der Höhe des Ellernklipp nur dem Sohn allein,
packt ihn, vor Eifersucht ganz von Sinnen: es ist kein
eigentlicher Mord, eher ein unseliger Zufall, ein Ge-
misch aus beidem. Nach Wortwechsel und Handge-
menge stürzt der Sohn in die Tiefe und zu Tode. Der
Leichnam versinkt im Moor. Nichts kommt ans Licht.
Der Heidereiter hat den frevlen Mut, um Hilde anzu-
halten. Diese reicht dem Pflegevater die Hand zum
Ehebund, »aus Furcht und Dankbarkeit«[107], wie die
alte Gräfin meint, nicht aus Liebe, Hilde habe es zwar
jedem angetan, »und habe doch selber kein Herz und
keine Liebe«.[108]

Der entscheidende Satz, der seelische Befund: der ganz
und gar aus innerstem Fontaneschen Wesen erzeugte
Typus der Melusine in statu nascendi, hier ist er! Dem
inzestuiden Ehebund entsprießt ein »Knäblein mit
spärlichem rotblondem Haar« – »zu hübsch und zu
durchsichtig«[109] –, es kann nur sterben. Baltzer Bocholt, der Heidereiter, erschießt sich an der Mordstelle
oben, von spukhaften Rufen, die aber auch andere ver-
nehmen, entsetzlich verfolgt. In der Leichenrede heißt
es, er sei erschossen worden, es bleibt offen. Das Wil-
dererunwesen hatte in letzter Zeit wieder zugenommen. Bald stirbt auch Hilde, nach kurzem Wiederer-
blühen, Witwe ihres Ziehvaters.

Bezeichnend aber, wie sehr diese Vorgängerin, diese
kindhafte Vortänzerin etlicher mehr oder minder deutlich ausgeformter Melusinen nicht ein Geschöpf nur
des Dichters ist, kein Wunschbild allein, sondern – ich
wage es zu vermuten – eine Projektion seines eigenen
Wesens ins Feminine – eine Vermutung, die freilich

hier noch zu erläutern und zu erhärten sein wird: als
Maus-Bugisch, der Wilddieb, hat ins Gras beißen müssen – daß dessen Ende den Heidereiter sichtlich aufreg-
te, paßt übrigens wenig zu seinem Charakterbild –, ergreift Hilde des Maus-Bugischs Partei, wie Fontane in
»Quitt« die des Lehnert ergreift, und muß erst von der
barschen Wirtschafterin darüber belehrt werden, daß
ein Heidereiter gar nicht anders handeln könne. Da
hieße es immer: »er oder ich«. Aber dann, als man ihr
auf improvisierter Bahre ihren Mann, den toten Heidereiter, bringt und sie die Tannenzweige fortnimmt, die
sein Angesicht bedecken – »Es war Baltzer Bocholt,
der ihr – ein paar Blutstropfen in seinem grauen Bart –
ernst und beinahe finster entgegenstarrte«[110], eine in
ihrer Kürze geradezu grandiose Schilderung –, da
scheint sie dieser horrende Anblick weniger zu tangie-
ren als seinerzeit der Tod des Maus-Bugisch, eine mei-
sterliche Namensfindung übrigens.

Gehaßt hat Hilde ihren Ziehvater und Ehemann nicht,
aber geliebt eben auch nicht. Alles in allem ist dies gewiß eine packende Erzählung, aber ebenso gewiß keine
Kriminalgeschichte im heutigen Sinn. Daß sie in historischer Zeit spielt, wird ihr nicht zum hinderlichen Bal-
last und hat den Erzähler nicht zu künstlichen Altertü-
meleien veranlaßt.

Für die »Kriminal-Gattung« bliebe also nur »Unterm
Birnbaum« übrig. Das Buch erschien 1885. Ein Mißer-
folg: nur einige hundert Exemplare wurden verkauft.
War dem Publikum das Klein-Leute-Milieu des Oder-
bruchdorfs als solches schon reizlos? Es ist doch vom
›Kriminellen‹ abgesehen, eine außerordentlich scharf
gesehene Studie märkischer Volkscharaktere und öf-
fentlicher Meinungsbildung. Wer die Mark Brandenburg kennt, wird das bestätigen müssen. Opinio plebis?
Er wußte schon, weshalb er Mehrheitsbeschlüssen miß-

traute. »Unterm Birnbaum« blieb auch ein Stiefkind
der Fontane-Forschung, die deutete und deutelte und
es dabei bewenden ließ, es sei dies eben eins der gerin-
geren Werke des Dichters. Da stimme ich mit Hans-
Heinrich Reuter überein, der konstatiert hat: »Die
selbstgestellte Aufgabe ist meisterhaft gelöst. Das
kleine Werk gehört zu den wenigen bedeutenden Kri-
minalerzählungen der deutschen Literatur.«[111]
Wer das Gruslige schätzt, kommt sicher auf seine Kosten. Das Vorbedeutende paraphrasiert den Gang der
Handlung nur, das Hexenwesen hält sich in Grenzen,
und es bleibt offen, ob erwähnte Jeschke bloß erfunden
und anderen eingeredet hat, daß es in einem gewissen
Keller spuke, oder ob es wirklich »grappscht«? Als
psychologische Studie vieler individueller Charaktere,
die zugleich Typen sind, bleibt die Erzählung unüber-
troffen.

Ahnen, Gene und Genialisches

Fontanes Abstammung pflegt im allgemeinen auf
die schlichte Formel »halb Franzose, halb Deutscher« gebracht zu werden. Das ist etwas sehr simpel.
Als Quelle diene die Stammtafel der Berliner Französischen Kolonie (Béringuier, 1885). Unter »Fontane«
tritt darin als erster, in Frankreich noch, der Kaufmann
Pierre Fontane auf; Béringuier verwendet durchgehend diese uns vertraute Schreibweise, doch ist sie erst
durch den Urgroßvater des Dichters angenommen
worden, die ursprüngliche war »Fontaine«. Pierre Fontaine also heiratete Suzanne Arnaud und zeugte – es

war in Nîmes – mit ihr einen Sohn, den sie Jacques
François nannten.

Jacques François Fontaine (1662–1707) wurde
Strumpfwirker, verließ das Land des Sonnenkönigs um
des Glaubens willen und ehelichte 1697 in Berlin Marie
Dequesne, deren wohlhabende Mutter eine Deutsche
gewesen war: das wäre also ein erster Schuß deutschen
Blutes in der Familie. Jacques und Marie zeugten einen
Sohn, der den Namen Pierre François erhielt und ein
Zinngießer wurde, ein Vierteldeutscher, man wolle
dies als Hilfsbegriff hinnehmen und entschuldigen. Zur
Datierung sei gesagt, daß die halbdeutsche Mutter des
Zinngießers 1731 starb. Wichtig ist es aber zu wissen,
daß die Zinngießerei vor der allgemeinen Einführung
des Porzellans ein einträgliches, aber deutlich ins
Künstlerische schlagendes Gewerbe war, was sich, mit
einigen Abstrichen, vielleicht auch noch von der so
subtilen Strumpfwirkerei wird sagen lassen. Die schönen Teller, Teekannen, Leuchter und Zuckerdosen
entwarf damals noch der Gießer selbst und nicht der
Designer.

Pierre François nahm die Hand einer Mademoiselle
Aragon und lebte von 1697 bis 1743 ebenfalls in Berlin. Diesem Ehebund entsproß abermals ein Zinngießer. Das war Pierre Barthélemy (I) Fontane, in dieser
Schreibung von da an. Er heiratete ein Fräulein Marie
Louise Schroeder und lebte von 1731 bis 1773. Der
zweite Schub deutschen Blutes. Dem Sohn dieser Verbindung wurde der Vorname des Vaters mit auf den
Weg gegeben, Pierre Barthélemy. Der zweite des Namens lebte von 1757 bis 1826. An diesen seinen Großvater hat sich der Dichter noch erinnern können, oder
doch an dessen »schwarz- und schwefelgelb gestreifte
Weste.«[112]

Pierre Barthélemy II., ein Maler, interessanter Mann,

Lebenskünstler von vorzüglichen Umgangsformen,
dreimal verheiratet, sprach ein anerkannt vorzügliches
Französisch. Demnach muß es um die Pflege der alten
Heimatsprache in der französischen Kolonie schon
nicht mehr zum besten bestellt gewesen sein. Es scheint
mir sicher, daß sich noch allerlei Werke seiner Hand
unerkannt in berlinischem oder auch märkischem
Kunstbesitz befinden müssen. Der Thieme-Becker
verzeichnet nur Spärliches und scheint ganz außer acht
gelassen zu haben, daß es sich immerhin um den Großvater eines nicht ganz unbekannten Dichters handelt:
»Fontane, Peter, Miniaturmaler in Berlin, 1787 bis 95
auf den Akad.-Ausst. das. mit Bildnissen u. Kopien auf
Elfenbein u. in Pastell vertreten. F. war Kammerdiener
der Kronprinzessin und Zeichenmeister der kgl. Kinder. Kat. Akad. Ausst. Berlin.«
Einzelne Werke werden nicht angeführt, Lebensdaten
ebensowenig. Aber Hans-Heinrich Reuter bietet die
Abbildung eines Pastells, auf dem der Maler seine Mutter – die Urgroßmutter des Dichters – im Profil wieder-
gegeben hat, die geborene Schroeder, derb und gutar-
tig, datiert 1802. Reuter verschweigt leider, wo sich das
kleine Bild befindet. Etwas Bedeutendes ist es offensichtlich nicht. Doch kann aus einer einzigen Reproduktion kein allgemeiner Schluß gezogen werden. Als
Zeichenlehrer der Prinzen war er bei Hof angestellt
worden, was nur aufgrund einiger Eignung geschehen
sein kann. »Königin Luise«, schreibt der Dichter in
»Meine Kinderjahre«, »wohnte gelegentlich dem Unterricht der Kinder bei und alsbald an dem gewandten
und ein sehr gutes Französisch sprechenden Manne
Gefallen findend, nahm sie denselben als Kabinettssekretär in ihren persönlichen Dienst.«[113]
Die unseligen Wendungen der Politik, Preußens Sturz
bei Jena, die Flucht der königlichen Familie nach Kö-

nigsberg, der Tod der Königin schließlich machten dieser Fontaneschen Glückssträhne ein vorschnelles
Ende. »... Pierre Barthélemy, dessen Dienste weiter
keine Verwendung mehr finden konnten, erhielt, in
Berlin zurückbleibend, wohl als eine Art Abfindung,
das Amt eines Kastellans von Schloß Nieder-Schön-
hausen.«[114] Dort hat er bis 1824 seines Amtes gewal-
tet. In aller Ruhe soweit. Denn das Schloß hatte seit
dem Hingang der Witwe Friedrichs des Großen (1797)
keine nennenswerten Aufgaben mehr und wurde erst
von 1824 an als gelegentlicher Sommersitz wieder bezogen. Er starb 1826 in Berlin, wo er wohlsituierter
Hausbesitzer war, »freilich nur in der Kleinen Hamburger Straße«.[115]
Die Memoiren Schadows, in denen der Kabinettssekretär Fontane abfällig – was bei Schadows bärbeißiger
Strenge nicht allzuviel sagen will – erwähnt wird, erschienen 1849 und haben den Dichter Fontane mit ein
paar Anhaltspunkten versorgt. Daß die kleineren
Künstler nicht selten die besseren Lehrer ihres Faches
sind als die großen, ist bekannt; einer der prinzlichen
Schüler dieses Kleinmeisters ist, als König nachmals
Friedrich Wilhelm IV., nach weiterer Fortbildung
durch Schinkel und Rauch allerdings, jedenfalls ein
Zeichner übers Dilettantische hinaus geworden.
Pierre Barthélemy II. war in einer seiner drei Ehen mit
einer Deutschen verheiratet – das wäre also der dritte
Schub deutschen Blutes –, mit Louise Sophie Deubel;
falls diese eine reinblütige Deutsche war, was man so
genau nie weiß. (Als Gegenstück sei die begabungsrei-
che Hugenottenfamilie Erman erwähnt, die eigentlich
den Schaffhausener Ermatingers entstammt und dann
französiert über das Elsaß und die Schweiz nach Berlin kam. Die unzweifelhaft französischen Hugenotten
andererseits, woher sie immer gekommen sein moch-

ten, von strenger Observanz in den ersten 150 Jahren
hiesiger Anwesenheit, haben fast nur Reformierte geheiratet und heiraten wollen, religiöse Emigranten, die
sie waren. Reformierte aber waren hierzulande rar, die
Märker und Berliner seit 1539 lutherisch und nur das
Haus Hohenzollern seit 1613 reformiert. Daß in die
Adern einer deutschnamigen reformierten Familie unter diesen Umständen aber Hugenottenblut gemischt
sein konnte, hat immer Wahrscheinlichkeit. So sind
auch deutsche Namen in Béringuiers Ahnentafeln
keine Seltenheit. Fontane berichtet, daß die Familie
seines Lehrherrn Jung, in der Jungschen Apotheke,
eine Generation früher noch Le Jeune geheißen habe.)
Der Ehe Pierre Barthélemys II. mit Louise Sophie
Deubel entsproß ein Sohn, Louis Henri, der Apotheker
wurde, der Vater des Dichters. Er als erster erreichte
ein Alter von 71 Jahren, während die Fontaneschen
Männer ihm vorauf – mit 45, 46, 44 und 59 Jahren –
bemerkenswert kurzlebig gewesen sind. Es muß demnach jene Marie Louise Schroeder und nach ihr Louise
Deubel gewesen sein, mit denen die genetische Verän-
derung zu relativer Langlebigkeit in die Fontanes gekommen ist: der Sohn des Apothekers, Henri Théodore Fontane, geboren 1819, der Dichter, hat das 80ste
Lebensjahr erreicht, wenn auch nicht mehr ganz vollenden dürfen. Und es berührt eigenartig, daß der
Mann, in dem alles Fontanesche gipfelte, zugleich auch
das höchste Alter der Fontanemänner vor und nach
ihm erreicht hat.
Wenn man den Stammbaum bis zu Louis Henri herun-
ter betrachtet, so ist abzulesen und zwar entsprechend
den deutschen Einheiratungen, daß dieser von allen
Fontanes, wie immer das auch zu messen wäre, den
größten Anteil deutschen Bluts in sich trug. Das hat
den Sohn jedoch nie gehindert, in ihm einzig und allein

den ausgesprochenen Franzosen zu sehen: »Mein Vater war ein großer stattlicher Gascogner voll Bonhomie, dabei Phantast und Humorist, Plauderer und Geschichtenerzähler und als solcher, wenn ihm am wohlsten war, kleinen Gasconnaden nicht abhold . . .«[116]
Der Sohn ist offenbar gar nicht auf den Gedanken gekommen, daß sein Vater so etwas wie ein Dreivierteldeutscher gewesen ist. Hatte er recht? Hatten sich die deutschen Gene, die sich, wie angedeutet, lebensverlängernd ausgewirkt zu haben scheinen, im übrigen aber gar nicht bemerkbar gemacht? Fontane hat da nichts gesehen und sehen wollen. Das Genialische, das wird man ihm aber zugestehen müssen, scheint aber nicht von den Schroeders oder den Deubels herzurühren. Stimmt das?

Ein Psi-Phänomen und ein fehlendes ›s‹

In »Kriegsgefangen – Erlebtes 1870« steht es. Auf den Spuren der Jeanne d'Arc – ob er diese Seltsame nicht auch »in den poetischen Kreis« der Melusinen gezählt haben würde? – war er im noch unbesetzten Frankreich verhaftet worden und war nun Kriegsgefangener mit der ersten Station in Neufchateau: »Im Moment unseres Eintretens‹ erhob sich der Greffier, nahm die Lampe, schlug den Schirm zurück und schritt uns entgegen. Ich war wie vom Donner getroffen; das leibhaftige Ebenbild meines Vaters stand vor mir. Wir schrieben den 5. Oktober; vor drei Jahren, fast um dieselbe Stunde war er gestorben; – hier sah ich ihn wieder, frisch, lebensvoll, hoch aufgewachsen, mit breiten

Schultern und großen Augen, im Auge selbst eine Mischung von Strenge und Gutmütigkeit, wie sie ihm eigentümlich gewesen war.« Der Greffier führte »den vollklingenden Namen Mr. Palazot«.[117]

Dies ist überaus aufschlußreich. Einmal läßt der Name Palazot eine Deutschstämmigkeit des Gefängnisbeamten, die ja im lothringischen Grenzgebiet an sich möglich gewesen wäre, recht unwahrscheinlich werden. Zum andern – das wird der Zufall so gefügt haben – eignete sich der Habitus des französischen Mannes offenbar vorzüglich als Substrat des als französisch gesehenen Vaterbildes, worüber sich der Gefangene denn auch nicht weiter verwundert. Zum dritten stellt sich in der, wenn nicht gefährlichen, so doch bedenklichen Situation, wie zur Hilfe beschworen, die Vaterimago ein, zum »Fürchten und Lieben«, und viertens: wie in traumhafter Verknüpfung stellt sich die Frage nach dem Todesdatum des Vaters, der nun aber – im Traum ist das ja möglich – Gott sei Dank lebt. Wer hätte auch immer Tag und Stunde des väterlichen Todes parat, wenn ihm gerade Widerwärtiges widerfährt, Kriegsgefangenschaft zum Beispiel! Das wäre so etwas wie ein parapsychologisches Phänomen, wie solche als Omen, als Spuk oder dergleichen im Romanwerk ihre mannigfaltigen Rollen spielen, hier nun im tatsächlichen Leben. »Ich war wie vom Donner getroffen«, der Dichter übertreibt für gewöhnlich nicht. Warum sollte er's in diesem Falle? Ein Psi-Phänomen, so nennt man das wohl. Bei jemandem, auf dessen Prophetengabe wir verweisen konnten, eher ja etwas Selbstverständliches. Für seine übermäßige, oft sogar fiebrige Sensibilität – Voraussetzung für derartige Phänomene – liefert das Briefwerk unzählige Belege, für fast süchtigen Lufthunger, Verkühlungsfurcht, Widerwillen gegen ungute Gerüche und unwillkommenen Geschmack und so wei-

ter. Irgendwo in Dänemark schmeckt ihm einmal,
wenn ich richtig zitiere, »der Apfel nach Aal und der
Aal nach Apfel«. Er verwünschte schlechte Toiletten-
verhältnisse: »Jeder Ort in Deutschland scheitert am
Örtchen.«[118] Bombastische Musik wie die Wagnersche
bereitete ihm physische Übelkeit.

Ein Zitat aus den »Kinderjahren« stehe für viele viele
andere; der Apotheker Louis Henri Fontane hatte mit
den Seinen eine ansehnliche Mietwohnung in Neuruppin bezogen, die für den etwa sechsjährigen Sohn aber
den abstoßenden Nachteil hatte, daß eine Schlächterei
im Hof ihre Schlachtungen vornahm: »Ich . . . sah . . .
auf den Hof hinaus, wo gerade verschiedene Personen,
quer ausgestreckt, über dem schreienden Tier lagen«,
einem Schwein. »Ich war vor Entsetzen wie gebannt,
und als die Lähmung endlich gewichen war, machte ich,
daß ich fortkam, und lief die Straße hinunter durch's
Tor . . .«, das Rheinsberger Tor. »Den ganzen Vormittag war ich fort.« Bei Tisch aber wieder zu Hause berichtete er, wie es ihm ergangen sei und wo er sich der-
weilen aufgehalten habe. »›Da hast du ja ganz gemütlich auf dem Galgenberg gesessen‹, lachte mein Vater.
Mir aber war, als lege sich mir schon der Strick um den
Hals, und ich bat, von Tisch aufstehen zu dürfen.«[119]
Dieser so sehr empfindsame kleine Junge, der in lang-
wieriger Entwicklung später der große Dichter werden
sollte, hatte wieder mehr Französisches im Blut als sein
Vater. Denn der hatte Emilie Labry zur Frau genommen, die Tochter eines hugenottischen Berliner Sei-
denhändlers und einer geborenen Mumme, von deren
Familie Fontane sagt, »ich weiß nicht, ob sie nicht, trotz
ihres deutsch klingenden Namens, doch vielleicht zur
Kolonie gehört«.[120]

Das ist auffällig. Denn im Jahr seiner Geburt war die
Aufhebung des Edikts von Nantes, das die Emigration

der Hugenotten in größter Zahl ausgelöst hatte, gerade erst 124 Jahre her, eine Frist, die nicht lang genug ist, um genealogische Zusammenhänge schon unerforschlich werden zu lassen.

Offenbar war aber die Zugehörigkeit zur Kolonie als solche entscheidend, auch wenn sie durch Einheirat zustande gekommen war, die volkliche Herkunft dagegen ohne Belang. Es entschied die Zugehörigkeit zum reformierten Bekenntnis. (So haben ja auch die Chodowieckis, obwohl halb französisch, halb aber polnisch-adelig, fest zur Berliner Kolonie gezählt, als religiös Verfolgte nämlich.) Neben anderen Gründen läßt das auf ein ausgeprägtes, eigens auch gehegtes Gefühl des eigenen Wertes der Kolonisten schließen; sie blieben ja in Berlin noch lange Zeit eine selbständige Gemeinde. Mit eigener Verwaltung. Mit eigener Jurisdiktion sogar. Hochwertigkeitsgefühle wären nun aber bei der ersten Generation der Zugewanderten keineswegs verwunderlich und nicht zu beanstanden gewesen. Denn diese ersten hatten die harten Prüfungen der Verfolgung auszustehen gehabt, die blutigsten Kämpfe, das Martyrium der Dragonaden, Einbußen an Hab und Gut, den Verlust der Heimat und am Ende die Bitterkeit der Fremde, in der die Ortsansässigen doch nicht etwa nur mit offenen Armen dagestanden haben. Fontane beschönigt das in seinem Festgedicht zum 200sten Jubiläum der Berliner Hugenottengemeinde. In Berlin unter den Augen des Hofes mochte es angehen, in der Mark auf den Dörfern draußen hat man den Ankömmlingen die Eingewöhnung alles andere als leicht, oft auch unmöglich gemacht.

Doch je weiter der zeitliche Abstand von den ersten Immigranten, desto mehr mußte das Selbstbewußtsein, soweit es etwas wie ein Märtyrerstolz gewesen war, nachlassen, an Sinn verlieren oder auf einen leeren

Dünkel hinauslaufen. Fontanes Eltern, fünfte Generation schon auf deutschem Boden, haben mit solchem
Dünkel ihre Spiele getrieben. Mit einer Portion Ernst
dahinter, ohne Frage. Gascogne, Heimat der Fontanes,
und Cevennen, Herkunftsland der Labrys, lagen für die
Eltern des Dichters, »als sie geboren wurden, schon
mehr als hundert Jahre zurück« – Fontane hat sehr
junge Eltern gehabt – »aber die Beziehungen zu Frankreich hatten beide, wenn nicht in ihren Herzen, so doch
in ihrer Phantasie nie ganz aufgegeben. Sie repräsentierten noch den unverfälschten Kolonistenstolz. Weil
sie aber stark empfinden mochten, daß mit ihren nach-
weisbaren Ahnen . . .«, den Zinngießern und Strumpf-
wirkern, »nicht viel Staat zu machen sei, so ließen sie
die amtlich geführte kolonistische Stammtafel fallen
und suchten statt dessen auf gut Glück nach vornehmen
französischen Vetternschaften, also nach einem wirklichen oder eingebildeten Familienanhang, der, in der
alten Heimat zurückgeblieben, sich mittlerweile zu
Ruhm und Ansehen emporgearbeitet hatte«.[121]
Das ergab dann eine spaßige, aber eben doch auch
flunkerige Spielerei: die Mutter wollte mit einem Stiefbruder der Lätitia Bonaparte, dem Kardinal Fesch,
verwandt sein; der Vater mit dem derzeitigen Groß-
meister der Sorbonne, der immerhin wenigstens Louis
de Fontanes hieß; das fehlende ›s‹ am Ende wurde so
erklärt: »Unsre Familie wußte nämlich aus Tradition,
daß auch mein Großvater der Kabinettssekretär der
Königin, sich, bis etwa zu Beginn des Jahrhunderts
›Fontanes‹ geschrieben und dann erst aus unerklärli-
chem Grunde, das ›s‹ weggelassen habe.«[122] Die dies
betreffende Familientradition scheint irrig zu sein oder
Fontane irrt sich; daß Pierre Barthélemy I. von Fontaine zu Fontane übergegangen war, vielleicht als An-
deutschung, steht fest, während von der Schreibweise

›Fontanes‹ nichts bekannt ist – ein Gedächtnisfehler
des Dichters wahrscheinlich, wenn ja, dann ein belang-
loser. Aber jene flunkerige Spielerei der Eltern ist doch
symptomatisch.

Louis Henri war 23 Jahre alt, als sein erstes Kind, der
Sohn Henri Théodore geboren wurde. Dieser Dichter-
vater – daran ist nicht zu deuteln – war ein Aufschnei-
der, wie charmant auch immer, »der Typus eines humoristischen Visionärs«.[123] Er »erging sich in mitunter
grotesken Ausmalungen, über die er dann auch wieder
zu lachen verstand«.[124] Auch litt er an Unstetigkeit, an
einer gewissen Unruhe, »und sein Lebelang in der Welt
herumzukutschieren, immer auf der Suche nach einer
Apotheke, ohne diese je finden zu können, wäre wohl
eigentlich sein Ideal gewesen.«[125] Und nicht nur, daß er
»immer mehr ausgab, als er einnahm«[126], er war ein
Spieler, der ein beträchtliches Vermögen am Whist-
tisch verjubelt hat. Fast alles. Deshalb war er, »um seinen eigenen Lieblingsausdruck zu gebrauchen, beständig in der ›Bredouille‹ . . .«[127]

Fontane hat seinen Vater aber, wie er war und ohne an
ihm etwas zu beschönigen, geliebt – weil er sich in ihm
wiedererkannte. Von ihm hat er die Erzählergabe, übrigens auch den Sinn fürs Historische. Diesen Spaß am
Gaukelspiel der Einfälle, am Schaukelflug der Gedanken, das kapriziöse Ungefähr des Louis Henri konnte
einzig nur dieser eine Sohn ganz verstehen.

Aber es war eben doch etwas bedenklich Unsolides,
Unzuverlässiges in den Männern dieser Familie. Aus
der zweiten Ehe des Pierre Barthélemy II. war dem
Louis Henri ein Stiefbruder erwachsen. Das war des
Dichters Onkel August, den Béringuiers Tafel von
1885 wahrscheinlich deshalb verschweigt, weil er seit
längerem, vor nahezu einem halben Jahrhundert, hatte
nach Amerika entweichen müssen. Onkel August war

durchaus Fontanescher Art, aber deren Negativaspekt, anfänglich Maler – der Thieme-Becker erwähnt ihn nicht´–, gar kein unbegabter Maler, dann Handelsmann und Defraudant, ein Luftikus, zwischendurch auch Schauspieler. Der Neffe konstatiert: »...ein so schlechter Komödiant er gewesen war, im Leben war er ein sehr guter Schauspieler ... ein Redensarten-mensch, der alles haben mochte, nur nicht Charakter und Gesinnung...«[128] Aber hatte da nicht der Lehr-lingskollege in Dresden, der Kersting-Neffe, dem wer-denden Dichter Ähnliches bescheinigt?

Doch nichts war diesem später so abscheulich wie Bo-hèmehaftigkeit und Verlotterung unter Berufung auf künstlerische Freiheit, wie Verkommenheit als angeb-liche Voraussetzung für künstlerische Betätigung. Kaum eines deutschen Poeten Lebensführung war – nicht nur nach außen hin – später so bürgerlich geord-net wie die seine, was freilich, da alles ja auf den freien Schriftsteller hinaus sollte, ein besonders heikles Un-terfangen war. »Schriftsteller, Majestät«, heißt es im Huldigungsgedicht für Menzel,

> »Der König lächelte: Nun hör' Er, Herr,
> Ich wills ihm glauben; keiner ist der Tor,
> Sich dieses Zeichens ohne Not zu rühmen,
> Dergleichen sagt nur, wer es sagen muß,
> Der Spott ist sicher, zweifelhaft das andere ...«[129]

Die dauernde »Bredouille« des Vaters, der betrügeri-sche Bankrott des Onkels, dem nur noch die Flucht nach Übersee hatte helfen können, sie hatten Exempel gesetzt, die den Sohn ein für alle Male bestimmt hatten, den soliden bürgerlichen Weg einzuschlagen und strikt einzuhalten. »Ich kann sagen, mir ist das ›Affable‹« – das aalglatt Umgängliche – »durch Erscheinungen wie

die meines Onkels geradezu verleidet worden, und
wenn ich mich, was öfter geschieht, auf meine ›Liebenswürdigkeit‹ hin angesprochen fühle, so kommt mir
jedesmal der Gedanke, ›solltest du vielleicht auch‹ ...
und eine Gänsehaut überläuft mich.«[130]
Fontane hat diesen begabten, aber windbeuteligen
Onkel dennoch in einer Art stiller Solidarität der Fontaneschen Männer zu schätzen gewußt, wenn er sich
auch an der dort häuslichen Tagedieberei ein abschrek-
kendes Beispiel genommen hat. Bei ihm in Pension
hatte er seine Berliner Berufsschulzeit verbracht. Moralische Überheblichkeit war nicht seine Sache. So rest-
los lupenrein wußte er sich ja auch nicht. »Behandele
jeden nach seinem Verdienst«, zitiert er ein Sprich-
wort, »und jeder wird gehängt.« Ähnlich äußert sich
auch Effi Briest zu Crampas. Wie anders denn als aus
eitler Anmaßung wäre es zu erklären, daß er, wie erwähnt, in französische Gefangenschaft geraten, dort
einen Fragebogen in der Spalte ›Erlernter Beruf‹ nicht
mit Apotheker, sondern mit einem Studium »de l'hi-
stoire de nature« ausfüllte und sich als »officier supé-
rieur«[131] und als »preußischen Untertan und wohlbekannten Geschichtsschreiber«[132] behandeln ließ? In
Gefangenschaft erlaubter Mogel, ließe sich sagen, aber
es ist doch auch ein Schuß Hochstapelei mit im Spiel,
sag' einer, was er will.
Er war 25, als er sich auf einer Bahnreise zwischen
Köthen und Berlin einem weiblichen Wesen näherte,
allerdings ohne das gewünschte Ergebnis. Nichts Besonderes weiter. Aber er hatte sich dem anscheinend
leichtlebigen Weibsbild mit der Angabe zu empfehlen
gesucht, er sei Student, statt sich ihr als Defektar der
väterlichen Apotheke zu Letschin vorzustellen, wo
seine letzte »Kondition« gewesen war. »Ochse« titu-
liert er sich, stets zur Selbstkritik bereit, in seinem Ta-

gebuch nach klarer Abfuhr, nachdem alle noch so ka-
valiersgemäßen Spesenaufwendungen nichts gefruch-
tet hatten.

Er war ein »unsicherer Kantonist«! Wohlwissend, daß
die schillernde und bewegliche Gabe, Standpunkte aller Art beziehen zu können, die Kardinaltugend eines
Romanschreibers sein muß, zumal eines, der sein Gewicht wesentlich auf die Dialoge gestellt hat und nicht
auf die Handlung, hat ein anderer Dichter, der der unsicheren Kantonisten vom biblischen Joseph bis zum
Hochstapler Felix Krull, hat Thomas Mann den von
ihm so hochverehrten Fontane mit respektierlichem
Augurenlächeln einen »unsicheren Kantonisten« genannt. Und das war er denn auch als Romancier in einem hohen Sinn. Nicht jedoch in seinen Sachbüchern –
um sie einmal so zu nennen –, nicht in den »Wanderungen durch die Mark Brandenburg«, nicht in seinen
Kriegsdokumentationen, nicht in seinen Rezensionen,
seinen »Causerien über das Theater«. Da war er so
akribisch wie unbestechlich. Aber wenn er sein stahl-
hartes Urteil über die Ringparabel, das wir oben zitier-
ten (in »Effi Briest«), einer läppischen Tischrede in den
Text gibt, kann der Romanleser durchaus nicht wissen,
wieviel ernste Meinung des Autors in dem konventio-
nellen Geschwafel des Redners (Güldenklee) steckt,
sondern wird in dem Glauben darüberhinlesen, der
Autor identifiziere sich mit solchen Äußerungen keineswegs.

Wir sollen aber die, die wir lieben oder lieben wollen,
ganz so nehmen, wie sie sind, und nicht ad hoc retu-
schierten Kultbildern huldigen. Dies ist den »Engagierten« zu überlassen. Fontane hatte, ehe er sich verlobte,
ein uneheliches Kind; das kommt, wie man so sagt, in
den besten Familien vor. Daß aber ein zweites »natürli-
ches« Kegelein von derselben Mutter wie das erste,

wenn ich nicht irre, noch nach Fontanes Verlobung mit seiner nachmaligen Frau geboren wurde, sieht schon weniger adrett aus. Eine Briefstelle scheint bisher die einzige Kunde von diesem vorehelichen Nachwuchs zu sein, in einem Brief an Freund Lepel heißt es: »Meine Kinder fressen mir die Haare vom Kopf, eh die Welt weiß, daß ich überhaupt welche habe . . .«[133] Und den »Apotheker« hat er nicht nur dem französischen Fragebogen vorenthalten[134], sondern sprach auch in späteren Lebensläufen lieber von seiner Beschäftigung mit der Chemie, für die er große Vorliebe hatte.

Und hat er etwa im Spiel mit den vornehmen Ahnen nicht auch an seinem Teil ein bißchen mitgehalten? Von seinem reformierten Bekenntnis, auf das er getauft worden war, hat er als Kirchgänger, soweit ich sehe, je länger je weniger Gebrauch gemacht – was nicht ausschließt, daß calvinistische Grundmeinungen sein Denken bis ins hohe Alter hinauf bestimmten: Prädestination, »Gnadenwahl«, »Alles ist Gnade« –, desto mehr aber wurde er sich mit zunehmendem Alter eines Franzosentums bewußt, mit dem es oder mit dessen pur sang es nun auch wieder nicht so weit her war. Hans-Heinrich Reuter schreibt auf die Vorfahrin »Marie Duquesne« verweisend in Klammern: ». . . in seinem Roman ›L'Adultera‹ erwähnt Fontane den Namen Duquesne, den ein berühmter französischer Admiral des 17. Jahrhunderts trug, scheinbar beiläufig in Zusammenhang mit der Berliner französischen Kolonie.«[135] Wer irrt? Reuter oder der Dichter oder Béringuier, der, wie oben angegeben, nur eine Marie Dequesne zu kennen scheint? Fontane stand mit dem Amtsgerichtsrat Richard Béringuier auf freundschaftlichem Fuße. Dessen Ahnentafeln waren zu jenem 200jährigen Bestehen der Kolonie erarbeitet worden und im Gedenkjahr erschienen. Sie waren dem Dichter selbstverständlich bekannt oder wurden es. 1884 schrieb er dem Amateurgenealogen: »Empfangen Sie meinen besten Dank für Ihre freundlichen Zeilen und den angefügten Stammbaum, der mich aufs höchste interessiert hat. Eine dunkle Sage ging von ›Schneiderfamilie aus Montpellier‹, so daß ›Zinngießer aus Nimes‹ ein Fortschritt, eine Art Nobilitierung ist. Mein Papa wußte von diesen Dingen nichts. Er hatte, als Kind seiner Zeit, keinen Sinn für Zurückliegendes. Meine Mutter aber, wenn das Gespräch auf die ›Familie‹ kam, mokierte sich über die Schneiderabstammung – sie selber stammte von Seidenhändlern, war also Aristokratin . . .«[136]

Oder ist Béringuiers Dequesne nur ein Druckfehler? Dann hätte sich Fontane wohl dem Ahnenforscher gegenüber diesbezüglich geäußert und um gelegentliche Berichtigung gebeten. – Jener Admiral Duquesne war ein Mann, dessen Verdienste um Frankreich dermaßen groß waren, daß Ludwig XIV. die Aufhebung des Edikts von Nantes für die Person des Admirals aussetzte: der Seeschlachtensieger, obwohl Calvinist, durfte nicht nur in Frankreich bleiben, sondern erhielt sogar ein Landgut zum Geschenk. Wollte sich der Dichter in diesem Seehelden unter der Hand einen Ahnherren aufbauen? Ein Liebäugeln nur? Ist es das, was Reuter hat andeuten wollen? Kannte man in Berlin eine dahin gehende Eitelkeit des bürgerlichen Bücherschreibers? Es sieht fast so aus. Da waren doch die Spaßvögel in der Redaktion des »Ulk«, die sich, nachdem Fontane die Ehrendoktorwürde der Berliner Universität zuteil geworden war, folgendes haben einfallen lassen. Fontane schreibt an Freund Friedlaender: »Der ›Ulk‹ hat in seiner letzten Nummer auch einen Vers über mich gebracht, halb Huldigung, halb Spott, von letzterem wohl eine Spur mehr. Er lautete (ohngefähr):

»Fontane ist nun schön heraus.
Doktor wurde das alte Haus.
Und will er nicht bürgerlich mehr bleiben,
So kann er sich auch von Tane schreiben.«[137]

Ganz einfach Fontane

Die ersten Jahre der elterlichen Ehe, der Ehe also zwischen Louis Henri und Emilie, geb. Labry, verliefen glücklich, wie man so sagt. Mehr und mehr aber begann Emilie unter den nichtsnutzigen Sonderbarkeiten ihres Mannes zu leiden und konnte dessen verschwenderischen Leichtsinn mit vollem Recht nur mißbilligen, der schließlich denn auch in den Dauerzustand der »Bredouille« führen mußte und geführt hat. Immerhin aber schenkte sie ihm fünf Kinder, den Dichter eben – in äußerst schwieriger Geburt – sowie Rudolf (1821–45), Jenny (1823–1904), Max (1826–60) und Elise, die Lieblingsschwester des Dichters (1838–1923). Die Kurzlebigkeit der Männer dieser Familie tritt an den Brüdern wieder in Erscheinung, die mit 24 und 34 Jahren schon abtraten. Die Schwestern hingegen übertrafen das relativ hohe Alter ihres großen Bruders, Jenny um ein Jahr, Elise um fünf Jahre. Fontane selbst war mit Kindern gesegnet; darin nun war er keineswegs Neurastheniker (geschlagen mit jener impotentia coeundi etwa, wie man sie beim übernervösen Kleist vermutet). Seine Frau Emilie, geb. Rouanet-Kummer, gebar ihm sieben Kinder, von denen drei Söhne, Rudolf, Peter Paul und Ulrich, allerdings noch im Jahr ihrer Geburt starben. Erwachsen

wurden als Ältester George Emile (1851–1887),
Henri Théodor (1856–1933), Marthe Elisabeth
(= Mete, 1860–1917) und Fréderic (1864–1941).
Keiner der Söhne hat sich dem einst erlernten Beruf
des Vaters zugewandt. Wohl aber sind jene beiden
Brüder Fontanes Apotheker gewesen, und Jenny hei-
ratete einen Apotheker Sommerfeldt, der dann die
Apotheke seines Schwiegervaters zu Letschin im
Oderbruch an sich brachte und weiterführte. Fast
scheint es unverständlich, wieso sich Fontane zu seinem
anfänglichen Beruf als seiner Ausgangsbasis nicht hatte
bekennen wollen.

Auch Ibsen, der Dramatiker, hatte als Apotheker angefangen. Und Fontane wußte doch: »...ein Apotheker, der anstatt von einer Apotheke von der Dichtkunst
leben will, ist so ziemlich das Tollste, was es gibt.«[138]
Wirkte da ein Unmut gegen den Vater nach, der dem
Sohn kein Kapital zur Gründung einer Apotheke hatte
übermachen können, weil er sein Vermögen verjubelt
hatte? Oder ein Minderwertigkeitskomplex? Das nicht
eigentlich. Ambivalenter Erinnerungsaffekt an eine
Betätigungsphase, die ohnehin nicht von Dauer gewesen ist und hätte sein können. Durchgangsphase. Ent-
wicklungsstufe.

Ambivalent: wo immer er solchen Berufskollegen von
einst, die aber bei der Pillendreherei geblieben waren,
zum Beispiel auf Reisen begegnete, geschieht dies seinerseits mit heiterem Interesse: »Hier traf ich Herrn
Apotheker Ommen in Person, einen stattlichen Friesen
von Bildung, Manieren und Distinktion. Eine Insel-
größe...«[139] Seine Freundschaft mit dem Pharmazeu-
ten Friedrich Witte rührte von seiner Berliner Provi-
sorzeit in der »Polnischen Apotheke« des Dr. Schacht
und dauerte ein Leben lang. Witte, der Lehrling von
damals, hatte es glücklicher getroffen: er heiratete die

Tochter seines Lehrherrn, blieb in der Branche, die er
im Großen zu betreiben begann, und wurde ein welt-
bekannter Fabrikant.

Und mit welcher Liebe ist nicht (in »Effi Briest«) die
Gestalt des Dr. Alonzo Gieshübler entworfen und aus-
gestaltet worden, dieses Grandseigneurs der Apothe-
kerzunft! Hommage des Sohnes für den so skurrilen
wie großartigen Vater-Apotheker Louis Henri Fontane, sagt man. Und schwebt nicht auch die gewählte
Kleidung des Großvaterbildes vor? Gieshübler trägt –
es ist beste Bismarckzeit – Jabots, die längst aus der
Mode gekommen sind, und einen blauen Frack mit
goldenen Knöpfen. Aber von eben diesem Elégant
démodé, der Freigeist sowohl wie Kavalier der alten
Schule ist, heißt es auch: »Man kann fast von ihm sagen, er sei der geborene Onkel.«[140]

Das Elternpaar – auf die Mutter des Dichters wird später noch einzugehen sein – repräsentierte, der eigenen
subjektiven Ansicht nach, den Menschenschlag der
Gascogne beziehungsweise den der Cevennen. Was
daran zutraf – noch zutraf! –, müssen wir dahingestellt
sein lassen; wir können auch nicht beurteilen, inwieweit ein solcher in Frankreich vielleicht noch bemerk-
barer, vielleicht auch nur traditionell betonter Stam-
mesgegensatz die Ursache der zunehmenden Zerrüt-
tung dieser Ehe gewesen sein könnte, die zwar nicht zur
Scheidung, wohl aber zu dauernder Trennung geführt
hat. Ich glaube an diese Ursache nicht. Immerhin aber
ist die Gasconade ein über Frankreich hinaus bekannter Begriff und steht für wortfroh harmlose Aufschnei-
derei. Doch der typische Gascogner, lese ich, ist klein
und nervig. Das macht das iberische baskische Element. Davon, scheint mir, hatte der Vater Fontanes
nicht die Spur, der groß, stattlich beleibt, blond und
blauäugig war. Die Gascogner gelten als schneidig und

als gute Soldaten. Auch das lag dem Vater nicht eben
sehr. Mit anderen Worten, das Bild, das sich der Dichter von seinem Vater hinsichtlich von dessen »Gasco-
gnität« macht, bietet mehr Erdichtung als ethnische
Wahrheit.

Ob es einen speziellen Phänotypus der Cevennenbe-
völkerung gibt, ob die Mutter als typische Vertreterin
des gebirgigen Herkunftslandes ihrer Vorfahren gelten
kann, entzieht sich ebenfalls meiner Beurteilung, doch
gewinnt es Wahrscheinlichkeit, wenn man ihre Charak-
tereigenschaften betrachtet. In ihren Adern strömte
das französische Blut sicherlich unvermischter als in
denen ihres Mannes, vielleicht sogar ganz rein. Der
Sohn jedenfalls will sie so sehen: »Meine Mutter andrerseits war ein Kind der südlichen Cevennen, eine
schlanke, zierliche Frau von schwarzem Haar, mit Augen wie Kohlen, energisch, selbstsuchtslos und ganz
Charakter, aber . . . von so großer Leidenschaftlichkeit,
daß mein Vater halb ernst-, halb scherzhaft von ihr zu
sagen liebte: ›Wäre sie im Lande geblieben, so tobten
die Cevennenkriege noch‹«[141] Die mütterlichen Vorfahren stammten in der Tat aus dem Kernland posthu-
genottischer Widerstandsnester, aus dem Herdgebiet
fanatischer Unbeugsamkeit. Der »Cevennenkrieg«
flackerte mit zunehmender Heftigkeit nach 1685 auf
und wütete als vollgültiger Krieg zwischen den sogenannten Camisarden und regulären Truppen von 1702
bis 1705, doch in Form von Partisanenkämpfen noch
bis 1710 oder länger. Dies sei hier vorweggenommen,
weil Fontanes Einstellung zum Heer- und Waffenwe-
sen nicht unerörtert bleiben kann. Den Cevennenkrie-
gen waren die Hugenottenkriege vorausgegangen, wie
noch dargestellt werden soll.

Anhand der Porträtsilhouetten, die sich u. a. auch bei
Reuter abgebildet finden, aber ebenfalls anhand ande-

rer Porträts, kann man aufgrund der Kretschmerschen Typenlehre (»Körperbau und Charakter«) sagen, daß Fontanes Vater alles in allem ein pyknisch-Zyklothymer, Emilie Labry hingegen eine leptosom-Schizothyme war; dieser Schluß scheint mir verläßlicher als Mutmaßungen über entlegene und durch fremde Blutzufuhr überdies auch gar abgewandelte Stammeszugehörigkeiten: individuelle Gegensätze waren da zusammengekommen, die anfangs einander angezogen haben, auf lange Sicht jedoch unvereinbar gewesen sind.

Das gespannte Verhältnis, das in dieser gegensätzlichen Typenzugehörigkeit des Vaters und der Mutter angelegt war – zweipolig sozusagen auf zwei Personen verteilt –, hat sich in eine Person, in diesen Sohn, hineingeerbt. In ihm nun war das Feld gespannt, auf dem sich die so gegensätzlichen Impulse oszillierend entluden und wieder aufluden. Die Patentlösung des Charakterrätsels soll damit nicht geboten und wird auch anders kaum je zu bieten sein. Man muß es diesbezüglich bei Vermutungen bewenden lassen, doch brauchen diese nicht bloß ihrer Pauschalität wegen schon fehl zu gehen, sondern können auf Richtiges abzielen oder gar ins Schwarze treffen. Goethes sehr komplizierte innere Gestimmtheit war ebenfalls in den elterlichen Charakteren vorbereitet. Er wußte es. Nur daß die Rollen der elterlichen Gegenspieler in seinem Falle umgepolt waren: »Vom Mütterchen die Frohnatur . . .«. Fontanes »Lust zu Fabulieren« stammte, wie gesagt, unverkennbar vom Vater. Insofern meine ich, einigermaßen Verständiges und Verständliches in dieser Frage mitzuteilen. Aber was war vom mütterlichen Erbe in ihm? Doch nicht etwa nichts. Wir werden es noch zu sagen versuchen.

Fontane hat noch als 60jähriger unter seiner Erfolglosigkeit, man darf schon sagen, gelitten: »Die wenigsten wissen, daß ich diese Sachen«, die Gedichte von den alten Preußen Derffling, Dessauer und Zieten, die bereits in jeder Anthologie standen, »geschrieben habe. Dies Schicksal begleitet mich nun durch dreißig Jahre. Die Sachen von der Marlitt, von Max Ring, von Brachvogel, Personen, die ich gar nicht als Schriftsteller gelten lasse, erleben nicht nur zahlreiche Auflagen, sondern werden auch womöglich ins Vorder- und Hinterindische übersetzt; um mich kümmert sich keine Katze. Es ist so stark, daß es zuletzt wieder ins Lächerliche umschlägt. Und das rettet mich, sonst würd' ich leberkrank ...«[142] Er ist es nicht geworden. Organischer Natur waren seine vielen Indispositionen nicht. Sein stolzes doppeltes Bewußtsein, der Fontane und ein Fontane zu sein, hat ihn bewahrt. Das Fontanesche! Die Vorstellung eines erblichen Familiencharakters, eines verpflichtenden Familienstils spielte für ihn keine geringe Rolle, »das Schmidtsche« zum Beispiel an der Corinna in »Frau Jenny Treibel«, das für jenes Fontanesche steht.

Mantelträger, Mitläufer war er nicht. Die Konzessionen, die er aus pekuniären Gründen in Arbeiten wie »Grete Minde« an den Publikumsgeschmack gemacht hat, haben es nicht vermocht, ihn die bequemen Pfade des Modeschriftstellers wandeln zu lassen. In einem Brief von 1858 aus England steht es bereits: »Ich bin weder Kreuzzeitungs-Mensch ...«, in deren Redaktion er dennoch 1860, ebenfalls aus materiellen Rücksichten, hat eintreten müssen, »noch ein Manteufflianer, noch ein besonderer Anhänger des neuen Ministeriums von Bethmann-Hollweg bis Patow, ich bin ganz einfach Fontane.«[143]

Ein Satz wie ein Fanfarenstoß! Der Aufstieg zum Parnaß, von da an ist er recht eigentlich zu datieren. Mit

den »Wanderungen durch die Mark«, der ersten Auf-
stiegsleistung, wurde 1859 begonnen.

Charakterologie der Hugenotten

Unumgänglich ist ein Blick auf das Hugenottenwe-
sen zu werfen. Denn wenn wir bisher meist von
›Franzosen‹ und ›Französisch‹ haben sprechen können,
so dürfen wir so allgemein länger nicht bleiben; an-
dernfalls wäre jeder Versuch, Fontane in Umrissen zu
erfassen, zu erkennen, zu deuten, zu Fruchtlosigkeit
verurteilt. Die Hugenotten verdanken ihr Entstehen
einem schicksalschweren innerfranzösischen Selek-
tionsprozeß. ›Hugenotte‹ war zunächst ein Spottna-
me, den die katholische Partei, die liguistische oder gui-
sische, ihren reformierten Gegnern im eigenen Land
als Brandmarke zugedacht hat; hinsichtlich der unge-
wissen Ableitung ähnlich dem der Geusen in den Nie-
derlanden (angeblich von ›gueux‹ = Bettler). Aber wie
der Name dieser Bettler durch die ihnen günstige Wendung der Dinge in ihrer Heimat zum Ehrennamen wurde, so der der Hugenotten in ihren Zufluchtsländern,
vor allem auch in der Mark Brandenburg und in Preu-
ßisch-Berlin.
Schon Franz I. hatte die Lutheraner (luthériens) ver-
folgen lassen, die indessen keineswegs etwa »fernge-
steuerte« Parteigänger des deutschen Reformators,
sondern Anhänger einer seit 1512 selbständigen Bewegung in Frankreich waren. Diese wandte sich
1534, nach der Hedschra ihres Propheten sozusagen,
des Picarden Jean Calvin, nach Basel, immer entschie-

dener dessen Lehre zu, während er, Calvin, auch nach der Flucht, seinen König noch zu bekehren nicht aufgab – vergebens freilich. Später rückte dann Genf, die endgültige Stätte seines Wirkens, Republik seit 1536, zum »Rom des reformierten Protestantismus« auf.

Es heißt, anfangs habe ein Sechstel aller Franzosen der Reformation angehangen, trotz des Ketzertodes auf dem Scheiterhaufen, der alle bedrohte und den unzählige erleiden mußten; ein Sechstel, das mögen an die drei bis vier Millionen Menschen gewesen sein. Zwar wechselten Duldungsedikte, die nicht eingehalten wurden, mit Massakern, die nicht abschreckten. Zwar wurden – so stark waren die Verfolgten und ihre Kraftreserven denn doch – zwischen 1562 und 1593 nicht weniger als acht sogenannte Hugenottenkriege mit wechselndem Glück geführt. Aber mehr als die politische und religiöse Anerkennung, die seit 1598 das Edikt von Nantes zu gewähren verhieß, konnte nicht erstritten werden. Die Verfolgten konnten allerdings einen Freistaat im Staate bilden. Aber den neunten (1621/22) und den zehnten Hugenottenkrieg, der die aufs neue verfolgte Partei ihre politischen Privilegien kostete (1625/29), hat das gutgemeinte Edikt des guten Henri Quatre so wenig hindern können wie die stete Zunahme der Drangsalierungen.

Henri IV. war selbst Hugenotte gewesen, aber um der Königskrone willen katholisch geworden, in der Hoffnung, nur so dem Starrsinn der Liga beizukommen und sein zerrüttetes Frankreich befrieden zu können. Er wurde 1610 von einem katholischen Fanatiker ermordet. 1628 fiel La Rochelle, die stärkste Festungsfreistatt der Reformierten. Es entfiel daraufhin der politische Sonderstatus sowie das Recht auf Bekleidung von Staatsämtern und auf Würden, was beides in Nantes einst gewährleistet worden war. 1643 folgte Ludwig XIII., einem Calvinistenfeind, Ludwig XIV., vorerst noch unmündig, ab 1661 selbstständig regierend. Als Schlußakt des heroischen Kräftemessens widerrief im Oktober 1685 Ludwig XIV. das Edikt seines Großvaters, nachdem das infame Mittel der Truppen-, insbesondere der Dragonereinquartierung in hugenottischen Städten und Schlössern zum Zweck der gewaltsamen Molestierung und Verschimpfierung der unfreiwilligen Quartierwirte – mit dem Ziel der Konversion – längst schon in Anwendung gewesen war, die Dragonaden!

Louvois, so steht es in Voltaires »Die Zeiten Ludwigs des Vierzehnten« (zitiert nach der Berliner Übersetzung von 1752), der »Holland unter das Wasser versenken wollte, und der nachher die Pfalz in Asche legte«, dieser Feldherr des Sonnenkönigs schrieb 1685: »Seine Majestät will, daß man denjenigen, die sich nicht zu Ihrer Religion bequemen wollen, die äußerste Strenge empfinden lasse; und daß die, welche den thörigten Ruhm haben wollen, die letzten zu seyn, mit der schärfsten Marter belegt werden sollen.« Schon hatte man begonnen, die Gotteshäuser der Reformierten niederzureißen. Der greise Kanzler Le Tellier unterzeichnete das Revokationsedikt von Fontainebleau mit Genugtuung: »Nun magst du deinen Diener entlassen, o Herr, denn meine Augen durften dein Heil noch sehen!« Und Voltaire fügt hinzu: »Er wußte nicht, daß er eins der größten Unglücke für Frankreich unterschrieb.«

Nicht die Laienschaft der Hugenotten, nur ihre Geistlichkeit wurde binnen Tagen des Landes verwiesen und die Grenzen militärisch abgeriegelt. Wer dennoch mit den Seelenhirten zu fliehen unternahm, riskierte Galeere oder Kerker. Die Zahl der Unbeugsamen, die dessenungeachtet dem Land ihrer streitbaren Väter mit Sack und Pack, mit Weib und Kind den Rücken kehrten, schätzt Voltaire auf 500 000 Häupter. Zwischendurch hoffte die beirrte Regierung, den Aderlaß, den sie dem eigenen Land zugefügt hatte, zu stillen, indem sie die Grenzen öffnete, was psychologisch seine Richtigkeit hatte. Doch schlug nichts mehr an. Man mußte sich mit den Zwangs- und Scheinbekehrungen der Verbleibenden begnügen. Die Unbeugsamen retteten sich ins geistesverwandte Geusenland, wandten sich nach England, nach Amerika, gingen in die Schweiz, wo in Genf bereits etliche von ihnen saßen, hatten auch im Elsaß schon Zuflucht gefunden, das erst noch unter das Szepter des Sonnenkönigs gebracht werden sollte. Sie suchten und fanden im Deutschen Reich neue Wohnstätten und wurden von besonderer Bedeutung für das spätere Preußen, wo die ersten wohl schon gegen Ende der 60er Jahre eingetroffen sein müssen. 1670 ließ sich eine Gruppe auf Veranlassung eines Herrn v. Schwerin in Alt-Landsberg nieder, die aber, weil sie dort auf Widerborstigkeiten gestoßen war, 1672 nach Berlin übersiedelte. Von da an datiert die Berliner »Kolonie«, die nunmehr schon über 300 Jahre ortsansässig ist. Keine drei Wochen aber vergingen seit der Aufhebung des Edikts von Nantes im Oktober 1685, und der Große Kurfürst antwortete mit dem Edikt von Potsdam, das die Heimatlosen ins Brandenburgische als neue Heimat lud. Bis 1700 ließen sich aufgrund des Potsdamer Edikts etwa 10 000 Hugenotten in den kurfürstlichen Landen nieder. Es wurden 20 000, davon 5327 in Berlin (20 % der Berliner Bevölkerung jener Zeit), darunter waren auch die Ahnen Fontanes. Der Zuzug war aber damit nicht abgeschlossen und bekam endlich durch die Französische Revolution neuen Auftrieb. Dieser beförderte Chamissos Familie in die preußische Residenz.

Es versteht sich nun aber – um uns auf Betrachtung des
Hugenottischen zu beschränken –, daß in einer Menschen um sich sammelnden Persönlichkeit etwas stek-
ken muß, das im Wesen der Anhänger schon vorhanden ist, nur wachgerufen, aufgerufen wird und Richtung und Ziel bekommt. Calvin ist unter den Reforma-
toren der schärfste Denker und der Systematiker. Mu-
sische Gaben, Aufbrausen und genialische Mißgriffe
waren Luthers Sache, der vorwiegend den zyklischen
Temperamenten zuzuzählen wäre. Clarté und sobriété
waren, echt französisch, Sache Calvins, durchdachte
Verständlichkeit und sachdienliche Nüchternheit.
Dem leiblichen Habitus nach gehört Calvin ausgeprägt
zu den Leptosomen. Dem entspricht er auch an Geist
und Seele geradezu exemplarisch. In »Körperbau und
Charakter« schreibt Kretschmer über geniale Schizo-
thyme allgemein, was sich wie auf Calvin gemünzt liest:
»Ihre Erfolge beruhen hauptsächlich auf folgenden
Seiten der schizothymen Charakterologie: ihrer Zähigkeit und systematischen Konsequenz, ihrer Bedürfnislosigkeit, spartanischen Strenge und stoischen Wi-
derstandskraft gegen Strapazen, ihrer Kälte gegen das
menschliche Einzelschicksal einerseits, andrerseits ihrem verfeinerten ethischen Empfinden und unbestech-
lichen Gerechtigkeitsfanatismus . . .«
Die Hugenotten, dieser Eigenschaften in individuellen
Dosierungen teilhaftig, stellten insgesamt eine Elite
solchermaßen bestimmter Ausrichtung dar – eine Auslese nach psychotypischen Gesichtspunkten in diesem
Falle –, ehrenwert als unbeugsame Emigranten, be-
wunderungswürdig als im Lande verbleibende Glau-
bensstreiter, als Camisarden. Ihr hiesiges Erscheinen,
ihre Betätigungen und ihr allmähliches Verschmelzen –
aber die Berliner »Kolonie« gibt es heute noch! – mit
der angesessenen Bevölkerung wirkte sich als ein bele-

bender Segen aus: Märker + Hugenotten = Preußen, so ließe sich eine Rechnung sehr wohl aufmachen. Preußen wurde erst durch sie!

Möglich, aber müßig anzunehmen, das bittere Scheidewasser dieses langen und langwierigen Glaubenskrieges habe in Frankreich insbesondere Germanisches von Keltoromanischem gesondert. Mag diesbezügliches auch mit eine Rolle gespielt haben, so spricht unter anderem schon die hohe Zahl der Hugenotten gerade im weniger germanisch besiedelten Süden Frankreichs dagegen. Sicher ist aber, daß die Hugenotten durchweg eine tiefe wesensmäßige Affinität zum Wesen ihres Landsmannes Calvin und seiner Lehre gehabt und bewiesen haben. Ihre Überzeugungstreue und Festigkeit ist nicht anders erklärbar. Es ist also sicher, daß sie jenen bestimmten, sehr tüchtigen Charakter- oder Seelentypus dargestellt haben, den Frankreich, indem es diesen massenhaften Exodus veranlaßte, somit meist unwiderruflich einbüßte; daß sich mithin das prozentuale Verhältnis der Charakteranlagen im französischen Volk verändert haben muß.

Voltaire, der Aufklärer, der davon nichts wissen konnte und vielleicht auch nichts wissen wollte, beklagt fast nur die immensen materiellen Einbußen, den Verlust sehr großer Vermögen, die mit den Flüchtlingen nach Verkauf ihrer liegenden Güter abflossen: »Sie trugen ihre Künste, ihre Reichtümer und ihre Manufacturen zu den Fremden. Fast der ganze nördliche Teil in Deutschland, ein Land, was annoch rauh und von der Arbeitssamkeit« – soll heißen Industrie – »entblößet ist, bekam durch diese auswandernden Haufen ein ganz neues Ansehen. Sie bevölkerten ganze Städte. Die seidenen Zeuge, die Treßen, die Hüte, die Strümpfe, die man ehedem in Frankreich kaufen mußte, wurden nunmehro von ihnen verfertigt.«

Nur einmal berührt Voltaire den Verlust einer bestimmten Begabtengruppe: »Holland erhielt dabei unvergleichliche Offiziere und Soldaten. Der Prinz von Oranien hatte ganze Regimenter, die aus verjagten Hugenotten bestanden. Einige von ihnen gingen bis an das Vorgebirge der guten Hoffnung, sich daselbst niederzulassen. Der Neffe des berühmten Duquene, der Generallieutenant bey dem Seewesen war, errichtete in diesen äußersten Teilen der Erde eine Kolonie ...«

Hier hätte Voltaire hinzufügen können, daß sein ihm befreundeter Monarch in Sanssouci von drei Réfugiés erzogen worden war: Madame de Roucours, Duhan de Jaudun und Jordan, daß einer der intimsten Freunde dieses Königs ein gewisser Guichard war, den wir als Oberst Quintus Icilius kennen, daß in Friedrichs Armee nicht weniger als neun hugenottische Generäle wirkten, unter ihnen Forcade, de la Chevallerie und de la Motte Fouqué, der Großvater des Dichters, und daß sich unter Friedrichs Herrschaft die Berliner Akademie überwiegend aus Hugenotten, aber auch aus eingeladenen Franzosen zusammensetzte. Um 1700 schon stellten die Hugenotten ein Drittel der Akademiemitglieder. Voltaire schweigt sich darüber aus, wer weiß aus welchem Grund, denn gerade die preußischen Verhältnisse kannte er gut genug.

Doch André Gide ergänzt ihn, wenn er an den General Karl A. M. Hoffmann im Großen Generalstab des Ersten Weltkrieges erinnert: »Er war der wirkliche Sieger von Tannenberg ... Seine Mutter stammte aus der Familie de Buisson. Wie er und wie der große Moltke hatten fast alle Chefs der deutschen Armee – in den letzten hundert Jahren – irgendwelche hugenottischen Vorfahren.« Und dazu unsererseits ein paar große preußische Namen, in deren Adern eine Mischung von Hugenottenblut floß: Winterfeldt, Marwitz, Manteuffel,

Puttkammer, Finckenstein, Dohna, Schlieben, Falken-
hausen, Fritsch, v.d.Goltz, Malzahn, Massow, Gers-
dorff, auch Choltitz noblen Gedenkens, der, als Stadt-
kommandant von Paris, Hitlers Befehl, die ihm unterstellte Stadt anzuzünden, nicht Folge leistete.

Die hugenottischen Töchter, adelig oder nicht, gingen,
wenn sie unbemittelt waren, als Erzieherinnen auf die
Rittergüter; so hat es auch Fontanes Tochter Mete
noch getan. Das Berliner Französische Gymnasium,
eine Gründung der Kolonisten von 1689 – es besteht
noch – wurde von den Söhnen des märkischen Adels
besucht, was noch bis in dieses Jahrhundert hinein so
gehalten worden ist. Nicht nur die Erzieher Friedrichs
des Großen, »alle Erzieher der Prinzen waren Hugenotten, insbesondere der preußischen Kronprinzen«.
Einer dieser Prinzenausbilder war, wie wir sahen, Fontanes Großvater. Kurzum, unsere Feststellung, daß
Preußen zum Begriff erst unter dem Einfluß der Hugenotten geworden ist, ist wohl begründet, zumal auch
wenn man dazu die vielen gewerblichen Aktivitäten
der bürgerlichen Immigranten ins Auge faßt. Unter
den nach Berlin Eingewanderten befanden sich zum
Beispiel allein 60 Ärzte, aber auch 400 Textilspezia-
listen, die Labrys unter ihnen. »Hat man sich jemals«,
seufzt Gide, ohne sentimental zu sein, »eine wirkliche
Vorstellung von diesen ausgewanderten Familien gemacht, von jenem Geschenk, das Frankreich dem Aus-
land durch den Widerruf des Edikts von Nantes gemacht hat?«

Was sie an psychischen Eigenschaften mitgebracht hatten, war positiv: Unbeugsamkeit, Tapferkeit, Kampf-
bereitschaft, Opferfreudigkeit, Ernst, Fleiß, Mäßigung,
Fähigkeit zur Abstraktion, Ironie, Esprit und dazu
praktisch, kraft des innereuropäischen Kulturgefälles
von West nach Ost, das, was man heute »Welt« nennt.

Was sie somit als Boten einer höheren Zivilisations-
stufe einführten, waren besser entwickelte Qualitäts-
begriffe, feinerer Geschmack, neuartige Sachkenntnis-
se, merkantile und auch schon aufklärerische Ideen.
Als Zugehörigen zum schizothymen Formenkreis müssen ihnen – theoretisch – aber auch die folgenden ambivalenten negativen Merkmale eigen gewesen sein:
Denkenge, Schwarz-Weiß-Denken, Denkstarrheit,
Pedanterie, musenferne Nüchternheit, Humorlosig-
keit, unelastische Organisationssystematik, Kontakt-
schwäche, Knauserigkeit, spartanisch-asketische Kom-
ponenten.

Fontane schildert die Kolonisten so: »Die Réfugiés waren Muster von Loyalität, ohne je servil zu werden, und
gaben ein gutes Beispiel nach mehr als einer Seite
hin ... Alles, was damals aus Frankreich kam, waren
keine parisischen, sondern puritanische Leute, steif,
ernsthaft, ehrpußlich, was sie vielfach bis auf diesen
Tag geblieben sind ...«[144] Ganz offenkundig paßte
Fontanes Vater nur sehr bedingt oder gar nicht in diesen Formenkreis, ganz aber entsprach dem seine Mutter, vom eitlen Spiel mit angeblich hochherrschaftlicher
Verwandtschaft einmal abgesehen; niemand ist aus einem Guß: »...sie war jederzeit gütig und hilfsbereit.
Erst in meinen alten Tagen ist mir der Sinn für ihre Superiorität aufgegangen. Als sie selber noch jung war,
erschien mir vieles in ihrer Haltung, besonders meinem
Vater gegenüber, zu hart und zu herbe, später indes
habe ich eingesehen gelernt, wie richtig alles war, was
sie tat, vor allem auch, was sie nicht tat, und beklage
jetzt jeden gegen sie gehegten Zweifel. Sie war dem
ganzen Rest der Familie, der damaligen wie der jetzigen, weit überlegen, nicht an sogenannten Gaben, aber
an Charakter, auf den immer alles ankommt. Ihre ganz
südfranzösische Heftigkeit, die mitunter geradezu

ängstliche Formen annahm, war vielleicht nicht immer zu billigen, aber doch schließlich nichts anderes als eine beneidenswerte Kraft, sich über Pflichtverletzung und unsinnige Lebensführung tief empören zu können.«[145] Sie also war ihren Gaben nach recht eigentlich calvinistisch, und das »Genfertum«, das sie für vornehmer hielt als andere Kulte, lag ihr wesentlich am Herzen, ohne daß sie deswegen als eine eifrige Religiöse zu betrachten gewesen wäre.

Sieht man von den Anfangsschwierigkeiten ab, an denen das sture Brandenburger Landvolk die Hauptschuld trug, so waren doch in dessen Grundcharakter gute Voraussetzungen für die fruchtbare Symbiose vorgegeben, die dann zustande kam. Denn auch die Märker waren ihrerseits schon von altersher eine Auslese bestimmten Sinnes, als freiheitsdurstige Kolonisten nämlich, in deren ersten Reihen zudem aus triftigen Gründen einst Häretiker meist waldensischer Observanz mit ins heidnische Niemandsland eingerückt waren, und hatten vorher schon die heidnischen Autochthonen – Slawen und Germanen vereint – einen weißen Flecken der Intransigenz, aber auch der wechselseitigen Toleranz in Bekenntnisfragen auf der römisch-katholischen Landkarte Europas noch aufrechterhalten, als alle Welt ringsum längst christlich war, ein Zustand, der bei Eintreffen der Hugenotten erst ein halbes Jahrtausend zurücklag. Das bedeutet in Fragen einer kollektiven Erbbiologie aber keine besonders lange Zeit. Der waldensische Zuzug ist nachweisbar, sein Umfang jedoch nicht mehr zu ermessen, der waldensische Charaktertypus steht aber dem hugenottischen sehr nahe. Waldensische und hugenottische Gemeinden stehen heute überall in bestem Einvernehmen. Ehe noch die ersten Réfugiés eintrafen, waren unter der Regierung des Großen Kurfürsten nieder-

ländischer Zuzug und Einfluß beträchtlich geworden.
Geusischer Einfluß. Auch von daher also Kongenialität
im Märkischen. Diese Hinweise entkräften den Einwand, der hugenottische Grundcharakter müsse, zum
Beispiel im Falle Fontanes, durch wiederholte märkische Blutzufuhr an Substanz verloren haben. Dies
könnte, aber muß nicht sein. Das Gegenteil, eine Po-
tenzierung der beiderseitigen Erbeigenschaften ist im
Bereich des Möglichen und liegt hier wahrscheinlich
vor.

Die Kriegsbücher

Nach alledem bedürfen Fontanes militärschriftstel-
lerisches Interesse und Talent, die im allgemeinen
unterschätzt werden, weiter keiner herleitenden Erklärung. Die Hugenotten waren aus dem Lande der damals besten und glänzendsten Armee Europas gekommen – 125 Jahre zuvor. Mit diesem kriegstüchti-
gen und hochfahrenden Heer des Allerchristlichsten
Königs und seiner Vorgänger hatten ihre Väter und
Vorväter über nahezu zwei Jahrhunderte hin die Klingen gekreuzt, und wie oft war der Erfolg dabei auf ihrer
Seite gewesen! Kein Zweifel, nicht das allgemein Kriegerische, das in aller Welt, wo immer es Männer gibt, in
vielerlei Gestalt zu finden ist, wohl aber das militärisch
Geschliffene ist hier nicht anders als eine gestählte Hu-
genottenmitgift zu verstehen. Paradox genug, wenn gerade in französischer Sicht Preußen je länger desto häu-
figer des Militarismus und der Aggressivität bezichtigt
worden ist. Diese Vorwürfe hätte man sich ersparen
können.

Da sind nicht bloß die bereits erwähnten einschlägigen Dokumentationsarbeiten, »Der Schleswig-Holsteinsche Krieg im Jahre 1864«, 374 Seiten stark, erschienen 1866, »Der deutsche Krieg von 1866«, 1100 Seiten in zwei großformatigen Bänden, erschienen 1869/70; dazu ein Bändchen Reisebriefe, die erst jetzt vor ein paar Jahren wiederaufgefunden worden sind, Reisebriefe auch schon aus Dänemark, sodann – es war, als werde immer gerade eine neue Seite der martialischen Historie aufgeschlagen, sobald der emsige Berichterstatter Fontane mit der Darstellung eines Krieges glücklich fertig geworden war – »Der Krieg gegen Frankreich 1870/71«, in der Erstausgabe vier Halbbände in Lexikonformat 2666 Seiten stark, erschienen von 1873 bis 1876. Diese insgesamt 4140 Seiten Kriegsgeschichte fordern den Hinweis heraus, daß das Romanwerk, auf dem Fontanes Publicity beruht, ohne die Fragmente, 3130 normale Buchseiten umfaßt. Ein 4000-Seiten-Riesenœuvre mit all den Mühen der Unterlagenbeschaffung ist freilich durch Fleiß zu erklären, wie die Auftragsarbeit ihn erforderte, wie solcher aber auch zur hugenottischen Charakterologie gehört. Dieser Fleiß jedoch erklärt sich darüber hinaus aus dem lebhaften altüberkommenen Interesse, aus dem hugenottischen Interesse an Heeresangelegenheiten, an Schlachten und Waffengängen. Fontanes Darstellung zeichnet sich dabei – und das macht die Lektüre kostbar – durchweg durch kühle Distanziertheit aus, nichts von Gehässigkeit, von schnödem Triumph, von Hurrapatriotismus und Klamauk. Hat der Hugenotte da unter der Hand die Franzosen geschont? Keineswegs. Auch den Dänen, auch den Österreichern versagt er die gebührende Achtung nicht. Weder den Truppen noch den Feldherren. Aber für Übelnehmer brauchte er nicht zu sorgen. Auch an seinen Erlebnisberichten »Kriegsgefangen. Erlebtes 1870« und »Aus den Tagen der Okkupation« – beide Bände in bravouröser Eile zwischendurch noch geschrieben und 1871 veröffentlicht – tadelte man, daß er die Franzosen habe zu gut wegkommen lassen. Welch ein Mißverständnis! Wußte man denn nicht, daß ein freundlicher Mensch ohne Vorurteile wie er nahezu wie von selbst Freundlichkeit und Vorurteilslosigkeit anzieht, hingegen ein Verdrießlicher Verdrießliches, ein »Unfäller« – der Typ ist ja medizinisch-forensisch inzwischen bekannt – Unfälle, ein Krachscheit Kräche. »Kriegsgefangen« wurde 1892 ins Französische übersetzt und fand Beachtung, weil es nicht »boche« ist.

Auf dieses Buch hin schrieb aber Fontanes ältester Sohn, der – bezeichnenderweise – aktiver Offizier war: »Ich muß Dir, lieber Vater, und auch im Namen aller unserer Herren«, der Offiziere des Regiments, bei dem Fontane fils stand, »einen kleinen Vorwurf machen, weil Du die Franzosen in Deinen Schicksalen zu sehr herausstreichst.« Was mögen da erst die patriotisch entglommenen Herren räsoniert haben!

Mit zwei Teilnehmerabzeichen des dänischen Feldzuges war Fontane heimgekehrt. Seine militärschriftstellerische Leistung harrt bis heute noch der ihr gemäßen Anerkennung durch das lesende Publikum; wobei nicht unterschlagen werden darf, daß er in einem General der Infanterie v. Zychlinski, einen fachmännischen Berater und Beistand gehabt hat. Hans-Heinrich Reuter, der auf die Bedeutung dieser Schwerarbeiten als »Stoffreservoir« für das Romanwerk hinweist, jedoch an der Kost gerade dieser Fontaneschen Leistungen merklich mit langen Zähnen kaut, meint, »im Falle seiner eigenen, nichts weniger als ›humoristischen‹ Kriegsberichte verbanden sich historisches Verständnis, Beobachtungsgabe und Kritik mit dem von früh auf

genährten militärischen Sinn des ehemaligen Berliner
Gardegrenadiers.« Mit erbbiologischen Argumenten
weiß Reuter nichts anzufangen, die interessieren ihn
nicht, er sieht sie nicht, und so mag ein jeder seine eigenen Betrachtungen darüber anstellen, wieviel »militä-
rischer Sinn« jemandem während des kaum einjährigen Dienstes »von früh auf« eingetrichtert worden sein
kann, der es mit Ach und Krach bis zum Unteroffizier
gebracht hat.

Welch ein Unteroffizier aber auch! Einmal hatte er bei
einer Felddienstübung eine Patrouille anzuführen, tat
dies aber mit soviel Ungeschick, daß der Kummer ge-
wohnte Kompaniechef danach bei der Manöverkritik
einen Rüffel einstecken mußte. Wer wird aber auch
gleich erwarten, daß der wache Sinn für die hohe, oft
genug heroische Dramatik von Kriegsgeschehen und
Schlachtenglück einen wackeren kleinen Marschierer
zur ersten Voraussetzung hat!

Resümee des ergrimmten Autors: »Zwölf Jahre habe
ich an diesen Kriegsbüchern Tag und Nacht gearbeitet.
Sie feiern nicht in großen, aber in empfundenen Worten unser Volk, unser Heer, unsern König und Kaiser.
Ich bereiste 1864 das gegen uns fanatisierte Dänemark,
war 1866 in dem von Banden und Cholera überzoge-
nen Böhmen und entging in Frankreich nur wie durch
ein Wunder dem Tode. Unabgeschreckt, weil meine
Arbeit das Wagnis erheischte, kehrte ich an die be-
drohlichen Punkte zurück. Dann begann meine Arbeit.
Da steht sie, wenn auch nichts weiter als das Produkt
großen Fleißes, ihrem Gegenstande nach aber das einzige repräsentierend, demgegenüber man eine Art
Recht hat, das Interesse des Kaisers, als des persönlichen Mittelpunkts, des Helden dieser großen Epopöe
(ich spreche nur vom Stoff), zu erwarten. Und ebendie-
ser Held und Kaiser, gefragt, ›ob er einen Grund habe,

dem Verfasser dieses umfangreichen Werkes wohlzu-
wollen oder gnädig zu sein‹, verneint diese Frage.«[146]
Und wenn diese Kriegsbücher – »Kriegsgefangen«
ausgenommen – Auftragsarbeiten waren und als solche
als nicht-bezeichnend für die Seelenlage ihres Verfas-
sers abgetan werden könnten, so sind dem doch die
»Vaterländischen Reiterbilder aus drei Jahrhunder-
ten«, siebzehn an der Zahl auf mehr als 100 Druckssei-
ten, und die »Märkischen Kriegsobersten während des
Dreißigjährigen Krieges« als freiwillige Leistungen
nachdrücklich entgegenzuhalten: »Mark Brandenburg
war es, die damals, weit über das Kontingent anderer
deutschen Stämme, die größte Zahl berühmt geworde-
ner Kriegsobersten ins Feld stellte.«[147] Er nennt sie
»nicht Feldherrn, sondern recht eigentlich Kriegsleute,
tapfere Metiersoldaten . . . energische Materialgestalten . . .«
Mit anderen Worten: das kriegerische Wesen war in
der Mark schon vor den Hugenotten da, gewiß. Die
Siege vor Warschau und bei Fehrbellin sind noch ohne
Hugenotten erfochten worden. Aber das hugenottische
Spezifikum, das unter dem militärisch Geschliffenen
gemeint war, kam naturgemäß erst in der friderizianischen Ära zu voller Auswirkung. Er nennt ein Dutzend
dieser »Materialgestalten«, weist aber in einer Fußnote
darauf hin, daß »ihre Zahl in Wahrheit viel größer«
war.[148] »Im übrigen leiste ich«, versichert er mit schö-
nem Sinn für Überparteilichkeit, »auf eine Einteilung
nach ›schwedisch‹ oder ›kaiserlich‹ wie auf jede andere
Verzicht und gebe die Gestalten in bunter Reihenfolge.«[149] Das ist etwas echt Soldatisches, dem das Blanke
abginge, wo immer es sich einem unsoldatischen, einem
außersoldatischen Ziel verschriebe. Auch etwas echt
Fontanesches!
Militaria, so die Schlachtbeschreibungen von Groß-

Beeren und von Fehrbellin, Regimentsgeschichten,
einschlägige biographische Skizzen und anderes dieser
Art finden sich in den »Wanderungen« in großer Zahl.
Und wer könnte in Anbetracht all dessen noch darüber
Zweifel hegen, aus welchem poetischen Quellengrund
die vielen patriotischen Balladen und Gedichte hervor-
gegangen sind? Auch dann noch, wenn er weiß, daß der
voll ausgereifte Fontane sich in gewisser Weise von den
Erzeugungen seiner mittleren Reife, wenn ich das so
ausdrücken darf, distanziert hat? 1889 schreibt er an
Liliencron: »... Man bleibt im Bann seiner Art und
Persönlichkeit, kann aber kritisch doch darüber stehen
und hinter sein Eigenstes und in manchen Stücken Bestes doch ein ernstes Fragezeichen machen ... Zahllo-
ses in meinen Sachen habe ich um einer gewissen For-
cheté des Ausdrucks willen schließlich wieder fallen
lassen und beklage es nicht ...«[150]

Reisen und Schreiben

Fontanes Eltern waren beide Berliner oder, vorsichtiger gesagt, »Franzosen aus Berlin«. Und da sie
sich erst Anfang 1819 als Jungvermählte in Neuruppin
niedergelassen hatten und infolgedessen ihr erstes
Kind dort zur Welt kam, so kann sich die kleine, äußerlich so nüchterne Stadt, die immerhin aber einen
Schinkel, den tüchtigen Orientmaler Gentz und die
noch tüchtigeren Bilderbogen-Fabrikanten tatsächlich
aus Eigenem hervorgebracht hat, auch mit Fontane
noch brüsten, mit diesem »Franzosen aus Neuruppin«
also, der aber nur sechs Kinderjahre und ein Gymna-
sialjahr dort verbracht hat.

Die geographische Mitte seines Lebens konnte Neuruppin nicht sein, sondern war von 1833 an Berlin. Selbstverständlich. Mit Unterbrechungen infolge auswärtiger Tätigkeiten: während seiner Lehrzeit als Apotheker, während seiner Korrespondentenzeit in London, 1852 für ein paar Monate und von 1855 bis 1859, während seiner Studienreisen als Kriegsschriftsteller, dabei jener unfreiwillige Aufenthalt als Kriegsgefangener in Frankreich, welcher Übelstand ihn aber nur ein paar Monate gekostet hat. Desto schöner ist der literarische Ertrag; der Kommandant der Insel d'Oléron hatte dies vorausgesagt: »Enfin ... ich sehe die Tage heraufziehen, wo Sie die Gefangenschaft auf der Isle d'Oléron segnen werden; Sie werden einen guten Stoff gewinnen und Ihr zukünftiger Biograph einen noch besseren.«[151]

Der Liebenswürdige war auf einen Liebenswürdigen gestoßen, und der Autobiograph hat jeden Biographen von vornherein aus dem Felde geschlagen. Mir geht »Kriegsgefangen« in gewissem Sinne über das ganze Romanwerk, wobei ich den »Stechlin« ausgenommen wissen will. Über den geht nichts. Der Biograph aber dürfte an einer bezeichnenden Briefstelle keinesfalls vorübergehen: »Im übrigen wünschen wir aufrichtigst und in Dankbarkeit gegen das, was zurückliegt, daß die nächsten neun Jahre nicht unglücklicher verlaufen mögen als die Epoche von 1863 bis 1872. Es waren, wie die besten, so auch die interessantesten Jahre meines Lebens. Drei Kriege und welche! Alles an den Fenstern vorüber: Dänen, Kroaten, Turkos. Dazu Reisen kreuz und quer, selbst die romantische Gefangenschaft ...«[152] Der Brief wurde im September 1872 geschrieben. Weil er aber auch die politische Klarsicht des Schreibers belegt – das Bismarckreich war noch keine zwei Jahre alt! – sei noch folgendes daraus nachgetragen: »Ich kann es weniger beweisen, als ich es fühle, daß in breiten Volksschichten, berechtigt und unberechtigt, eine tiefe Unzufriedenheit gärt. Das Sozialdemokratentum wächst, reiht sich bereits in die standesgemäßen politischen Parteien ein. Frankreich sinnt Revanche. Der Partikularismus sammelt alle politisch Unzufriedenen um seine Fahne, und die Katholiken – was man auch sagen mag – sind aufs tiefste verstimmt. Und von ihrem Standpunkt aus mit Recht. Zündstoff genug ist da, um die Welt auch ohne Zutat von Petroleum mal wieder in Flammen zu setzen.«[153]

Klarsicht, sehr frühe Hellsicht des Propheten Fontane, den wir schon oben skizziert haben, der aber, wie er war, konziliant und alles andere als streitsüchtig, polemisch oder gar um des Effektes willen aggressiv, solche Gesichte nur Briefen anvertraute, während sie sich im Romanwerk, nur verdeckt und nicht eindeutig als Ansicht des Autors, eher verlieren, denn als Pointen herausgearbeitet finden.

Obiger Brief wurde kurz vor dem Umzug in die Potsdamer Straße 134c geschrieben, in welcher schlichten 4-Zimmer-Wohnung im obersten Stock Fontane 26 Jahre bis ans Ende seiner Tage mit Frau und Tochter gelebt hat; die Söhne waren schon aus dem Haus. Diese allbekannte Seßhaftigkeit der reifen Jahre aber täuscht! Eine bemerkenswerte Unstete hatte Fontane vom Vater geerbt, dessen geheimste Wünsche, wie gesagt, auf Reisen ohne Ziel und endliche Ankunft gerichtet waren. Der Unterschied war nur der: das viele Reisen des Sohnes geschah, sofern es nicht später auch der Gesundheit diente, stets mit der Absicht, mit dichterischem oder schriftstellerischem Ertrag an den Schreibtisch heimzukehren. Die erstaunlich reiche Ernte, uns liegt sie vor! Diese Befähigung, die Unstete des Ortswechsels in die Zweckdienlichkeit von Studien- und Erkundungsfahrten zu verwandeln und in Pflicht zu nehmen, ist das meines Erachtens zu wenig gewürdigte mütterliche Erbteil. Ich berufe mich nochmals auf Kretschmer: »Zähigkeit, systematische Konsequenz, Bedürfnislosigkeit, spartanische Strenge« und so weiter, sie kennzeichnen den Schizothymen und waren geeignet, das ruhelose Fontane-Blut sinnerfüllend zu beruhigen, der vagen gauklerischen Geistigkeit des Vaters im Sohn Substanz zu geben.

Der Ruhelose hat als Lernender auffallend oft den Lehrherren, oft die Apotheke, in Berlin mehrfach das Domizil gewechselt, 1859 und 1863 sogar je zweimal; was man denn doch für symptomatisch zu halten hat. Auch in London hat er verschiedene Adressen gehabt. Ins Bild gehören auch seine nahezu täglichen Spaziergänge. Außer bereits genannten hat er für damalige Begriffe außerordentlich viele Reisen unternommen. Das ist allerdings auch durch die Zeitersparnis zu erklären, die mittels der Eisenbahnen erstmals möglich war. Zugleich zeigt es, daß der Dichter, entgegen gängiger Annahme, und »wenn auch immer durch Geldrücksichten eingeengt«, so schlecht bei Kasse nicht gewesen sein kann oder auf die Dauer nicht geblieben ist wie in seinen Anfangszeiten. Mehrere Reisen wurden gemeinsam mit der Frau, einige auch mit Frau und Tochter gemacht:

1844 nach London
1850 nach Schleswig-Holstein
1852 nach London über Aachen, Brüssel, Antwerpen, Gent, Ostende
1853 nach Krenzlin bei Neuruppin
1854 nach Krenzlin, »Ein Sommer in London« erscheint
1854 nach Letschin im Oderbruch

1855 nach London über Paris. Aufenthalt in England bis Januar 1859. Ergebnis: »Aus England. Studien und Briefe über Londoner Theater, Kunst und Presse« (1860)

1858 nach Schottland: »Jenseits des Tweed«

1859 von London nach Berlin zurück

1859 nach München, Versuch, dort Fuß zu fassen, der fehlschlägt

1864 Kriegsberichterstattung aus Dänemark

1865 Reise an den Rhein und in die Schweiz

1866 Reisen über die Kriegsschauplätze

1867 Reise nach Thüringen

1867 zweimal nach Schiffsmühle im Oderbruch (Tod des Vaters)

1869 Neuruppin (Tod der Mutter)

1870 Warnemünde und Mecklenburg
     Folgen die zwei bereits erörterten Berufsreisen nach Frankreich mit den so reichen wie umfangreichen Ergebnissen

1871 Warnemünde

1873 Neuruppin

1873 Tabarz in Thüringen

1874 nach Italien: Venedig, Florenz, Rom, Neapel

1875 durch die Schweiz nach Oberitalien, Parma, zurück über München, Berchtesgaden, Salzburg und Wien.

1878 Wernigerode

1878 Haus »Forsteck« bei Kiel

1878 zweimal, wie gemeldet, in Tangermünde

1879 Wernigerode

1879 Dresden

1880 Wernigerode

1880 Bremen, Emden, Norderney

1881 Wernigerode, Thale im Harz

1882 Norderney, Oldenburg
1883 Thale
1883 Norderney, Emden
1884 Hankels Ablage bei Zeuthen

Am 5. Mai 1884 unternahm Fontane einen Ausflug in die Jungfernheide zum Hinkeldey-Kreuz – es steht noch –, am 6. erfolgte eine Exkursion zum Rollkrug und zum Neuen Jakobifriedhof, am 7. Mai fuhr er »mit Zöllners nach Hankels Ablage an der Wendischen Spree«.[154] Fünf Tage nach dieser ersten Lokalbesichtigung kehrte der Dichter abermals in Hankels Ablage ein, diesmal für 14 Tage: »Die Luft ist ozonreicher als nöthig und macht mich fiebrig; es weht eine starke Ostbriese, dennoch fühle ich, daß meine Nerven sich erholen ...«[155] Er schrieb dies am ersten Nachmittag und schrieb bis zum 26. Mai 1884 dort draußen »acht Kapitel zu meiner Novelle ›Irrungen Wirrungen‹«.[156] Der Zustand unmittelbar vor der schöpferischen Niederkunft wird als fiebrig empfunden.

1884 Thale, Altenbrak an der Bode
1884 Rügen
1885 Hankels Ablage
1885 Krummhübel im Riesengebirge
1886 Krummhübel
1887 Krummhübel
1887 Seebad Rüdersdorf östlich Berlin
1887 Krummhübel
1888 Krummhübel
1889 Kissingen und drei Tage Bayreuth mit
        außerordentlich heftiger Abwehrreaktion auf Wagnersche Musik
1890 Mecklenburg
1890 Kissingen

1891 Kissingen
1891 Wyk auf Föhr
1892 Zillerthal im Riesengebirge, dort die
      schwere Erkrankung, von der er sich
      durch die Arbeit an den »Kinderjahren«
      selbst erlöst
1893 Karlsbad
1894 Karlsbad
1895 Karlsbad
1896 Karlsbad
1896 Waren in Mecklenburg
1897 Neubrandenburg in Mecklenburg
1898 Weißer Hirsch bei Dresden
1898 Karlsbad im August. Am 20. 9. gegen 21
      Uhr ging er nach Haus in Berlin, ohne
      Vorahnung, auf die allerletzte Reise.

In diese lange lose, doch für das Werk so bedeutungs-
volle Kette von 57 Reiseunternehmungen – fast immer
Arbeitsreisen, denn er nahm Manuskripte, Korrektur-
bögen usw. stets mit – sind aber noch die zahllosen
Fahrten oder »Wanderungen durch die Mark Bran-
denburg« datierend einzuflechten, die während der
Zeit von 1859 bis 1882 per Pferdebahn, Postkutsche,
Mietwagen, Dampfer, Segelyacht, Eisenbahn und zu
Fuß unternommen worden sind und allemal ein paar
Tage beanspruchten. Die Berichte davon umfassen (in
der Ullstein-Taschenbuchausgabe von 1974), ein-
schließlich der unveröffentlichten oder von letzter
Hand wieder ausgeschiedenen Stücke, nicht weniger
als 2835 Seiten in den berühmten fünf Bänden. Die
Popularität, deren sie sich heute mehr denn je erfreuen,
scheint, den diversen Neuausgaben nach zu schließen,
sogar die des Romanwerks übertreffen zu wollen.
Nun war und ist Reisen im allgemeinen nur mit den

Strapazen des Ortswechsels verbunden, während der
Aufenthalt am Zielort der erholsamen Muße dient.
Fontanes Unruhe – Unruhe im psychologischen Sinn –
hielt ihn auch im Zielgebiet in ständiger Bewegung. Im
Tagebuch von 1884 zum Beispiel heißt es: »...ging...
am 7. September nach Stralsund und Rügen, wo ich
eine Woche blieb. Am ersten Tage: Stralsund (Schill),
Bergen (Rügen) und spät am Abend Eintreffen in Saßnitz, wo ich im Fahrenberg-Hotel ein gutes Zimmer erhielt. Das Leben in Saßnitz eigentlich langweilig, rauf-
gepufft in seinen Forderungen und nicht viel dahinter,
aber die See- und Landschaftsbilder halten einen
schadlos. Den zweiten oder dritten Tag Ausflug nach
Stubbenkammer, Hertha-See, Lohme, Arcona, was
zusammen zwei Tage dauerte. Landschaftlich sehr
schön, vielfach an Sorrent erinnernd, namentlich in den
Hauptlinien; im Detail natürlich alles arm und dürftig.
In Lohme war ich einen ganzen Tag lang mit Balduin
Möllhausen und Frau zusammen. Nach diesem Abste-
cher noch anderthalb Tage in Saßnitz verblieben, dann
in fünfstündiger Abend- und Nachtfahrt über Jagd-
schloß Prora nach Putbus, wo ich nach Mitternacht eintraf und im ›Fürstenhof‹ unfreundlich aber gut unter-
gebracht wurde. Den andern Vormittag (Sonntag) in
Putbus, sehr hübsch. Über Mittag nach Bergen zurück
und um 4 direkte Rückfahrt nach Stralsund und Berlin,
wo ich gegen Mitternacht eintraf.«[157]
Der Mann, der so reiste, befand sich an der Schwelle
dessen, was man heute Rentenalter nennt. Die dichterische Ausbeute war in diesem einen Fall zwar gering,
das Fahrerlebnis als solches rückte unwillkürlich zum
Selbstzweck auf. Das Fahren hat ihm schon als kleinem
Jungen viel bedeutet. Als er einmal mit dem Vater in
dessen leichter Kalesche von Neuruppin aus den Großvater in Berlin besuchen fährt – was übrigens eine von

vielen Kinder- und Jugendreisen wäre, die insgesamt
selbst von der speziellen Forschung wohl nicht mehr zu
zählen sind –, erlebt er dies: »In raschem Trabe ging es
über Alt-Ruppin auf Cremmen zu, und lange bevor wir
dieses, das ungefähr halber Weg war erreicht hatten« –
es war im Oktober –, »zogen die Sterne herauf und
wurden immer heller und blitzender. Entzückt sah ich
die Pracht, und kein Schlaf kam in meine Augen. Ich
bin nie wieder so gefahren; mir war, als reisten wir in
den Himmel. Gegen acht Uhr früh hielt unser Gefährt
vor dem Hause meines Großvaters . . .«[158] Der kleine
Reisende, dem da in dem Fußsack, in dem er stak, so
wundersam zumute geworden war, zählte noch keine
sieben Jahre. Doch war er von der Art, daß er »begie-
rig« »nach allem, was einen etwas aparten und das
nächtlich Schauerliche streifenden Charakter hatte, . . .
verlangte«.[159]
Strapazen nahm er schon in diesem zarten Alter wider-
spruchslos auf sich. Die Mutter – das entsprach ihrer
»calvinischen« Anlage – erzog ihn mit Strenge »und
ging außerdem davon aus, daß loben und anerkennen
den Charakter verdürbe, was ich übrigens auch heute
noch nicht für richtig halte. Bei dem kleinsten Fehler
zeigte sie die ›rasche Hand‹, über die sie überhaupt verfügte. Von Laune war dabei keine Rede; sie verfuhr
vielmehr lediglich nach dem Prinzip: ›nur nicht weich-
lich‹«.[160]
Der reife Reisende maß es sich zu – es sei nicht geta-
delt –, in den jeweils »ersten Häusern am Platze« abzu-
steigen, mindestens aber in denen der zweiten Preiska-
tegorie, er stieg jedoch nicht als armer Poet in Herber-
gen für Reisevertreter und Fuhrleute ab. Aber er war
doch andererseits ein genauer Rechner und auch darin
Erbe seiner Mutter: ». . . Übrigens ängstige Dich wegen des Geldpunktes nicht«, schrieb er 1859 aus Mün-

chen an seine Frau, »außer 600 x, die wir am 1. Mai
ausgezahlt erhalten werden, bekommen wir jetzt noch
637 minus 250 x, macht über 380 x. Davon geht ab 15 L
an Alberts, 5 L an Beta und etwa 100 x für Merckels,
Franke und Lepel... Zusammen also 230 x. Bleiben
uns noch 150. Was ich an Arbeiten fertig habe (Ti-
mes-Aufsatz und schottische Reise) beträgt 120 x, was
ich eine Art Recht habe so gut wie baar Geld anzusehen. Macht zusammen 270 x. Davon sollen noch 70 im
Lauf der nächsten 3 Wochen verbraucht werden; beginnen wir doch immer noch mit circa 200 x. Ich glaube,
daß in dieser Rechnung kein Fehler ist. Wenn Du be-
denkst, daß Auktion, Fracht und Reise nach München
uns um mehr als 200 x zurückgebracht haben, so wirst
Du billig genug sein einzugestehn, daß ich immer noch
richtig gerechnet hatte.«[161] (Ich bedaure, nicht zu wissen, ob dieses x, ein gotisches x in Fontanes klarer
Handschrift etwa so: 6, Taler bedeutet, halte aber Taler
für wahrscheinlich. Doch kommt es hier nur darauf an,
den Rechner Fontane vorzustellen.)
Es gibt Abschnitte in den »Wanderungen«, die bereits
Roman-Charakter haben, so die Gespräche mit dem
Kutscher Moll im Kapitel »Eine Osterfahrt in das Land
Beeskow-Storkow« im Band »Spreeland« (jenem
Moll, von dem wir nun wissen, daß er der »olle Repke«
aus Fürstenwalde gewesen). Vollends wie aus einem
Roman geschnitten liest sich das Kapitel »An Bord der
›Sphinx‹« aus demselben Band, der nach damaliger
Verlegersitte auf 1882 vordatiert, tatsächlich aber
schon 1881 erschienen ist. Da hatte sich aus dem Wan-
derer, aus dem reisenden Berichterstatter bereits der
Romancier entpuppt. Das Gespräch, das Botho v.
Rienäcker mit dem Wirt von Hankels Ablage über die
Herkunft dieses ungewöhnlichen Lokalnamens führt,
ist ganz sicher identisch mit dem, das Fontane beim er-

sten oder zweiten Besuch 1884 geführt hat: Wande-
rungsergebnisse und -erlebnisse verschränken sich un-
ablöslich mit dem Romanstoff. Einen Überblick ver-
schafft die folgende Liste:

1878 »Vor dem Sturm«, beruht auf Studien der
      »Wanderungen« auf dem Barnim, im
      Oderland und in Kloster Lehnin
1878 »Grete Minde«, auf Ortsbesichtigungen
      in Tangermünde
1881 »Ellernklipp«, Studien im Harz
1882 »L'Adultera«, Berlin und Umgebung,
      Schweiz
1883 »Schach von Wuthenow«, Berlin und
      Umgebung
1884 »Graf Petöfy«, mangels örtlicher Studien
      für die ungarischen Partien des Romans
      fehlt es an Bildhaftigkeit.
1885 »Unterm Birnbaum«, beruht auf Studien
      im Oderbruch
1887 »Cécile«, Ortskenntnisse durch die Harz-
      reisen erworben
1888 »Irrungen Wirrungen«, s. o. Hankels Ab-
      lage
1890 »Stine«, Berlin und Umgebung
1891 »Quitt«, Studien im Riesengebirge
1892 »Unwiederbringlich«, beruht auf Studien
      in Dänemark
1893 »Frau Jenny Treibel«, Berlin und Umge-
      bung
1894 »Die Poggenpuhls«, Berlin und Schlesien
1894 »Von, vor und nach der Reise«, Reisere-
      sümees
1895 »Effi Briest«, märkische und pommer-
      sche Kenntnisse

1897 »Der Stechlin« (Beginn des Vorabdrucks), märkische, zumal ruppinische
Ortskenntnisse.
1906 »Mathilde Möhring«, unvollendet, 1891
begonnen

Diese Zusammenhänge liegen mehr als deutlich auf der
Hand, und wenn man zudem bedenkt, daß jene Kriegsbücher, jene Englandbücher Reiseergebnisse sind, daß
die Italienreisen nicht nur in Briefen, Tagebüchern und
Notizen sowie in den »Erinnerungen« literarische Gestalt angenommen, sondern auch greifbare Spuren in
»L'Adultera«, »Schach von Wuthenow«, »Stine« und
»Effi Briest« gezeitigt haben, wenn man bedenkt, daß
das Gesamtwerk, einschließlich der »Wanderungen«,
mithin zum weitaus größten Teil erwandert, erreist, er-
schritten, ergangen, erfahren ist, nicht aber am häuslichen Herd, nicht in der bücherwurmigen Einsamkeit
am Schreibtisch ersessen, so erscheint auch die bereits
erwähnte Tatsache, daß Reisen, Bahnfahrten, Ausflü-
ge, Landpartien, namentlich auch Wasserpartien und
Einschlägiges mehr in den Romanen handlungstra-
gende oder handlungsersetzende Funktionen erfüllen,
in klarerem Licht: sie alle stehen im Zeichen besagter
Unruhe, die Fontanesches Vatererbe ist. Dieses jedoch
wird aus der Sinn- und Gegenstandslosigkeit eines bloß
motorischen, lediglich Entfernungen messenden Be-
wegungsdranges wie durch eingebaute Hemmungen
vom mütterlichen Erbteil her gefestigt und gedungen,
Gestalt anzunehmen oder herzugeben. Wie in einem
Reduktionsprozeß so etwa, wenn man ein Bild aus der
Chemie verwenden will. Poetische Gestalt gewiß, doch
auch wieder nicht von zu derber Festigkeit. Alles andere als »Materialgestalt«, um Fontanes Wortfindung
zu benutzen.

Mir will vielmehr scheinen, als fehle es vielen der Fontaneschen Romanfiguren, die Nebenrollen ausgenommen, an handfestem, griffigem Umriß, wie ihn zum Beispiel de Coster (1827–1879) seinen flämischen Geschöpfen gegeben hat. Da ist bei Fontane – gewünscht, gewollt oder unwillkürlich – etwas wie eine pastellene Unschärfe, eine weiche Kontur, an den Rändern verschwimmend. Das gilt für manchen seiner Helden, namentlich aber für seine Heldinnen, denen fast allen etwas Schwebendes, Verschwebendes eignet, wenn man die resolute Mathilde Möhring, Jenny Treibel und die Poggenpuhls etwa ausnimmt. Der Dichter zeichnet kein festes Bild, sondern läßt es in der Schwebe und überläßt dem Leser, sich ein Bild zu machen. Was nebenher einen – wohl kaum kalkulierten – Vorteil hat: die verschwebenden Gestalten bleiben ihrer Zeit und ihrer Mode nur lose verhaftet und veralten daher nicht. Sobald aber zeitgebundene Details mitgeteilt werden, zum Beispiel daß (in »Effi Briest«) der leicht anrüchige Major von Crampas einen roten Sappeursbart trägt, wird die Eigenvorstellung des Lesers gefährdet. (Crampas war der Name eines kleinen Ortes auf Rügen. Ein Stückchen Reiseausbeute doch.)

De Coster übrigens, um noch einmal auf diesen Punkt zu kommen, hat in seinem »Ulenspiegel« (1867) das Problem einer zeitgemäßen Sprache für die historische Epoche, in der seine Helden agieren, geradezu vorbildlich gelöst – er schreibt in einem altfränkischen Französisch –, hat aber damit bezahlt, daß dieses sein Hauptwerk eigentlich erst vier Jahrzehnte nach seinem Tod die weltweite Berühmtheit erlangte. Fontane wird es nicht gekannt haben. In dieser Manier wären seine »Likedeeler« vielleicht zu schreiben gewesen.

Und soviel von der so fruchtbar reduzierten schöpferischen Unruhe. Im Sitzen ausgeübt, so ließe sich sagen,

war seine Korrespondententätigkeit insofern besonders, als sie auch in pflichtigem Zeitungslesen bestand;
Fontane war und blieb ein eifriger Zeitungsleser fürs
ganze Leben. Im Sitzen erarbeitet – aber das nun lag so
in der Sache – sind die aberhundert »Causerien über
das Theater«, die Rezensionen im Königlichen Schauspielhaus, die Fontane als Kritiker der »Vossischen«
1870 übernommen hat. Kiaulehn hat es kurz und bün-
dig formuliert: »Die Geniezeit des Berliner Theaters
begann im Jahre der Reichsgründung mit zwei Ereignissen: der Proklamation der Gewerbefreiheit und dem
Entschluß der ›Vossischen Zeitung‹, den Schriftsteller
Fontane zum Kritiker des Hoftheaters zu machen. Die
Gewerbefreiheit erlaubte es jedem gutbeleumundeten
Mann, ein Theater zu gründen. Der Kritiker Fontane
erzog durch sein Beispiel eine neue Generation von
Theaterkritikern, die eine Revolution der dramatischen Literatur und Kunst herbeiführten.«
Der Wanderer, der sich Ruhm, Geltung und das Trai-
ning in der Kunst des Erzählens erwanderte, hat – so
paradox ist doch alles oder so vieles an ihm – seinen
ständigen Parkettsitzplatz Nr. 23 geradezu zum Begriff
gemacht. Seine Kritiken in ihrem leicht eingehenden
eleganten Parlando, das die Präzision des Urteils für
den flüchtigen Leser fast verdecken könnte, liefern –
anfangs noch routinejournalistisch, dann aber qualita-
tiv sich steigernd – nicht nur für beinahe zwei Jahrzehnte eine komplette Geschichte des Schauspielhau-
ses am Gendarmenmarkt und der Berliner Theaterwelt
in einem, sondern eine kaum zu ermessende Fülle der
Gedanken und Beobachtungen zum Bühnengeschehen
und zu den Stücken des Spielplans. Das sind einzelne
ad hoc und termingebunden verfaßte Feuilletons,
selbstverständlich, aber im Lauf der Jahre wie durch
ein geistiges Band zu einer umfassenden großen Dra-

maturgie zusammengebunden. Die Fontaneschen
»Causerien« krönen, als nicht ganz so späte Leistung
wie das Romanwerk, seine journalistische Lebensar-
beit.

Nachdem sich der Dichter auf eigenen Wunsch propter
barbam et aetatem von dem berühmten Parkettplatz
erhoben hatte, um ihn einem Nachfolger (Paul
Schlenther) zu überlassen, schickte ihn die »Vossische«
gelegentlich doch noch anderweitig in die Arena. Kiaulehn schreibt: »Als Theodor Fontane von der Gründung der ›Freien Bühne‹ gehört hatte, war er zu Otto
Brahm geeilt und hatte dem Verein ein unbekanntes
Drama, ›Vor Sonnenaufgang‹, von dem unbekannten
Dichter Gerhart Hauptmann angeboten. Als ihm Otto
Brahm sagte, daß er das von der Polizei bereits verbo-
tene Stück schon kenne und die feste Absicht habe, es
aufzuführen, bat Fontane um die Gunst, dem jungen
Dichter diese frohe Botschaft persönlich überbringen
zu dürfen.« Es kam zu einem nie zuvor erlebten Thea-
terskandal, aber Fontane lieferte dem blutjungen Autor eine wohlabgewogene Kritik, die längste, die er je
geschrieben hat. Sie beweist, dem Neuen zugeschwo-
ren, dem er da begegnete, wie wenig barba et aetas dem
71jährigen Rezensenten hatten anhaben können.

Deutsche Franzosenpoeten

Wir haben der Verdeutlichung halber übertrieben:
Fontanes literarische Essays, Studien, Buchbe-
sprechungen und biographische Aufsätze über Männer von der Feder umfassen 966 Druckseiten, die

also, um bei unserer Behelfsterminologie zu bleiben,
nolens volens erlesen und ersessen sein müssen. Die
»Aufsätze zur bildenden Kunst«, zwei stattliche Bände
in der Nymphenburger Ausgabe, müssen folglich zwischen ergangen und ersessen die Mitte halten, zumal
wenn es sich um Berichte von Kunstausstellungen handelt. Der Aufsatz über Balduin Möllhausen, einen Rei-
seschriftsteller mit reicher Expeditions- und Ameri-
ka-Erfahrung (den er auf Rügen besuchte s.o.), beginnt mit dem beziehungsvollen Satz: »Von niemand
Geringerem als Lord Byron rührt der Ausspruch her,
daß er dem Ehrgeiz und dem Reisen die Hauptanre-
gung zur dichterischen Produktion verdanke. Der moderne Mensch wird ihm nach eigener Erfahrung zustimmen, und zwar je moderner desto mehr.«[162]
Der Aufsatz über Willibald Alexis, der gleich Fontane
ein großer Reisender vor dem Herrn war, umfaßt 59
Buchseiten, ein Auftrags-Nekrolog. Darin findet sich
die Bemerkung: »Erst die Fremde bringt ihm die Phy-
siognomie seiner Heimat zum Bewußtsein.«[163] Dies
nun war Fontanes persönliche Erkenntnis, der Plan,
märkische »Wanderungen« zu schreiben, war in England entstanden. 1856 hatte er dort notiert: ». . . die
Marken, die Männer und ihre Geschichte. Um Vaterlands und künftiger Dichtung willen gesammelt und
herausgegeben von Th.F. – Die Dinge selber gebe ich
alphabetisch. Wenn ich noch dazu komme, das Buch zu
schreiben, habe ich nicht umsonst gelebt und kann
meine Gebeine ruhig schlafen legen.«[164] Ein Plan, aber
mehr noch eine verblüffend klare Programmierung mit
Leistungen, die er noch zu zeitigen gedachte. Nach ge-
taner Arbeit konnte es dann in einem Brief von 1888
heißen: ». . . Das interessanteste Blatt für mich ist das
mit dem Douglasschloß im Kinroßsee, zu dem ich mit
Lepel im Boot hinüberfuhr . . .« (s.o. auf unserer Ta-

belle die Reise von 1858) . . ., »und als wir zwei Stunden später, nach Besichtigung von Schloß und Insel,
über denselben See hin die Rückfahrt machten und ich
dabei an Rheinsberg und an den Rheinsberger See
dachte, stand es in meiner Seele fest, die Mark Brandenburg und ihre Schlösser und Seen beschreiben zu
wollen. Was dann auch geschehen ist.«[165] (Dieses,
breiter ausgemalt, auch im Vorwort zum ersten Band
der »Wanderungen«, »Die Grafschaft Ruppin«.)

Hier sei noch nachgetragen, daß Berlin weitgehend
auch das Handlungszentrum des Romanwerks gewesen
ist. Im Gegensatz zu Neuruppin, seinem eher zufälligen
Geburtsort. Dort spielt nur seine erste, noch unausge-
gorene, im »Berliner Figaro« publizierte Erzählung
»Geschwisterliebe« von 1839. Dieses Blatt hatte bereits mehrfach Balladen und Gedichte des 20jährigen
abgedruckt.

Im Alexis-Essay heißt es weiter: »Aber die Fremde tut
noch mehr. Sie lehrt uns nicht bloß sehen. Sie gibt uns
auch das Maß für die Dinge . . . Sie leiht uns die Fähigkeit, Groß und Klein zu unterscheiden und bewahrt uns
vor jenem ebenso ridikülen wie anstößigen Lokalpatriotismus, der den Sieg der Müggelberge über das Fin-
steraarhorn proklamiert. Schmidt von Werneuchens
landschaftliche Schilderungen . . . wirken zu erheblichem Teil komisch, weil seine Welt mit dem Barnim
und Havellande abschloß. Wie anders Willibald Alexis.« – der kein Märker wie der brave Schmidt, sondern
ein »Franzose aus Breslau« war! – »Die Stelle, wo er
die Mark über sich selbst erhebt, soll noch gefunden
werden. Er hatte das feinste Auge, aber auch das ge-
rechteste. Keine Schönheit entging ihm, aber er wies
ihr ihre Stelle an . . .«[166] Abermals jene gewisse Kokel-
terie: Fontane muß gewußt haben, daß er dies auch
über die eigene Art, die Mark darzustellen, hätte sagen

können. Alexis ist ihm auch sonst Vorbild gewesen,
dem er viel verdankte.

Nicht ganz drei Seiten sind einem Freund gewidmet:
»Otto Roquette, der Dichter von ›Waldmeisters Brautfahrt‹ und einer ganzen Anzahl von Liedern und San-
gesweisen, die, Text wie Komposition, in ungewöhnlich
kurzer Zeit ein Eigentum des deutschen Volkes geworden sind . . .«[167] Leider nennt er keins. Aber das Allgemeine Deutsche Kommersbuch enthält in der 100.
Auflage das Eingangsgedicht und zwei Lieder dieses
Poeten, der in Heidelberg promoviert hatte und später
Professor der Literatur- und der allgemeinen Geschichte werden sollte. Auch der »Echtermeyer« enthält eine Roquettsche Ballade, »Todtensee«. Das eine
der beiden Kommersbuch-Lieder dürfte im Refrain als
etwas Altbekanntes überraschen: »Und da küßten sich
beid in der Sommerzeit, wenn am Walde die Rosen
blühn, und da küßten sich beid . . .« und überrascht
noch mehr, wenn man sich vor Augen hält, daß dieser
Sänger, der den Volksliedton gewiß nicht verfehlt, um
nicht zu sagen, vollkommen trifft, kein Deutscher in
vollem Sinne gewesen ist, sondern eben ein »Franzose
aus Krotoschin«. »Waldmeisters Brautfahrt« erreichte
74 Auflagen.

Fontane schreibt: »Roquettes Eltern gehörten beide
zur französischen Kolonie (die Mutter eine geborene
Barraud) und stammten, wie so viele andere der hugenottischen Réfugiés, aus der Nähe von Montpellier.«
Der Vater war Jurist. Weiter heißt es: »Roquette ist
kein politischer Dichter, er hält den Tagesstreit von
sich fern, er kämpft nicht mit; aber es scheint fast, daß
er den Parteistandpunkt nur verschmäht, um desto rei-
neren Herzens und mit umso größerer Hingebung für
das Allgemein-Nationale eintreten zu können. Ein
starker Zug echt-deutschen Sinnes, wie er sich merk-

würdigerweise so oft in den Herzen und Werken der
französischen Réfugiés ausgesprochen hat, charakteri-
siert auch seine Muse, gleichviel ob sie heitre oder ernste Töne anschlägt.«[168] Worte, mit denen Fontane so
etwa auch sich selbst hätte beschreiben können.

In besagtem Kommersbuch, das um der vielen Poeten-
namen willen, von Horaz bis Heine, von Luther bis
Herwegh, populärer sein sollte als es ist, sind außer
Roquette auch noch andere »Franzosen« vertreten:
eine Charlotte Hauchecorne, ein Perinet, ein v. Bras-
sier, ein gewisser Chamisso und ein gewisser Fontane.
Dessen Beitrag schließt mit dem Vers:

>   »Das Haus, die Heimat, die Beschränkung:
>   Die sind das Glück und sind die Welt.«[169]

Die Stichworte sind gefallen: »das Allgemein-National-
le« und »echt-deutscher Sinn«! Waren es die Hugenotten, die hier an ihrem Teil den Blick für die Heimat, das
Ohr für den Volkston, den Sinn für die hiesige Geschichte recht eigentlich erst wachgerufen und aufgetan
haben? Patriotismus, nicht Lokalpatriotismus. Das
Lokale als ein Spiegelbild der Welt. Heimatliebe, aller
Schildbürgerei überhoben: »Der ist in tiefster Seele
treu, der die Heimat liebt wie du!«[170] heißt es in der
Ballade vom Grafen Douglas – was, wenn man Fontane
richtig versteht, seine Geltung hat, wenn sich diese
Liebe schlackenlos frei von Spekulationen weiß, frei
von Ressentiment und frei von irgendwelchem eitlen
Besserdünken: es prüfe sich ein jeder! Hätte man es
doch stets mit Fontane gehalten: »Der richtige Standpunkt ist der rein menschliche . . . Hinter dem Berge
wohnen auch Leute . . .« –

Von den Städten Westeuropas habe er »ein hübsches
Häuflein gesehen«, sagt er, aber keine Stadt habe so

mächtig auf ihn gewirkt wie London. »Selbstverständlich bin ich mir bewußt, daß dies nach den Naturen verschieden ist. Alle, die den Sinn für den Süden haben, werden anders urteilen; ich für meine Person bin ausgesprochen nicht-südlich und kann das Wort, das August Wilhelm Schlegel auf seinen Freund Fouqué anwandte, füglich auf mich anwenden . . . ›Die Magnetnadel seiner Natur zeigt nach Norden! . . . ‹«[171], was als »Fort von Frankreich« verstanden werden muß. (Merke: nur für den Franzosen liegt London im Norden!) Auch dieses Phänomen der Nordausrichtung scheint zur Charakterologie der deutschen Franzosenpoeten gehören zu können und ergibt eine spannungsreiche Zwiespältigkeit, wobei dahingestellt bleiben mag, inwieweit die Nordweisung auch für Roquette Bedeutung hatte. Für Alexis hatte sie es. Sie waren – Chamisso ausgenommen – die Nachfahren von Exil-Franzosen und schrieben deutsch. Dachten und fühlten sie deutsch? Oder haben sie nicht vielmehr die Deutschen denken und fühlen gelehrt? Ein problematischer Rest bleibt da unaufgelöst. Bei Fontane das zunehmende Bewußtsein seines Franzosentums. Oder die zunehmende Einbildung davon?

In »Schach von Wuthenow« läßt er die Frau von Carayon ihrer Tochter die folgende Rede halten: ». . . Schach, Schach! Was ist Schach? . . . Ich kenn ihre Geschichte nicht und will sie nicht kennen . . . ein halbes Dutzend Obersten und Rittmeister, alle devotest erstorben und alle mit einer Pontacnase. Lehre mich diese Leute kennen! Und nun die Carayons! Es ist wahr, ihre Wiege hat nicht an der Havel gestanden . . . Sie hatten ihre Schlösser, beiläufig wirkliche Schlösser, so bloß armselig an der Gironde hin, waren Girondins . . . Als der erste Schach ins Land und an den Ruppiner See kam, und einen Wall und einen Graben

zog, und eine lateinische Messe hörte, von der er nichts
verstand ... eben damals zogen die Carayons ... mit
vor Jerusalem und befreiten es. Und als sie heimkamen
... und als Victoire de Carayon ... sich dem großen
Grafen Lusignan vermählte, dessen erlauchter Bruder
Großprior des hohen Ordens vom Spital und endlich
König von Cypern war, da waren wir mit einem Kö-
nigshaus versippt und verschwägert, mit den Lusignans, aus derem großen Hause die schöne Melusine
kam ... Ah bah! ... Schach ist ein blauer Rock mit einem roten Kragen, und Wuthenow ist eine Lehmka-
te.«[172] Das Überlegenheitsgefühl der altadeligen Exil-
französin über den märkischen Krautjunker kann deutlicher nicht ausgedrückt werden, auch wenn diese
Worte in romanhandlungsbedingter Erregung gesprochen werden. Man darf versichert sein, daß in den zor-
nigen Expektorationen der Dame doch auch ein Stück
Fontanescher Ansicht steckt.
Willibald Alexis beschreibt, ganz entsprechend, im
»Roland von Berlin« die vorhugenottische Bevölkerung so: »... Und wenn sich das, was drin umher
kriecht, mit deutscher Abkunft brüstet, so sind es
Flamländer und Friesen, die das Wasser, das an der
Nordsee sie vertrieb, hier im feuchten Schmutz wieder-
fanden. Es war der rechte Mischmasch zu dem wendischen Gezücht. Plump, halsstarrig, faul, Trunkenbol-
de; ohne Schwung und Erhebung, bleiben sie fest, wo
sie sich hinsetzten ... Nichts Geschmeidiges; ist dumm
und will nicht klug werden; ist versessen auf was es hat,
und nimmt nichts an, was von außen kommt. Man
mag's ihnen ins Land, man mag's ihnen ins Haus tragen, sie stellen's in den Winkel und bleiben die Alten.«
Dieser Darstellung gilt Fontanes uneingeschränkte
Anerkennung: »Für mich persönlich steht es fest, daß
diese Schilderungen, und nur diese, das im wesentli-

chen Richtige treffen . . . Es war, um es zu wiederholen, eine rohe, tölpische, allem Geistesleben seitab stehende Bevölkerung und nur von einem noch weiter entfernt als von Geist und Kultur – von wirklicher Freiheit . . .«[173] Das Zitat stammt von 1872.

Da muß sich in Hugenottenkreisen ein äußerst abfälliges oder zumindest doch liebloses und ungerechtes Urteil fortgeerbt haben, das die ersten, die hier eintrafen, einst fällten. Sie waren in ein Land gekommen, dem der Dreißigjährige Krieg tiefe heillose Wunden geschlagen hatte, auch moralische und kulturelle. Schwedische Besatzung hat hier noch bis in die 50er Jahre des 17. Jahrhunderts hinein gehaust. Die Sanierung, deren die Mark in jeder Weise bedurfte, sollte nicht zuletzt auch mit Hilfe der Hugenotten zustande kommen, die ja nicht nur aus selbstlosem Erbarmen in die Streusandbüchse des Heiligen Römischen Reiches eingeladen worden waren. Ist das gallischer Dünkel? Ach, auch ein rheinländisches Urteil über die Mark würde nicht anders ausgefallen sein und ausfallen.

Als Napoleon 1806 in Berlin einrückte, lief die Kolonie Gefahr, sich in franzosengeneigte und preußische Patrioten aufzuspalten. Chamisso – er war mit seinen Eltern allerdings erst 1790 zugewandert – entschied sich für Frankreich, und als er 1812 enttäuscht nach Berlin zurückkehrte, hat er doch, aus begreiflichen Motiven, nicht an den Freiheitskriegen teilgenommen. Freilich kann er nicht als typisch gelten. Baron de la Motte Fouqué, ein »Franzose aus Brandenburg«, hielt es anders. Seine Familie hatte Frankreich schon 1689 verlassen. Sein Großvater, wie gesagt, war preußischer General, er selbst Dichter und Offizier, der 1794 und 1813 für Preußen gegen die Heimat seiner Ahnen ins Feld gezogen ist. Alexis hat am Feldzug von 1815 teilgenommen. Fontanes Vater, obwohl Napoleon-Fan, war schon

1813 zu den Fahnen geeilt. Roquette, Jahrgang 1824, war wie Fontane zu dieser Zeit noch nicht auf der Welt. Aber man kann es drehen und wenden, wie man will, die hugenottische Einstellung zur Mark und ihren Bewohnern, ob hoch oder niedrig, blieb in ambivalenter Schwebe. So Fontanes Einstellung zu den Märkern: »Das nordgermanische, wie es sich in Niedersachsen, Friesen, Angelnland . . . zeigt, steht allerdings als Rasse auf höherer Stufe als das lausitzisch-schlesisch-polackische.« Aber »daß östlich von Berlin nur Kamtschadalen hausen und die Kultur ein Ende nimmt«[174], war ihm doch allzu französisch.

So Fontanes Einstellung zum märkischen Adel einerseits: »Es verlohnt sich doch eigentlich nur noch ›von Familie‹ zu sein. Zehn Generationen von 500 Schultze's und Lehmann's sind noch lange nicht so interessant wie drei Generationen eines einzigen Marwitzzweiges. Wer den Adel abschaffen wollte, schaffte den letzten Rest von Poesie aus der Welt.«[175] So lautete es 1860, und es drängt sich der Verdacht auf, daß Fontane das »von Familie«-sein mit dem Hugenotte-sein im stillen gleichsetzte. 1894 aber sieht er es anders: »Die Bülows und Arnims sind 2 ausgezeichnete Familien, aber wenn sie morgen von der Bildfläche verschwinden, ist es nicht bloß für die Welt (da nun schon ganz gewiß), sondern auch für Preußen und die preußische Armee ganz gleichgültig und die Müllers und Schultzes rücken in die leergewordenen Stellen ein. Mensch ist Mensch. Goethe würde sich gehütet haben, es zu bestreiten; aber jeder agrarische Schafzüchter prätendiert eine Sonderstellung.«[176]

Ambivalent, wie gesagt, auch die Einstellung zu Preußen; das Fontanesche erweist sich als etwas Hugenottisches. Denn es bleibt bestehen, daß es Alexis und Fontane vorbehalten war, im »preußischen« Gedicht un-

vergleichlich zu brillieren: »Dahin gehören« – bei Alexis – »in erster Reihe ›Fridericus Rex, unser König und
Herr‹ und ›General Schwerin‹. Das erstere ist längst zu
einem Volkslied geworden« – ganz so wie Roquettes
Poesien –, »daß die wenigsten den Verfasser kennen
und darauf schwören würden, daß es vor mehr als hundert Jahren, in den Tagen des Siebenjährigen Krieges,
entstanden sei.«[177] Beachtlich überhaupt das Phänomen des Dichter-Offiziers oder des dichtenden Kriegs-
freiwilligen. Es paßt ins Bild.

Bei dieser Gelegenheit sei an eine in Vergessenheit ge-
ratene erinnert, eine »Französin aus Herzberg«, an
Louise v. François, Jahrgang 1817. Ihr Œuvre ist, ähnlich wie das Romanwerk des Alexis, der vaterländischen Thematik gewidmet. Ihre »Letzte Reckenburge-
rin« ist immer noch lesenswert. Fontane hat sich, wenn
auch zurückhaltend, für diese Kollegin eingesetzt:
»...Frl. v. François, so viel ist richtig, ist unter den
schriftstellernden Damen eine der geschickte-
sten...«[178] Ihr Vater war preußischer Major, ihr Onkel, der Generalleutnant v. François, wurde durch seine
Memoiren »Ein deutsches Soldatenleben« bekannt.
Ihr Cousin, ebenfalls General, fiel bei Spichern. Ihre
Cousine war literarisch tätig, ihr Neffe Afrikaforscher
und später bei der deutschen Schutztruppe. Das alles
dürfte für den Formenkreis, den wir hier zu umreißen
versuchten und dem auch Fontane innig verwoben angehörte, sehr typisch sein.

Der Vollständigkeit halber wäre noch nachzutragen,
daß auch Fontanes Verhältnis zu den Juden nicht das
eines wohlwollend Indifferenten gewesen ist, sondern
eher ambivalenten Schwankungen unterworfen war,
wie eingangs angedeutet. *Der* Judenfreund war er
nicht, Antisemit jedoch auch nicht! Immerhin aber erfüllte ihn ein allgemeines Gefühl der Solidarität mit

Minderheiten, und seinem Scherzwort vom »prähisto-
rischen Adel«[179] der Juden liegt sicher auch ganz
Ernstgemeintes zugrunde. Und weil wenig bekannt, sei
dabei erwähnt, daß Fontane 1872 die »Maćica Serb-
ska«, den »Wendischen Volksbildungsverein« in Baut-
zen zu dessen 25 jährigem Bestehen mit einem Glück-
wunsch bedacht hat.
Aber auch dies noch: Fontane, dem in Sachen des Berliner Witzes nicht einfach widersprochen werden kann,
streitet zwar den direkten Einfluß hugenottischer Mentalität auf die berlinische ab. Aber dieser vorzüglichste
Repräsentant berlinisch-märkischen Geistes mit seinem ausgeprägten Sinn für die Diktion der Berliner wi-
derlegt durch sich selbst die eigene Behauptung. Berühmt für ihren typischen Witz und noch heute da und
dort zitiert, wenn von *der* Berlincrin die Rede ist, war
eine reinblütige Hugenottin des Jahrgangs 1748: Marie
Anne Dutitre, Tochter des Benjamin George und der
Sara Robert. Leider hat Fontane in seinem Essay »Die
Märker und die Berliner und wie sich das Berlinertum
entwickelte« dieser höchst originellen »Französin aus
Berlin« nicht gedacht. Sie hätte den Gedankengang der
nicht sehr überzeugenden Arbeit, an die auch ihr Verfasser nicht so recht geglaubt hat, vollkommen über
den Haufen geworfen. Aber wie die Berliner sprechen,
das wußte er; in dem Entwurf »Thusnelda Lehmann«
erschallt es durchs Mietskasernen-Treppenhaus:

> »›Eujeen, Eujeen.‹
> ›Hier, Mutter.‹
> ›Verdammte Kröte, wo bist du denn?‹
> ›Hier, Mutter.‹
> ›Wo denn?‹
> ›Hier.‹
> ›Nee, so'n Aas.‹«[180]

DER BRIEFSCHWÄRMER

In meinem eigensten Herzen bin ich geradezu Briefschwärmer und ziehe sie, weil des Menschen Eigenstes

und Echtestes gebend, jedem andern historischen Stoff
vor.   Fontane an Hanns Fechner, 3. 5. 1889

BRIEFE AN DIE FAMILIE

DIE MUTTER: Emilie Fontane

Es that mir leid, mich sobald von dir trennen zu müssen doch einmal mußte es geschehen und ich muß mich daher in mein Schicksal fügen.

Fontane an die Mutter, 20. 6. (1833?)

In einigen Tagen sind es sechs und dreißig Jahre, als Du, mein Herzenssohn, hier das Licht der Welt erblicktest. Schon da war meine Liebe zu Dir so groß, daß ich unter allen Schmerzen, die nicht gering waren, nur die einzige Sorge und Bitte hatte, Du, mein Kind, mögest das Leben behalten. Noch heute danke ich Gott dafür, daß er da meine Bitte erhörte; denn Du, mein geliebter Theodor, warst mir immer ein guter, lieber Sohn.

Die Mutter an den Sohn, 25. 12. 1855

Laß Dir diese Zeilen sagen, wie sehr wir Dich lieben und verehren, wie tief wir empfinden was wir an Dir besitzen und wie herzlich wir wünschen und bitten Du mögest uns noch recht lange erhalten bleiben.

Fontane an die Mutter, 20. 9. 1869

DER VATER: Louis Henri Fontane

Ich muß Dir doch noch in Bezug auf Deinen Schwindel-Anfall schreiben, daß mir Kugler erzählte, so was habe unter Umständen gar nichts
auf sich. Ihm (Kugler) ginge es öfters so und der berühmte Irrenarzt Dr.
Damerow, dem er das neulich bei einer zufälligen Begegnung geklagt
habe, habe ihm lachend geantwortet: das sei ganz *sein* (Damerows)
Fall. Du siehst, Du hast viele Collegen.

Fontane an den Vater, 19. 10. 1856

Übermorgen sind es 31 Jahre, daß Du mir geboren wurdest. Ich kann
den Tag nicht wie jeden andern vorübergehn lassen; denn nicht abzu-
leugnen ist es, daß derselbe für uns beide ein wichtiger ist, wenngleich
Du allerdings noch dabei in höhrem Grade partizipieren dürftest. Doch
gleichviel! Vor allem wünsche ich Dir, daß Dir aus Deinem Streben
auch materieller Nutzen erwachsen möge, ohne welchen – was man dagegen auch immer anführen mag – irdisches Wohlbehagen nun einmal
nicht bestehen kann. Die gütige Vorsehung möge Dich nach dieser
Richtung hin begünstigen, wenn auch nur zum vierten Teile so wie de
Balzac, Scribe, Sue, Victor Hugo und Konsorten.

Der Vater an den Sohn, Dezember 1850

Daß Lischen mitgekommen ist, ist in der That ein großes Glück; – es würde sonst gar nicht gehn. Ihre Ruhe, resp. ihre Pomade ist hier durchaus angebracht; auch hat sie wohl jenen Fontane'schen Charakter, der sich in alles findet, in Klugheit und Dummheit, in Noblesse und Gewöhnlichkeit, in Freundschaft und Gleichgültigkeit, vorausgesetzt daß er selber nicht maltraitirt wird und genug zu essen hat. (. . .) Auch über Lischens Wesen und Benehmen will ich mir erlauben Dir ein Wort zu sagen. Ich glaube nämlich, daß sie zu den Naturen gehört, *die man völlig sich selber überlassen muß.* Sie ist dickköpfig, rechthaberisch und kann nicht den kleinsten Tadel ertragen. Das ist ihre Natur so. Darunter versteh' ich, sie ist sich selber und ihrem bessern Einsehn zum Trotz, leicht gereizt und braucht Zeit, ihren augenblicklich aufsteigenden Aerger, durch ihr Rechtsbewußtsein zu überwinden. Solche Naturen muß man nicht ziehn wollen und selbst die Autorität der Eltern scheitert daran.

Fontane an die Mutter, 14. 3. 1856

In Koepernitz selbst kuckst Du Dir das Terrain scharf an: die Terrainbeschaffenheit, Wald, Wasser, das Dorf, vor allem die Lage des herrschaftlichen Hauses, dessen Aussehn, wie viel Etagen, wie viel Fenster-Front und wo möglich noch irgend etwas Markantes, ein Grabmal, Springbrunnen, Storchennest, Rampe oder sonst dergleichen. Zehn bis zwölf Zeilen sind genug, aber es muß ein anschauliches Bild geben. Knesebeck in Loewenbruch hat mir vor 6 Monaten auf diese Weise auch ein Dorf (Salow) beschrieben. Thu Dein Bestes.

Fontane an Lise, 17. 7. 1861

Heyse, wie ein eben eingetroffener Brief von ihm berichtet, will nun doch noch *die* Novelle schreiben, zu der Du ihm vor beinah 20 Jahren den Stoff gegeben hast: die Geschichte von einer adligen Dame, die mit einem Schauspieler durchgeht, von Ort zu Ort zieht, und dann im kl. Ruppiner Georgs-Hospital, ihr Leben beschließt. Kannst Du nun vielleicht noch einige *Namen* angeben, Namen von Familien oder Ortschaften, Namen von Pastoren oder Spittelfrauen oder umliegende Lokalitäten? Das Beste wären Details zur *Geschichte als solcher,* also bestimmte Erlebnisse der Dame. Bitte, schreibe mir auf, was Du weißt.

Fontane an Lise, 20. 1. 1885

ELISE FONTANE (1838–1923), Fontanes einzige Schwester, von ihm Lise oder Lischen genannt. Sie lebte nach der Trennung der Eltern mit ihrer Mutter in Neuruppin; 1856 besuchte sie mit ihrer Schwägerin den Bruder in England. Fontane unterhielt ein herzliches Verhältnis zu ihr und war ihr für den Eifer dankbar, mit dem sie sich seiner häufigen Fragen zu den ersten drei Auflagen des Ruppin-Bandes der »Wanderungen« annahm. 1875 heiratete sie den verwitweten Striegauer Kaufmann Hermann Weber.

Was Deinen Brief angeht, so kann ich Dir nicht Besseres darüber sagen, als daß die Briefe der Frau mir doch noch über die der Braut gehn, und Du weißt, daß ich auch die letzteren nie unterschätzt habe.

Fontane an seine Frau, 12. 4. 1852

Was ich Dir zu diesem Tage zu sagen habe, ist etwa das: daß ich mich von Herzen freue, Dich zu besitzen, daß ich den 16. Oktober 1850 nicht zu den Unglückstagen meines Lebens rechne, daß ich Dir und mir Freude an unserm Kinde wünsche, daß ich Dich bis zu unserm endlichen Wiedersehn in Geduld auszuharren bitte und daß ich Dir, je älter wir werden, immer mehr meine Liebe zu Dir zu bestätigen hoffe.

Fontane an seine Frau, 10. 11. 1855

Wenn Du doch diese selbständigen Gedanken, dieses gerechte Urteil auch im alltäglichen Leben und bei Würdigung dessen hättest, was ich tue oder lasse. Das Schlimme ist, daß Du Dich nicht daran gewöhnen kannst und auch nicht gewöhnen willst, mich für einen verständigen und auf *meine* Weise ganz praktischen Menschen anzusehn. Du läßt mir alle möglichen Vorzüge, betrachtest mich aber wie ein poetisches Kind, das jeden Augenblick auf dem Punkt steht, sich als Familien-Enfant-terrible aufzuspielen.

Fontane an seine Frau, 31. 7. 1876

Meine liebe Frau, es ist im großen und kleinen das alte Lied. Du reizest mich bis aufs Blut und wunderst Dich hinterher, wenn ich heftig und bitter werde; Du machst ein böses Gesicht und wunderst Dich, wenn ich Dir aus dem Wege gehe; Du verhältst Dich ablehnend und wunderst Dich, wenn ich nicht zärtlich bin.
(...) Du bist eine durch Deinen Mann, Deine Kinder, Deinen Lebensgang und Deine Lebensstellung unendlich bevorzugte Frau. Es gibt wenige, die es so gut getroffen haben. Daß Du das Glück nach der Zahl der Goldrollen bemessen solltest, für so inferior halte ich Dich nicht, habe auch keine Ursache dazu . . .

Fontane an seine Frau, 15. 8. 1876

EMILIE FONTANE (1824–1902) mit einem ihrer Kinder. Frau Emilie hat es ihrem Mann oft nicht leicht gemacht. Seine schriftstellerische Laufbahn, mehr noch sein Dichtertum betrachtete sie lebenslang mit großer Skepsis. Aber sie hatte es auch nicht immer leicht mit ihm. Er war von nervöser Reizbarkeit, sensibel und anfällig für körperliche und seelische Depressionen.

Ich kann den Geburtstag Deiner Mutter nicht besser feiern als dadurch, daß ich Deinen lieben Brief beantworte, den ich am 12. d. Ms. erhielt und der mir durch seine verständige Abfassung und seine gesunden Lebensanschauungen viel Freude gemacht hat. Du bist ein wackrer Junge und läßt Dich in Deinen Ansichten von der Schönheit dieser Welt, die einige an Verstopfung leidende Menschen eine Welt der Mängel nennen, nicht so ohne weiteres erschüttern. Du schreibst mir, daß Du alles »ausgezeichnet« nennst und selbst bei mäßig gesüßtem Kaffee ausrufst: »Der reine Zucker.« Sieh, das lieb ich. Ein junges frisches Gemüt muß alle Dinge, und wenn es der härteste Kloß wäre, »ausgezeichnet« finden, und der bittre Bodensatz, den die Weltweisen mit ihren Grübeleien und ihrer kritischen Krücke aufführen, muß für ihn nicht dasein, alles »der reine Zucker«. Aber ich ersehe noch mehr aus Deinem Briefe, ich ersehe auch, daß Du »nix dawider« hast. Sieh, das freut mich, das ist ein Zug liebenswürdiger Toleranz, der an die hellen Geister des vorigen Jahrhunderts erinnert und nichts gemein hat mit jenem Kreuzzeitungsgeist, der die Bibel zitiert und einen »Zuschauer« schreibt. Halte Dich auf diesem Wege des »nix dawider«, und wenn Du auch nicht Landrat wirst, so wirst Du doch vielleicht mehr werden, nämlich – glücklich. In dieser Beziehung kannst Du dir Deinen endesunterzeichneten Papa zum Muster nehmen, wiewohl ich Dir in anderen Beziehungen lieber andere Vorbilder empfehlen möchte.

Du schreibst auch, daß Du einen Freund hast, »Gustav«, und auch eine »Marie«, über deren Geschlecht Du mich im unklaren läßt, doch schließe ich aus dem Namen, daß es ein weibliches Wesen ist. Sei darum vorsichtig. Du bist noch jung und bei Deinen Gaben nicht ohne Ansprüche an das Leben. »Hüte Dich vor Verplemperungen«, das ist der höchste Ausdruck meiner väterlichen Weisheit. Dein Vater hat sich auch verplempert, und Du bist sozusagen die süße Frucht derselben. Doch die Dinge laufen nicht immer so gut ab, und ich bin nicht sicher, daß Deine Marie ein so treffliches weibliches Wesen ist wie Deine Mutter, die ich Dich zu lieben und hochzuachten bitte.

Fontane an George, 14. 11. 1855

Georges Briefe nämlich, der bekanntlich immer nur schreibt, wenn er Geld will und in den letzten 6 Tagen 7 mal (manchmal nämlich doppelt) geschrieben hat, waren der Stille nicht besonders günstig. Seine Kriegsausrüstung zu bezahlen, und wenn ich 6 Hemden versetzen sollte, wäre mir eine freudige Pflicht, aber zugleich auch wieder für die in Hannover gemachten Schulden aufkommen zu sollen, ist mir über den Spaß und verdirbt mir die Stimmung.

Fontane an Karl und Emilie Zöllner, 23. 7. 1870

GEORGE EMILE FONTANE (1851–1887) ältester Sohn Theodor Fontanes, gestorben als Hauptmann in Lichterfelde bei Berlin.

Die Söhne Friedrich »Friedel« und Theodor »Theo«.

247

Ich begreife, daß Du den Wunsch hast, meine Bücher zu verlegen; Du mußt aber auch begreifen, daß *ich* den Wunsch habe, bei meinem alten Verleger zu bleiben. Ich will kein Geld von Dir oder irgendeinem meiner andern Kinder in die Tasche stecken und kann andrerseits die Geschichte mit den Extrafonds nicht zur Norm und Regel erheben; dazu reicht mein sonstiger Etat nicht aus.

All das habe ich Dir schon früher gesagt, und Du mußt mir, nachdem ich es unter Drangebung oder Beschneidung meiner Prinzipien an Entgegenkommen nicht habe fehlen lassen, eine fortgesetzte Debatte darüber ersparen.

Fontane an Friedel, 27. 1. 1891

Friedel verlegt tapfer weiter. Ich war anfangs gegen diesen Großbetrieb und gegen den Wettbewerb mit den reichsten und angesehensten Firmen. Er hat aber in dieser Streitfrage recht behalten, und, wie ich hinzusetzen muß, nicht bloß durch Glück, sondern auch durch Fleiß, Umsicht, Geschicklichkeit. Er hatte was von Großmannssucht, was mich störte; mausert sich aber jemand heraus und bringt es zu was, so kriegt das, was einem als Großmannssucht erschien, einen andern Namen. Auf dem Gebiet der Belletristik ist er, nach meiner Kenntnis, Nummer-I-Verleger geworden.

Fontane an Theo, 6. 5. 1895

Ich glaube nicht nur, daß Du der erste »Primus omnium« in der Familie bist, ich bin dessen gewiß. Nach meiner nun durch vier Generationen gehenden Kenntnis zählt es zu den fragwürdigen Vorzügen unsres Geschlechts, daß nie ein Fontane das Abiturientenexamen gemacht, geschweige vorher die Stelle eines Primus omnium bekleidet hat. Der Durchschnitts-Fontane (wohin von Mutters Seite auch Deine Vettern gerechnet werden können) ist immer aus Oberquarta abgegangen und hat sich dann weitergeschwindelt, das beste Teil seiner Bildung aus Journalen dritten Ranges zusammenlesend. Ich war schon eine Ausnahme, ein abnormer Zustand, der nun durch Dich seinen Abschluß gefunden hat.

Fontane an Theo, 27. 3. 1875

FRIEDRICH FONTANE (1864–1941), jüngster Sohn Fontanes, Verleger und Buchhändler in Berlin, gründete 1888 einen eigenen Verlag, in dem ab 1890 Fontanes Werke erschienen. Er fühlte sich auch für den literarischen Nachlaß des Vaters verantwortlich.

THEODOR FONTANE (1856–1933), fünfter Sohn Fontanes, Beamter bei der Heeresintendantur, gestorben als Wirkl. Geh. Kriegsrat i. R.

Sie ist eben ein ganz apartes Kind, das nicht mit der gewöhnlichen Anstandselle gemessen sein will.

Fontane an seine Frau, 28. 5. 1870

Wenn es das Kriterium genialischer Naturen ist, daß Allerklügstes und Allerdummstes bei ihnen dicht beieinander liegen, so ist sie ein Hauptgenie. Sie abends beim Tee perorieren zu hören, oft über die schwierigsten und sublimsten Themata, ist ein Hochgenuß; sie sagt dann Sachen, die mich absolut in Erstaunen setzen; alles Tiefblick und Weisheit (. . .)

Fontane an Clara Stockhausen, 10. 9. 1878

Der erste Brief aus Warnemünde, dem liebsten Fleckchen Erde, das ich kenne soll auch an den liebsten Menschen sein, den ich habe und Dir mein lieber Vater, vor allen Dingen sagen, daß Du mir mit Deinem Extrabrief eine sehr große Freude gemacht hast.

Mete an den Vater, 24. 6. 1882

(. . .) es läßt sich ja viel gegen sie sagen, aber schließlich ist sie doch eine reich beanlagte, interessante Person, die mich mit innigster Theilnahme erfüllt.

Fontane an seine Frau, 21. 7. 1884

Deine Briefe sind uns immer eine große Freude; Du hast eminent das talent epistolaire der Familie (. . .)

Fontane an Mete, 30. 9. 1894

MARTHA FONTANE (»Mete«) (1860–1917), einzige Tochter Fontanes. Mete stand später dem Vater geistig ganz besonders nahe und wurde schließlich einer seiner eifrigsten und verständigsten Korrespondenzpartner. Immer wieder rühmte er an ihr das »talent epistolaire«. Er spürte in ihr die wesensverwandte, bis ins Nervöse gehende Sensibilität. Corinna Schmidt in »Frau Jenny Treibel« ist ihr Abbild. Nach dem Tode Fontanes heiratete sie 1899 den verwitweten Architekten K. E. O. Fritsch.

Wenn Du nur recht nette Menschen findest, mit denen Du Dich ausreden kannst u. die die Freude haben u. zeigen Dir zu hören, ein Mangel, den ich bei mir Dir gegenüber oft recht empfinde. Gestern waren wir auch vor Menzel's Bilde; es wirkt erst wie ein Sammelsurium u. macht auf mich als Ganzes gar keinen Eindruck. Verzeih, auch darin Deiner Produktion etwas ähnlich. Aber die Details, die kostbaren, interessanten Details, ich konnte mich gar nicht losreißen und wünschte ich könnte tagelang eine Stunde es studieren u. mich an jeder neuen Entdeckung eines Zuges, einer Person erfreuen; es erfüllte mich wie Ehrfurcht, vor *diesem* Fleiß . . .

Emilie Fontane an ihren Mann, 11. 6. 1884

Es ist sonderbar, daß ich so ungern ausgehe, wenn Du verreist bist (. . .) Am liebsten gehe ich fort, wenn ich meinen geliebten Alten an seinem Schreibtisch sitzen weiß. Nun, bald ist's wieder so.

Emilie Fontane an ihren Mann, 24. 6. 1884

Dies sind nun also die letzten Zeilen, übermorgen mittag dürfen wir Dich erwarten.

Anfang des letzten Briefes Fontanes an seine Frau, 20. 9. 1898

EMILIE FONTANE (1824 – 1902). Der alte Fontane erkannte, daß er in seiner Lebensgefährtin schließlich doch den Menschen gefunden hatte, dessen seine prekäre und gefährdete Existenz bedurfte. Sie war seine wichtigste Gesprächs- und Korrespondenzpartnerin.

BRIEFE AN DIE FREUNDE

Hättest Du mehr Muße gehabt oder sie Dir genommen und wärst Du auf die unglückliche Idee gekommen zu beschreiben, was sich überhaupt schwer beschreiben läßt, am wenigsten aber in wenigen Zeilen, so wäre Dein Brief nichts andres gewesen als eine blasse Kopie dessen, was ich in jeder Reisebeschreibung finden kann; so aber hab ich in jeder Zeile *Dich,* gleichviel ob Du dem alten Landolina Deine Platenbegeisterung in die Ohren brüllst oder den Erweiterer unserer Sprache, den großen Schöpfer des Wortes »Mutterpulle« zu gleicher Zeit bedauerst und belachst – und das ist es, was einem *Briefe* allemal seinen höchsten Reiz verleiht, daß einem aus jedem Wort der Schreiber leibhaftig vor die Augen tritt.

Fontane an Bernhard von Lepel, 27. 7. 1846

Neulich wurde (im Rütli-Kreis) Deinetwegen ein wenig geseufzt, weil Du durchaus ein Märtyrer für die Ehre des großen Abgetretenen (Manteuffel) sein u. Dich mit den neuen Leuten nicht befassen willst (. . .) Kurzum, es wurde allgemein beklagt, daß Du einen so isolierten Standpunkt mit solcher Zähigkeit einnimmst. *Ich* würde praktisch genug sein, es nicht zu beklagen, wenn *ich* wüßte, daß Du etwas davon hättest; aber keine Seele, weder eine der Mitwelt noch eine der Nachwelt, wird es Dir danken. Genug, Du kannst *froh* sein, wenn Du später bei Lichte besehn mit Dir selber zufrieden bist. Als Dein ältester Freund darf *ich* Dir unumwunden sagen, daß *alle,* ohne Ausnahme, Dich – um es kurz zu bezeichnen – als ›einen närr'schen Kerl‹ betrachten. Man könnte am Ende auch da noch nichts gegen sagen, wenn alle andern Lumpe wären u. Dich nicht zu würdigen vermöchten. Aber so betrachtest Du die andern auch nicht.

Bernhard von Lepel an Fontane, 28. 11. 1858

Ich erwarte nun unter allen Umständen, Dich bald zu sehn. Gib die schottische Reise nicht auf, Du kannst sie so gut nicht wieder machen. . . .

Fontane an Bernhard von Lepel, 21. 7. 1858

Es fehlt einem, ihm und seinen Apartheiten gegenüber, immer der rechte Maßstab; so wenig er tut und spricht, so setzt er einen doch beständig in Erstaunen.

Fontane an Henriette von Merckel, 5. 10. 1858

BERNHARD VON LEPEL (1818–1885), Dichter; Mitglied des »Tunnel« seit 1840, in den er Fontane 1844 einführte. Langjähriger Freund und Korrespondenzpartner Fontanes.

Nach einer Photographie

Stich u. Druck v. Weger in Leipzig

W. Wolfsohn

Verlag v. Baumgärtner's Buchhandlung

Mein lieber Wolfsohn, so himmlisch ich es mir denke, mit Dir ein Stück Leben zusammen leben zu können, so unmöglich ist es doch: ich bewohne eine Schandkneipe, einen Hundestall, eine Räuberhöhle mit noch zwei andern deutschen Jünglingen und habe keine freie Verfügung über diese Schlafstelle, die viel vor Erfindung dessen, was man Geschmack, Eleganz und Comfort heißt, vermuthlich von einem Vandalen erbaut wurde.

Fontane an Wilhelm Wolfsohn, 10. 1. 1848

Du weißt zu gut, wie sehr ich Dich liebe, als daß ich Dir zu sagen brauchte, welchen Eindruck Dein Brief auf mich gemacht. Ich habe gleich Schritte gethan, Dich aus dieser fatalen Lage herauszureißen, Dir wenigstens die Mittel dazu an die Hand zu geben. Ich bitte Dich, fasse nur nicht gleich verzweifelte Entschlüsse, und gieb Deinen Plan nicht blos vorläufig, sondern ein für alle Mal auf.

Die »Dresdner Zeitung«, ein demokratisches Blatt, braucht einen Korrespondenten in Berlin. Du sollst »hochwillkommen« sein. Du wirst jedem Andern vorgezogen. Das Honorar ist bei der Dr. Z. freilich ein sehr geringes (12 Thaler für den Bogen) – es kann aber gelegentlich erhöht werden, und Du brauchst Dir's ja auch gar nicht sauer zu machen; Du schreibst frischweg. Auch den Ton, den dieses radikale Blatt zuweilen anstimmt, und der Dir gewiß so wenig zusagen wird wie mir, brauchst Du keineswegs anzunehmen; schreibe wie die Leute in der Nationalzeitung, wo die Demokratie sich auch entschieden aber anständig äußert. Für Aufsätze nichtpolitischen Inhaltes aus Deiner Feder finde ich anderweitig Platz, und keine Zeile sollst Du umsonst schreiben. Ich werde Dich mit Brockhaus und Wiegand (mit dem ich jetzt auf dem besten Fuße stehe) in Verbindung bringen, und das sehr bald. Die Dresdner Z. Schlage ich nur einstweilen vor, weil Du da gleich anfangen kannst, und sich außerdem dabei manche augenblickliche Vortheile bieten, wie z. B. im Nothfall Vorschüsse, schleunige Honorarzahlungen u. dgl., was ich alles hier leichter für Dich veranlassen kann.

Wilhelm Wolfsohn an Fontane, 13. 11. 1849

WILHELM WOLFSOHN (1820–1865), Schriftsteller, Dramatiker und Übersetzer; Mitbegründer des »Deutschen Museums«; trat in zahlreichen Vorträgen für enge Beziehungen zwischen deutschen und russischen Schriftstellern ein; seit der Leipziger Zeit mit Fontane befreundet; Korrespondenzpartner in den vierziger und fünfziger Jahren. Der Freund aus dem Leipziger »Herwegh-Klub« machte Fontane mit der russischen Literatur vertraut, hatte ihm die Stelle als Berliner Korrespondent der »Dresdner Zeitung«, seine erste regelmäßige Mitarbeit an einem Blatt, vermittelt.

Es hat nun die Stunde für Dich geschlagen, und Entschuldigungszettel werden von der Schulmeisterin Kritik nicht mehr angenommen. Ich bedaure keinen Augenblick, daß Du bis dato zu keinem mußevollen Anspannen Deiner ganzen Kraft, vielmehr nur immer zu einer Art Extemporaleschreiben gekommen bist. Du hast dabei das gelernt, was in der Dichtung überhaupt zu erlernen ist. Ich schrieb Dir vor Jahren: bringe Beckers Weltgeschichte oder Puchtas Pandekten in Verse; erheuchle keine Gefühle (denn das ruiniert) und mache Dich so viel wie möglich an den formellen Teil unsrer Kunst; beherrsche die Technik. Du hast's getan, und wenn immer Du kein Platen, Rückert und selbst kein Lepel bist, so kann man doch mit gutem Gewissen von Dir sagen: Du verstehst, Deinen Vers zu machen. Aber nun, mein lieber Witte, geht's weiter. Und wunderbar: so viel das ist (wenn man's vor sich hat), was Du jetzt überwunden hast, so wenig ist es doch wieder, und es fehlt dem besten Techniker, wenn er weiter nichts ist als das, eben noch alles – es fehlt der Dichter. Zeige jetzt, ob Du auch das bist, das in Dir hast und aus Dir entwickeln kannst.

Fontane an Friedrich Witte, 3. 10. 1853

Bei kleineren Marotten und Eitelkeiten war er ein ganz ausgezeichneter Mensch, von seltener Integrität und großer Güte.

Fontane über Friedrich Witte, Tagebuchaufzeichnung von 1893

FRIEDRICH WITTE (1829–1893), Jugendfreund Fontanes, Mitglied des »Tunnel«. Später Inhaber einer pharmazeutischen Fabrik in Rostock und nationalliberaler Parlamentarier, seit 1878 Reichstagsabgeordneter. Er war mit seiner Familie der Familie Fontane lebenslang in Freundschaft verbunden.

Ihr »Abukir« ist nach meinem Dafürhalten wieder eine geniale Arbeit, aber im eigentlichsten und strengsten Sinne – kein Gedicht. Ich bin keiner aus der Platenschen Schule, aber dennoch glaub' ich daran, daß es erst die Form ist (freilich neben viel andrem noch) was ein Gedicht macht; der bloße poëtische Kern und Gehalt reicht dazu nicht aus. Wir haben bekanntermaßen auch poetische Prosa und erfreuen uns in 1000 Fällen vielmehr daran als an formvollendeten Dichtungen; aber solche poëtische Prosa ist nie ein Gedicht. Ihr Abukir ist das Produkt einer durchaus dichterischen Natur und selber mit Poësie getränkt, aber es verstößt formell (nicht im eng-philiströsen Sinne zu nehmen) zu vielfach um ein Gedicht oder doch ein gutes Gedicht genannt zu werden. Es versteht sich von selbst, daß Ihre Arbeit dennoch (aber aus andren Gründen) schwerer wiegt, als 50 sogenannte gute u. makellose Gedichte. (. . .)

Was mir aber in Ihrem Abukir fehlt und weshalb ich Anstand nehme es ein Gedicht zu nennen, das ist die Reinheit des Styls und des Geschmacks. Sie sagen Dinge (und zwar an und für sich vortrefflich) die durchaus ungesagt bleiben müßten, die in Dichtung nicht hineingehören, die schöne Stelle über den »Bellerophon« gehört z. B. hierher. Das könnte Lord Byron im Child Harold in einem Räsonnir-Gedicht gesagt haben; aber in einer Dichtung, die rein objektiv verfährt, ist ein solches Vorwegnehmen von erst Kommendem ganz unmöglich. – Das ist das, was ich einen mangelhaften Styl nenne. Andrerseits aber sagen Sie Dinge, die, im Gedanken in der Intension vielleicht wunderschön, so nicht zu sagen sind und gegen das verstoßen, was zu allen Zeiten als schön gegolten hat.

Fontane an Christian Friedrich Scherenberg, 28. 1. 1855

Überhaupt glaub' ich, lieber Cook, daß Sie wie ein Krammetsvogel oder eine Sardelle mit Haut und Haar genossen werden müssen und daß die Korrekturen nur vom Übel sind. Sie haben nun mal Ihre Art, zu der keine andere paßt. Ich kann nicht sagen, daß mir diese Art immer als die richtige erscheint, aber sie ist unbedingt originell und kraftvoll. Wir sprechen morgen ein Weiteres darüber. Beim Arbeiten könnten Sie vielleicht einen Krickler meines Schlages gebrauchen, hinterher bin ich nutzlos.

Fontane an Christian Friedrich Scherenberg, Frühjahr 1850

CHRISTIAN FRIEDRICH SCHERENBERG (1798–1881), Balladendichter und Epiker, seit 1841 Mitglied des »Tunnel« (siehe auch Bildteil »Meine Kinderjahre«, S. 82/83)

Ihnen brauch ich keine Weihnachtsfreude weiter zu wünschen, wer andre so erfreuen kann wie Sie, der hat die höchste Freude.

Fontane an Henriette von Merckel, 22. 12. 1856

Ihr heut eingetroffener Brief hat uns wieder so recht wohlgetan. Welche beneidenswerte Gabe, immer trösten, aufrichten, ermutigen zu können, eine Gabe, nur noch übertroffen durch das gleichzeitige Talent, nichts zu sagen, das irgendwie eine wunde Stelle treffen und weh tun könnte.

Sie knüpfen Hoffnungen für uns an den bevorstehenden Regierungswechsel; ich tu dasselbe, vielleicht ohne Grund, aber man hofft nun mal.

Fontane an Henriette von Merckel, 5. 10. 1858

Es ist sehr liebenswürdig von Ihnen, daß Sie so schnell geantwortet haben, und doppelt liebenswürdig mit Rücksicht auf den frischen, heitren Ton, den Sie anschlagen und der wie die Kraft so auch gewiß die Absicht hat, mich meiner Verstimmung zu entreißen und mir die Seele wieder mit etwas Hoffnung und Freude zu füllen (. . .) Ihre Briefe sind mir unter aller geistigen Anregung, die ich hier habe, das bei weitem liebste und wohltuendste, aber selbst *sie* sollten und könnten mich noch mehr erfreun, als sie's tun; der ganze innre Organismus ist wie gestört.

Fontane an Wilhelm von Merckel, 13. 7. 1858

WILHELM VON MERCKEL (1803–1861), Kammergerichtsrat in Berlin. Fontanes Eintritt in den »Tunnel« fand 1844 auf Antrag von Wilhelm von Merckel statt. Im August 1850 erhielt Fontane durch ihn die Berufung als Lektor in das Literarische Kabinett. In der zweiten Hälfte der fünfziger Jahre waren Wilhelm von Merckel und seine Frau HENRIETTE VON MERCKEL (1811–1889), wichtige Korrespondenzpartner in dem oft schwierigen Alltag Fontanes.

264

Deine Mitteilungen über die letzte Tunnelkonkurrenz haben mich wieder ganz in das Treiben und all die kleinen Kämpfe und großen Aufregungen hineinversetzt, die das Leben bei uns so reizvoll machen. Ich wünsche aufrichtig, nach Jahren wieder unter den Kämpfenden zu sein; aber ich muß doch gleichzeitig bekennen, daß ich es eher für eine gnädige, segensreiche Schickung als für ein Unglück ansehe, daß ich auf so lange Zeit außerhalb dieser Aktionen gestellt bin. Als ich noch direkt unter euch war, sah ich meine damals doch auch nur literarische Beschäftigung mit der Politik schon als ein besonderes Glück an, als ein frisches, stärkendes Bad, als ein Schutzmittel gegen alle Einseitigkeit und die bei uns so häufige Überschätzung der Kunst auf Kosten des Lebens. Hier hab' ich nun das Leben; die Dinge selbst, nicht mehr bloß ihre Beschreibung. Ihr Zeitungsschatten tritt an mich heran, und jede Stunde belehrt den armen Balladenmacher, daß jenseits des Berges auch Leute wohnen.

Fontane an Friedrich Eggers, 25. April 1856

FRIEDRICH EGGERS (1819–1872), Kunstschriftsteller, Gründer und Herausgeber des »Deutschen Kunstblattes«; seit 1863 Professor an der Akademie der Künste in Berlin. Mitglied des »Tunnel« seit 1847, gründete Ende 1852 den »Rütli«, Mitglied der »Ellora«.

Was ferner sich schon bei einigem Studium seiner Poesie, wie auch seiner Prosa, ergiebt und was ich im persönlichen Verkehr oft habe innig bewundern müssen, ist der tiefe strenge Ernst, mit welchem er arbeitet. Da ist nichts oberflächlich hingeworfen, nichts – wie leicht es in der Ausführung erscheine – was nicht das Ergebniß treuer, nie rastender künstlerischer Arbeit wäre. Ich weiß, daß einzelne Strophen seiner Gedichte das Resultat mehrwöchentlicher Anstrengung sind. Er ist nicht im Stande, von der Arbeit abzulassen, ehe sie nicht das geworden ist, was sie seiner Intention nach sein sollte, – ist somit aber freilich auch in keiner Weise im Stande, aus der dichterischen Production irgendwie eine Art von einträglichem Geschäft zu machen.

So ist zugleich sein ganzer persönlicher Charakter. Überhaupt spiegelt sich darin, schon in seiner äußeren wohlthuenden Erscheinung, der ächte Poet ab. Seine edle Gestalt, sein Blick spricht die innere Noblesse und Reinheit seines Wesens aus; dabei ist er, bei allem äußerlich Bedrückenden seiner Lage, heiter und harmlos wie ein Kind, und, schon bedenklich kränkelnd, spricht er – wenn er es überhaupt einmal thut – nur mit lächelnder Resignation von der vielleicht nahen Zeit, da dies harmlose deutsche Dichterleben vorüber gewht sein werde.

Fontane über Franz Kugler an den
königlichen Kabinettsrat Illaire, 1853

FRANZ THEODOR KUGLER (1808–1858), Kunsthistoriker, Geschichtsschreiber und Dichter in Berlin; schrieb eine weitverbreitete »Geschichte Friedrichs des Großen« (1842), seit 1849 Mitglied des »Tunnel«, 1852 Gründer des »Rütli«. Schwiegervater von Paul Heyse.

FRANZ HANFSTAENGL

mit freundlichem Gruß

KGL. PREUSS. HOF PHOTOGRAPH

December 1878 MÜNCHEN *Paul Heyse*

Im übrigen dringt Paul doch nicht recht durch; sein Stück findet man mehr genialtuerisch als wirklich genial und ihn selber mehr geistreich als dichterisch. Er ist brennend ehrgeizig, das ist gut; aber er ist auch eitel bis zum Exzeß, und das ist nicht gut. Er dünkt sich in Dingen fertig, wo er kaum angefangen hat; er glaubt Leben und Liebe aus dem Effeff zu verstehn und hat doch in beides nur eben hineingeguckt.

Fontane an Bernhard von Lepel, 7. 1. 1851

Unter den Freunden hier bin ich wohl der, der am meisten an Dich denkt (schon weil ich der faulste bin und immer Zeit übrig habe) und am aufrichtigsten Dich lobt. Lepel erkennt Dich noch mehr an, aber – da ich kein mildres Wort finden kann – er beneidet Dich auch mehr. Mein Lob ist nicht nur ruhiger, es läßt mich auch ruhiger.

Fontane an Paul Heyse, 8. 12. 1852

Er ist in der Tat ein Liebling der Grazien, sein ganzes Wesen ist Reiz. Wenn er spricht, ist mir's immer, als würden reizende Nippsachen von Gold und auch von Bronze, aber alle gleich zierlich gearbeitet, über den Tisch geschüttet. Man sieht hin, das Auge lacht über die bunten Farben und schönen Formen, und ein unwillkürliches »Ah!« ringt sich von der Lippe. Ereignet es sich, daß Sie gegenseitig ein lebhaftes Gefallen aneinander finden, so wird Ihnen Friedrichstraße 242 reizvoller erscheinen denn je. Doch, ich weiß nicht, ich glaube nicht recht dran.

Fontane an Theodor Storm, 5. 11. 1853

. . . Nun leb' mir recht sehr wohl, werde bald Minister und gib mir dann einen guten Posten.

Fontane an Paul Heyse, 18. 12. 1854

Ich stehe persönlich so zu Heyse, daß ich ihn für das größte, noch mehr für das reichste Talent halte, das wir zur Zeit in Deutschland besitzen, dessen Bedeutung aber durch einen falschen Tropfen in seinem Blut immer wieder in Frage gestellt, in vielen seiner Produktionen einfach vernichtet wird.

Fontane an Otto Brahm, 29. 10. 1882

PAUL HEYSE (1830–1914). Im Januar 1849 wurde Paul Heyse in den »Tunnel« eingeführt. Fontane und Heyse blieben bis in die späten Jahre verbunden, auch wenn sie sich selten sahen. Höhepunkt ihrer Freundschaft waren jene Münchner Wochen im Jahr 1859, als beide an den Symposien König Maximilians II. in der Bayerischen Residenz teilnahmen und Heyse dabei Fontane'sche Balladen vorlas. Er versuchte damals dem Freund die Stellung eines königlichen Bibliothekars zu verschaffen, Bemühungen, die sich zerschlugen.

»Gaben wer hätte sie nicht? Talente – Spielzeug für Kinder. Erst der Ernst macht den Mann, erst der Fleiß das Genie«.

Diese Zeilen schrieb Fontane unter ein Bildnis Adolph Menzels

Um 6 in den Rütli bei Menzel, wo nur über Glucks »Armide« pro und contra gesprochen wurde; schließlich zeigte er uns ein neues Aquarell-Blatt (ähnlich wie das in Monbijou) das er zum 50jährigen Jubiläum des alten Heckmann angefertigt hat. Brillant; eine seiner schönsten Arbeiten auf diesem Gebiet, geistreich, von herrlicher Farbenwirkung, klar verständlich, in jeder Beziehung gelungen. Es war mir eine ordentliche Freude ihm mal sans phrase verständnißinnig die Hand drücken zu können.

Theodor Fontane an seine Frau, 19. 10. 1869

Das schöne Blatt, das Ihre Güte mir heute früh zugestellt hat, hat uns, d. h. meiner Frau und mir eine große Freude gemacht. Was ja eine Ihrer Forcen ist: das historische Gepräge innerhalb des Genre, das Hineinragen des Großen in das Kleinleben (während so viele »Historiker mit dem Pinsel« das Großleben mit ihrer eigenen Alltäglichkeit füllen) – das ist es, was mir dieses Ihr letztes Bild gleich so wert machte. Dank auch für die freundlichen Worte.

Fontane an Adolph Menzel, 2. 7. 1871

Was wir in Deutschland haben, reicht nicht an ihn heran und die besten Nummern der 3 romanischen Völker, die im Einzelnen ihn übertreffen (mitunter sehr), haben doch keine Spur von der Allumfassendheit des kleinen Mannes. Bedenken Sie seine Spannweite: links Hochkirch und Leuthen (dies, unfertig im Atelier, ganz besonders großartig) rechts Hühner, Hähne und weiße Pfauen, letztere – mehr als seine Weiblichkeiten – von einer gradezu erobernden Schönheit.

Fontane an Maximilian Harden, 13. 12. 1895

ADOLPH VON MENZEL (1815–1905), bedeutender realistischer Maler und Illustrator in Berlin; Mitglied des »Tunnel« und des »Rütli« unter dem Namen »Rubens«.

Daß wir Ihrer oft gedenken, mögen Sie schon glauben. Sie traten gleichsam wie ein lieber Bekannter in unsern Kreis und sind uns seitdem nicht fremder geworden. Es heißt sehr oft: »Das wäre ein Stoff für Storm!« Oder aber: »Der X hat mal wieder geschludert; so talentvoll – aber was ihm fehlt, das ist sozusagen – das *Stormsche.*« Sie sind uns die Verkörperung von etwas ganz Besonderem in der Poesie und leben neben vielem andrem auch als eine Art Gattungsbegriff bei uns fort.

Fontane an Theodor Storm, 8. 3. 1853

Sie haben, liebster Fontane, neulich einen Stein zwischen uns geworfen, und ich – mit Ihrer Erlaubnis – habe Sie zu lieb, um meinerseits nicht den Versuch zu machen, ihn aus dem Wege zu bringen.
Schon mehrfach hatte ich früher erfahren, und ich meine, ich habe es wenigstens halbwege gegen Sie ausgesprochen, wie Sie über manches meinem Gefühle nach Unantastbare, z. B. über Verhältnisse zu Ihrer Frau, sich gegen Dritte nicht allein äußerten, sondern auch in einer Weise, die ich anfänglich mit Ihrem edlen getragenen Wesen nicht vereinigen konnte. Ich habe oft darüber gedacht; ich brachte es unwillkürlich mit einer Äußerung über Sie in Verbindung, wo einer, als gesagt wurde: »Fontane hat eine vornehme Persönlichkeit«, erwiderte: »Nein, er hat die Persönlichkeit eines feinen Schauspielers«. Mißverstehen Sie das nicht; es war nichts Unlauteres dabei.

Theodor Storm an Fontane, 24. 7. 1854

An Storm schreib ich, wird aber wohl nichts helfen. Er ist ein Schleswig-Holsteiner, also selbstbewußt, biedermannsprätensiös und bockig. Eine sonderbare Sorte Menschen; schätzbar, aber wenig nett. In stillen Nächten (unglaublich, aber wahr) hab ich mir öfters die Frage vorgelegt: »Warum schreibt Storm nicht für Lindau?«, und bin immer zu folgendem Resultat gekommen: entweder ist St. um sein Selbstbild für die Berühmtheitsgalerie nicht rechtzeitig angegangen worden; oder er steht in der bekannten Frage: »Durfte Nord und Süd überhaupt erscheinen«, auf dem Rodenberg-Bambergerschen Standpunkt, wonach die Sache einfach unsittlich war.
Zu Punkt 1 ist er eitel, zu Punkt 2 verrückt genug. Übrigens ein wundervoller Novellist und Dichter, trotzdem er nun schon 30 Jahre lang auf derselben Saite spielt. Aber wie Paganini.

Fontane an Paul Lindau, 23. 10. 1878

THEODOR STORM (1817–1888), Tunnel-Mitglied; hatte vor allem in der Potsdamer Zeit (1852/53–1856) enge Beziehungen zu Fontane; Korrespondenzpartner Fontanes seit 1852/53.

Den Lapidarstyl Deines lieben Briefes – der das Haus Fontane sehr erfreute – zu copiren, geb' ich auf; ich habe mich niemals damit aufgehalten, dem Unerreichbaren nachzustreben.

Fontane an Karl Zöllner, 19. 8. 1865

Seit gestern habe ich nun meinen Abschied. In diesem Augenblick
(Mittwochabend) wird Zöllner als mein Nachfolger eingeführt. Ich
freue mich, daß er die Stelle erhalten hat. Er ist der rechte Mann am
rechten Platz. Die Stelle paßt für ihn und er für die Stelle.

Fontane an Mathilde von Rohr, 1. 11. 1876

(. . .) wenn ich Dein Leben in einem Distichon zusammenzufassen hät-
te, so würde ich schreiben:
  Er war ein wahrer Gesellschaftshort
  Und sagte nie ein langweilig Wort.

Fontane an Karl Zöllner, 17. 8. 1888

Wer ist es, der in dieser Stadt
Ein Herz noch für Ellora hat?
Wer ist es, der noch überhaupt
An Dick, Noel, Ottowalden glaubt?
Wer is's? Das ist auf Ehre
Unsre teure Chevalière.

Wer ist (wir wissen's längst genau)
Die beste, liebenswertste Frau,
Wer ist, hier hilft kein Hott und He,
Das bessre Teil des Chevalier?
Wer ist's? Das ist auf Ehre
Unsre teure Chevalière.

Toast auf die Chevalière (Emilie Zöllner), 12. 12. 1862

KARL ZÖLLNER (1821–1897). Jurist. Mitglied des »Tunnel«, des
»Rütli« und der »Ellora«. Sein Tunnel-Name war Chevalier. Der
Freund wurde 1876 als Nachfolger Fontanes Erster Sekretär der Aka-
demie der Künste in Berlin. Seine Frau, die »teure Chevalière« EMILIE
ZÖLLNER, geb. Timm (1828–1924) trug dazu bei, daß sich die Rüt-
lionen im Zöllnerschen Hause am wohlsten gefühlt hatten.

Lübke, damals noch ganz jung, erschien, von Eggers und Zöllner eingeführt, in Papiervatermördern, die damals noch nicht elegant-fabrik-
mäßig hergestellt, sondern in jedem Einzelfall aus steifem Papier aus-
geschnitten wurden. Der Unglückliche litt furchtbar, physisch und moralisch, weil ihn nicht nur die Papierspitzen stachen, sondern auch das
minderwertige Aushülfematerial von dem scharfen Auge der Damen
erkannt worden war.

Theodor Fontane über Wilhelm Lübke in
»Von Zwanzig bis Dreißig«

Der Vossin nachhinkend, die heute früh schon die betr. Notiz brachte,
die ergebenste Mitteilung von meiner Ernennung zum Sekretär der
Akademie an des verst. Gruppe Stelle. Vater der Idee ist Zöllner, *Exe-
cutair Lucae,* der sich dabei, durch Ruhe, Eifer und Umsicht, mit Ruhm
bedeckt hat. Die geschäftliche Schulung dieser letzten Jahre, auch
manches andre noch, hat ihn doch sehr gemodelt.
Was die Stelle, von ihrem Gehalt abgesehen, wert ist, muß sich erst zeigen. Alle Welt tut, als hätt ich das große Los gewonnen. So schlimm
kann ich's nicht finden. Ich werde oft nach meiner eingebüßten Freiheit
seufzen. Dennoch bin ich dieses Ausgangs froh, namentlich auch um
meiner Frau willen. Bei uns zu Lande ist nun mal eine Stelle »alles«,
Talent nichts . . .

Theodor Fontane an Wilhelm Lübke, 11. 3. 1876

---

*WILHELM LÜBKE (1826–1893), Kunsthistoriker. Mitglied des Kug-
lerschen Kreises und der »Ellora«, Gast in »Tunnel« und »Rütli«,
Freund Fontanes. Lübke war seit 1861 Professor in Zürich, später in
Stuttgart und Karlsruhe. Lübkes wichtigste kunsthistorischen Werke
sowie seine »Lebenserinnerungen« wurden von Fontane rezensiert.*

Eines möchte ich dem ganzen Hause, in *aller* Interesse ans Herz legen: laß Ludchen nicht in Deine Fußtapfen treten! Du wirst leicht verstehn, wie ich dies nur meinen kann. Eine solche Concurrenz ist weder *Dir* vortheilhaft, noch *ihr*. Dies Einlenken in Deine Bahnen ist ja nur das Natürliche; aber Du müßtest sie klug in andre Gleise überführen.

Fontane an George Hesekiel, 1867

Daß mir nichts lieber sein kann, als von Ihnen in der Kreuz-Ztg. besprochen zu werden, brauch ich Ihnen nicht erst zu versichern. Sie verstehen diese Dinge aus dem Grunde, und bringen, was die Wenigsten tun, ein Herz dafür mit. Für die Sache, und ein bißchen auch für die Person.

Fontane an Ludovica Hesekiel, 28. 5. 1887

Noch einmal, Ihre Kritik war mir eine große Freude, zunächst weil sie so freundlich und schmeichelhaft ist (wer ließe sich nicht gerne loben) aber mehr noch, weil sie so *gut* ist. Es giebt wenige, die bei Wahrung ihres Standpunkts, anerkennende, geschmackvolle Worte zu schreiben verstehn.

Fontane an Ludovica Hesekiel, 16. 11. 1884

GEORGE HESEKIEL (1819–1874), Mitglied des »Tunnel« seit 1849, Redakteur an der »Kreuz-Zeitung« für französische Belange, verhalf Fontane 1860 zu der Anstellung bei der »Kreuz-Zeitung«. Mit George Hesekiels Tochter LUDOVICA HESEKIEL (1847–1889), Romanschriftstellerin, korrespondierte Fontane in den siebziger und achtziger Jahren. Fontane war ihr dankbar für ihre Besprechungen seiner Romane in der »Kreuz-Zeitung«.

Die Weihnachtstage des vorigen Jahres brachten mir manche Freude – auch Ihren Brief. Haben Sie Dank für die freundliche Teilnahme; – sowie für die bereitwillige Zusage Ihrer Verwendung, Herrn von Cotta gegenüber.

Inwieweit ich jetzt noch auf diese Ihre Fürsprache zu rechnen habe, steht freilich dahin. Die beifolgenden Drucksachen, die ich Sie freundlich hinzunehmen bitte, sagen Ihnen, was geschehn.

Das kleine Epos »Von der schönen Rosamunde« erschien ohne mein Dazutun. Einer meiner Dresdner Freunde, der das Manuskript zufällig in Händen hatte, überraschte mich kurz vor Weihnachten mit meinem eignen Gedicht. Ein fataler Liebesdienst!

Fontane an Gustav Schwab, 18. 4. 1850

GUSTAV SCHWAB (1792–1850), schwäbischer Balladendichter, Herausgeber und Nacherzähler klassischer und deutscher Sagen. Durch Vermittlung von Gustav Schwab waren Gedichte Fontanes, darunter die »Preußenlieder«, im Cottaschen Morgenblatt erschienen.

Gustav Schwab, 1832.

Sie war gut, treu, praktisch, hilfebereit, immer das Herz auf dem rechten Fleck, immer voll gutem Menschenverstand, immer gerecht. Alles Gewöhnliche, namentlich alles Unhumane war ihr in tiefster Seele verhaßt. (...) sie war, um es am Schlusse noch einmal zu sagen, tüchtig, verständig, zuverlässig, ja, mehr denn das, treu wie Gold, und ihre schlichten, immer aus der Lebenserfahrung heraus gesprochenen Sätze haben durch ein Menschenalter hin einen großen Einfluß auf mich geübt.

Fontane über Mathilde von Rohr.
Aus den »Wanderungen durch die Mark Brandenburg«
(Vorwort zu einer späteren Auflage des ersten Bandes)

Sie gehen davon aus: ›ich läse nicht gerne vor‹; von dieser Seite aus aber dürfen Sie die Sache nicht ansehn, wenn Sie mir nicht wirklich bitter Unrecht thun wollen. Hätt' ich die Tenzonen *absichtlich* nicht mitgebracht, um der Vorlesung überhoben zu sein, so wäre ich schlechtweg ein grober, rücksichtsloser und undankbarer Mensch, und Ihre mich beschämenden Worte, daß Sie nichts hätten fordern sollen, was mir ein Opfer kostet, kann ich, trotz der großen Freundlichkeit die in diesen Worten liegt, nicht acceptiren. Ich lese nicht sehr gern vor, aber auch nicht sehr ungern; wenn ich's aber auch wirklich ungern thäte (was nicht der Fall ist) so würd' es doch immer meine allergebotendste Pflicht und Schuldigkeit sein, diese Unlust nie und nimmer einer Dame gegenüber zu zeigen, die mir, von dem ersten Augenblick an wo ich die Ehre hatte sie näher kennen zu lernen, in ununterbrochener Reihenfolge Liebes und Gutes erwiesen hat.

Fontane an Mathilde von Rohr, 16. 4. 1861

Der erste Brief geht an Sie, mein gnädigstes Fräulein; ich kann das neue Jahr nicht besser beginnen und seh' ein freundliches Zeichen darin, denn Ihr Name hat mir immer Glück bedeutet. Ich glaube *deshalb*, weil Wohlwollen und freundliche Gesinnungen wie von selber Glück schaffen, erst in der Vorstellung eines gewissen Geborgenseins, aber hinterher auch in aller Wirklichkeit. Empfindungen bethätigen sich auch und führen Gutes und Schlimmes für uns herauf, je nachdem die Gefühle sind.

Fontane an Mathilde von Rohr, 1. 1. 1882

MATHILDE VON ROHR (1810 – 1889), seit 1869 Stiftsdame im Kloster Dobbertin in Mecklenburg. Freundin und langjährige Korrespondenzpartnerin Fontanes, der sie ein »wahres Anekdotenbuch« nannte. Ihr verdankte er zahlreiche Details aus der märkischen Familiengeschichte für seine Wanderbücher und später für seine Erzählungen und Romane.

294

Unser Hertz – diese wunderbare Mischung von Lauge und Sentimentalität, von Schnurrigkeit und Geschäftlichkeit, von unglaublichster Offenheit und zugeknöpftester Reservirtheit (. . .)

Fontane an Paul Heyse, 7. 11. 1860

Es kommt mir nämlich so vor, als ob Ihnen die Fortsetzung der »Wanderungen« *mehr Sorge* als Freude schaffe, wobei es wenig ausmacht aus welcher Erwägung die Sorge erwächst, ob daraus, daß die Zeit für derlei Bücher überhaupt als vorüber ansehn, oder ob Sie lediglich vor einem drohenden Zuviel (denn dieser 3. Band ist ja nur eine *Hälfte* des Havellandes) erschrecken.
Diese Betrachtung, bei meiner Sensibilität in solchen Dingen, ist mir im Schreiben immer wieder und wieder hinderlich, und von dem verzeihlichen Wunsche beseelt den Schatten los zu werden, den ich beständig vor mir auf dem Blatte liegen sehe, richte ich die herzliche Bitte an Sie, wenn's sein kann, mich über diesen Punkt zu beruhigen. Kann es *nicht* sein, hätte ich also mit meiner Befürchtung Recht, so würde ich dies zwar lebhaft beklagen, aber den Schlag lieber jetzt empfangen als später.

Fontane an Wilhelm Hertz, 3. 11. 1869

Woher Sie *mehr Sorge* als Freude bei mir über Bd III zu schließen Grund hatten? Nein, lieber Herr Fontane! hiemit die ausdrückl. wohlüberlegte Erklärung:
daß ich sehr gern Bd III von Fontane Wanderungen verlegen werde und mich hiemit *ausdrücklich* um diesen Verlag angelegentlich bewerbe.

Wilhelm Hertz an Fontane, 4. 11. 1869

Was den halbverjährten Zwischenfall angeht, den ich wieder hervorgeholt habe, so bitt' ich sagen zu dürfen, daß ich ja nun durch zwanzig Jahre hin weiß, was ich an Ihnen habe. In mitunter sehr pressanten Lagen haben Sie mir immer nicht blos treu, sondern auch mit einer unendlich wohlthuenden Leichtigkeit (nichts schmerzlicher als in solchen Momenten eine »schwere Hand«) zur Seite gestanden. Ich vergesse so was nie. Aber, Pardon, Sie haben mich mitunter auch leiden lassen, wenn auch sicherlich ohne Absicht. Ein, zwei Fälle abgerechnet. Aber da mocht' ich schuld sein.

Fontane an Wilhelm Hertz, 18. 10. 1879

WILHELM HERTZ (1822–1901), Berliner Verleger und langjähriger Korrespondenzpartner Fontanes, der es sich nicht nehmen ließ, seinen Autor auf den Wanderungen durch die Mark zu begleiten. 1861 druckte er bereits die »Balladen«.

Bitte, schicken Sie dem Papa meine Zeilen nicht, wenn Sie glauben, daß es ihn, inmitten seiner Kur, ernstlich verdrießen oder wohl gar schaden könnte. Es genügt mir vollkommen, wenn er später auf Umwegen und in der Verdünnung davon erfährt. Ich war in einer *sehr* fatalen Lage; es sagen, hatte 'was Forcirtes und wie vom Zaun Gebrochenes , und doch *mußt'* es einmal gesagt werden. Man hat doch schließlich Pflichten gegen sich selbst.

Fontane an Hans Hertz, 11. 10. 1879

Herzlichsten Dank für die Bücher und die freundlichen Begleitzeilen. Das Störtebekerlied ist sehr famos, und ich habe was davon. Das, was vom Volk kommt (im Gegensatz zum Ratsherrn oder gar zum Assessor), ist immer mehr oder weniger brauchbar; furchtbar wird die Welt erst mit der Aktenschmiererei, mit dem Kommissionsbericht und der – Enquête. Unter besten Empfehlungen an Sie und den Papa.

Fontane an Hans Hertz, 4. 4. 1895

HANS HERTZ (1848 – 1895), Verleger, ältester Sohn und Nachfolger des Verlegers Wilhelm Hertz, endete durch Selbstmord.
Als Junge hatte auch er zuweilen Fontane auf seinen Wanderungen durch die Mark begleitet.

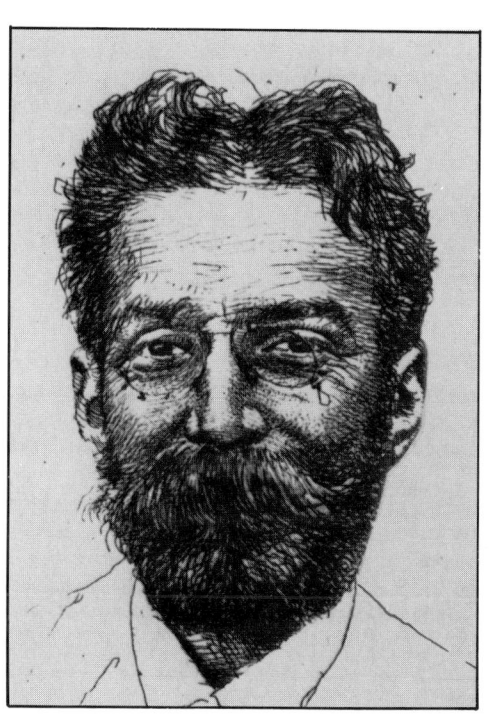

Ihr freundlichen Worte über ›Irrungen Wirrungen‹ haben mir sehr wohlgetan, da bis jetzt nur wenige den Mut gehabt haben, sich ehrlich zu den darin niedergelegten Anschauungen zu bekennen. Die meisten, soweit sie nicht Heuchler sind, warten, gestützt, ›auf des Mutes beßren Teil‹, erst ab, wie der Hase läuft.

Fontane an Paul Schlenther, 14. 9. 1887

Es gibt zehn oder, wenn es hoch kommt, hundert Menschen in Deutschland, die von der Erkenntnis und der freundlichen Gesinnung sind, die Männer wie Sie oder der kleine Brahm oder der liebenswürdige M. v. Waldberg solcher Arbeit entgegenbringen – das große Publikum, nun, es ist nicht nötig, große Worte darüber zu verlieren. (. . .) Sie aber seien nochmals schönstens bedankt für ihr treues Zu-mir-Stehen und – ich bitte das sagen zu dürfen – beglückwünscht für Ihr freies Drüberstehen.

Fontane an Paul Schlenther, 22. 6. 1888

PAUL SCHLENTHER (1854–1916), Schriftsteller und Theaterleiter. Partner und Nachfolger Fontanes als Theaterkritiker der »Vossischen Zeitung« in Berlin. Gründete mit Otto Brahm 1889 in Berlin den Verein »Freie Bühne«, den er ab 1893 leitete. Ab 1898 Direktor des Wiener Burgtheaters; gab gemeinsam mit Pniower die erste Sammlung Fontanescher Briefe an die Freunde heraus (1910); Korrespondenzpartner Fontanes seit Mitte der achtziger Jahre

Anbei hab ich die Ehre Ihnen den 2. Halbband meiner Darstellung des 66er Krieges zu übersenden. Er ist noch nicht ausgegeben, weshalb auch ein Hinweis in der Zeitung noch zu früh käme. Überhaupt (was ich nicht mißzuverstehn bitte) ist es mir um solchen wenig zu tun; Bücher müssen im Stillen erobern, von Haus zu Haus; was die Zeitungen tun, ist flüchtig. Diese nüchterne Erwägung soll aber nicht in Abrede stellen, daß mir ein gelegentliches kurzes Hervorheben des *Prinzips,* nach dem das Buch geordnet und gebaut ist, angenehm wäre. Der eine oder andre merkt doch auf. Selbst meine *Freunde* (ja diese oft am wenigsten) haben keine Ahnung davon, was es mit diesem Buch eigentlich auf sich hat, und daß ich mir, gerade wie in meinen »Wanderungen«, eine Behandlungsart erfunden habe, die vorher einfach nicht da war. Ich fordre jeden auf der kann, mich zu widerlegen. Es soll ihm schwer werden.

Verzeihen Sie diese Zuversicht. Ich bin sonst nicht *so.* Ihre in solchen Dingen gewiß geübte Empfindung wird zwischen Geckenhaftigkeit und ruhiger Überzeugung zu unterscheiden wissen.

Fontane an Hermann Kletke, 29. 8. 1870

Die Druckfehler machen mich ganz nervös. Ich gehöre zu den Schriftstellern, die es genau nehmen, sehe alles dreimal durch, schreibe, wo irgend eine Schwierigkeit droht, das Wort in Parenthese drüber oder daneben, – aber alles vergebens. In jedem Aufsatz sind immer vier, fünf Fehler.

Statt »in aestheticis« finde ich heute »in aestheticus« was einen so sehr ungebildeten und dadurch störenden Eindruck macht. Gru*vd* statt Grund mag passieren weil es harmlos ist; aber Grethe statt Goethe ist wieder furchtbar lächerlich und dadurch für den Schriftsteller höchst ärgerlich. Dazu nun gar – wenn auch ersichtlich aus bester Absicht – eine Korrektur! In der 6letzten Zeile ist statt

sofort sichtbar werden

(das dazugehörige *muß* folgt am Schlusse des Satzes)

sofort sichtbar wird

gedruckt, wodurch mit Gottes Hülfe gerade der entgegengesetzte Sinn herauskommt.

Gegen nachträgliche Berichtigungen bin ich prinzipiell. Aber könnten Sie etwas tun, daß mir durch solche Dinge weniger die Laune verdorben wird? Ich bin schrecklich abhängig von solchen Bagatellen, wie jeder der sich Mühe gibt.

Fontane an Hermann Kletke, 16. 9. 1870

HERMANN KLETKE (1813–1886). Journalist; von 1867–1880 Chefredakteur der Vossischen Zeitung, in der Fontanes Buch »Kriegsgefangen« ab 25. Dezember 1870 als Vorabdruck erschien.

Seien Sie schönstens bedankt für Ihren Brief und die *erste* Kritik über »Irrungen Wirrungen«. Ich kann nur sagen, ich wünsche von Herzen, daß die Kritiken, die folgen werden, nicht unfreundlicher ausfallen mögen. Ja, Sie haben es vorzüglich getroffen: »Die Sitte gilt und muß gelten«. Aber daß sie's muß, ist mitunter hart. Und weil es so ist, wie es ist, ist es am besten: man bleibt davon und rührt nicht dran. Wer dies Stück Erb- und Lebensweisheit mißachtet – von Moral spreche ich nicht gern –, der hat einen Knacks fürs Leben weg. Ja, das wär es ungefähr.

Wenn ich Tugendphilister dergleichen schreiben konnte, so ist das die ewig alte Geschichte: Rotköppe mit Sommersprossen und einer riesigen Sirupsstulle im Maul verschlingen Heldengeschichten, und Leute, die keine Fliege an der Wand töten können, sind literarisch von einer Beilfertigkeit, um die sie Krauts beneiden könnte. So bin ich zum Schilderer der Demimondeschaft geworden. Ich hab es durch Intuition, um nicht blasphemistisch zu sagen »von oben«. Schließlich ist es aber nicht so wunderbar damit. Erstlich hat man doch auch in grauer Vergangenheit in dieser Welt rumgeschnüffelt, und zweitens und hauptsächlichst: alles, was wir wissen, wissen wir überhaupt mehr historisch als aus persönlichem Erlebnis.

Fontane an Friedrich Stephany, 16. 7. 1887

FRIEDRICH STEPHANY (1830–1912), Chefredakteur der »Vossischen Zeitung« seit 1870.

Haben Sie besten Dank für Ihr Buch. Ich schreibe also nicht, aber nur, um dafür mal ordentlich über Sie zu schreiben. Dies wird mir gar nicht schwer, wie mir nichts schwer wird, wenn es einer in mir lebenden starken Empfindung entspricht. Ich gedenke meine nächste Sommerfrische zu einem Artikel zu benutzen, der etwa die Überschrift führen soll »Welt- und Kriegsfahrten eines Berliner Touristen«. Oder so ähnlich. In diesem Artikel will ich Sie und Ihr Talent schildern. Sie sind eine ganz exzeptionelle Erscheinung und nach meiner Länder- und Völkerkunde etwas noch nie Dagewesenes. Selbst die guten lieben »own correspondents« müssen einpacken. Beispielsweise W. Russels darstellende Kraft (»powerful language«) kommt der Ihrigen allerdings gleich, oder übertrifft sie vielleicht noch an dramatischer Gewalt; aber welche Einseitigkeit! Wie wenig reelles, positives Wissen.

Fontane an Ludwig Pietsch, 10. 11. 1878

Als Charakter steht er ganz tief, ist Null, zählt nicht mit, aber sein Journalistisches ist nicht bloß ersten Ranges, sondern ganz einzig in seiner Art. Dabei hat er (. . .) eine überaus feine künstlerische Empfindung, auf literarischem Gebiete fast noch mehr als auf dem der bildenden Künste. Wieviel Schönes hat er über Storm, Turgenjew und viele andre geschrieben.

Fontane an Georg Friedlaender, 2. 3. 1886

LUDWIG PIETSCH (1824–1911), Publizist und Zeichner; seit 1864 Mitarbeiter der »Vossischen Zeitung« für Kunstkritik, Gesellschafts- und Reiseberichte.

Ich habe noch gestern nachmittag in einem kleinen litterarischen Kaffee, Lazarus und Zöllner gegenüber, in den wärmsten Worten über Ihr Buch gesprochen, Ihren Stil, Ihre Sprache bewundert, immer wieder ausgerufen: »Welcher Fortschritt in unsrer Litteratur; so sprechen Menschen, das ist Rückkehr zur Natur und Einkehr bei ihr« und habe dann den Onkel Johannes geschildert und die rothaarige Diebs- und Dienst-Magd und den unübertrefflich schönen Oberlehrer Mölldorf, den ich in meiner Kritik leider vergessen habe, all das hab' ich getan und habe dann hinzugesetzt: »Wer *das* kann, der braucht blos auf der Hut zu sein, um den Unoriginellen aus dem Wege zu gehn und dafür das Aparte, das in eignen Stiebeln Stehende zu packen.«

Fontane an Paul Lindau, 3. 11. 1886

Ich sei spröde, schreiben Sie. Ja und nein. In der Vereinsamung, in der man lebt, in der ich wenigstens lebe, sehnt man sich nach Umgang mit einem wirklichen Menschen (die bekanntlich sehr rar sind), und der Verkehr mit einem Manne von Ihrem litterarischen Ansehen, Ihrer gesellschaftlichen Stellung und Ihrem liebenswürdigen Umgangsformen würde mich – jetzt ist es auch damit vorbei – vor wenig Jahren noch beglückt haben. Aber die Verhältnisse haben es seinerzeit entweder direkt verboten oder aber mich annehmen lassen (und ich glaube mit Recht), daß einem derartig versuchten freundschaftlichen Verkehre die Dauer gefehlt haben würde. Und das giebt dann blos Schlußverstimmungen und mehrt gerade das, das ich im Leben am meisten zu meiden suchte.

Fontane an Paul Lindau, 22. 4. 1888

PAUL LINDAU (1839–1919), produktiver Schriftsteller, gründete 1872 in Berlin die Wochenschrift »Die Gegenwart«; Gründer und Leiter der Monatsschrift »Nord und Süd« (1878–1904). Nach einem von Franz Mehring in der »Berliner Volkszeitung« aufgedeckten Korruptionsskandal, in den Lindau verwickelt war, verließ er Berlin für längere Zeit. Korrespondenzpartner Fontanes seit 1872.

An Fontanes ›Vor dem Sturm‹ würge ich nun schon bald acht Wochen; es ist gar nicht zu sagen, was das für ein albernes Buch ist. Ein Roman in vier Bänden, mit gewiß nicht weniger als 100 Personen und dabei nicht so viel Handlung, um auch nur einen halben Band daraus zu machen. Und das muß man lesen und darüber auch noch schreiben! Es ist so unglaublich dumm und albern, daß es mir aus diesem Grunde eine Art von negativem Vergnügen macht; ich frage mich immer: Was wird nun kommen? Werden sie wieder über Land fahren (mit den Ponies)? Werden sie sich wieder zu Tisch setzen? Werden sie wieder schlafen gehn? Das ist die beständige Runde, die (sich) statt durch 4 Bände durch vierzig fortsetzen könnte. Wer aber hält's aus, mitzugehn? Wenn nur Fontane nicht ein so feiner, liebenswürdiger und gescheiter Mann wäre. Und so etwas zu schreiben!

Tagebuchnotiz von Julius Rodenberg, 27. 12. 1878

Sie lösen die Gentlemanaufgabe, wohltuend zu loben und zu tadeln (jenes ebenso schwer wie dieses) und Ihren Ausstellungen Worte zu leihen, vor denen sich auch der Eigensinnigste und Selbstgerechteste jedes Widerspruchs begeben muß. Wie fein die Bemerkung, daß das, was ein Epos sein solle, hier im Wesentlichen eine Aneinanderreihung von Balladen sei! Es trifft nicht nur den schwachen Punkt, es *erklärt* ihn auch, ja glorifiziert ihn halb. »Wir vermissen nicht den äußren Zusammenhang, wohl aber fehlt zuweilen der organische, der künstlerische« – durch diese wenigen Worte haben Sie mich in meinem bisherigen Widerstande besiegt. Denn im Vertrauen gesagt, ich nahm bis dahin das »schwach in der Komposition« für eine bloße Schablonenbemerkung. Selbst Heyse, auf den ich begreiflicherweise viel gebe, hatte mich nicht bekehren können – *Ihnen* ist es geglückt.

Fontane an Julius Rodenberg, 29. 1. 1879

Sehr liebenswürdiger Brief von Fontane, der sich für meine Kritik seines Romans ›Vor dem Sturm‹ im letzten Hefte der ›Rundschau‹ bedankt, obwohl sie mannigfachen Tadel enthält. Er ist eine von den seltenen anständigen Naturen, die für andre noch Anerkennung sind und die man durch Tadel nicht verletzt, versteht sich, wenn er in anständiger Weise vorgebracht wird.

Tagebuchnotiz von Julius Rodenberg, 30. 1. 1879

JULIUS RODENBERG, eig. Julius Levy (1831–1914), Journalist und Romanschriftsteller, war Herausgeber des »Salons für Literatur, Kunst und Gesellschaft«. In der von ihm 1874 gegründeten Berliner Monatsschrift »Deutsche Rundschau« veröffentlichte er später Fontanes Romane »Unwiederbringlich«, »Frau Jenny Treibel« und »Effi Briest« in Vorabdrucken.

Ihre Besprechung meines Buches (Irrungen, Wirrungen) ist so ziemlich das Liebenswürdigste, was über mich gesagt worden ist, und altmodisch in vielem, bin ich's auch darin, daß mir das persönlich Liebenswürdige noch mehr gilt als das dreimal unterstrichene Lob, als die schmeichelhafteste Anerkennung, an der es Ihre Güte ja auch nicht hat fehlen lassen. Nochmals besten Dank.

Fontane an Maximilian Harden, 24. 12. 1888

Wenn ich tot bin, und es findet sich wer, der mich der Nachwelt überliefern will, so geben ihm die Vorreden zu meinen verschiedenen Büchern, zum Teil die Bücher selbst – weil sie wie »Kriegsgefangen«, »Aus den Tagen der Okkupation«, »Ein Sommer in London«, »Jenseits des Tweed« usw. Erlebtes enthalten – das beste Material an die Hand. Aber das hilft *Ihnen* heute nichts, und die Stunde mit ihren Forderungen hat recht. Ich glaube, wenn Sie den Artikel im Brockhausschen Konversations-Lexikon als roten Faden nehmen und dann einiges, wie zum Beispiel den Balladenbarden, den Alten-Fritz-, Zieten-, Kaiser-Friedrich-, Bismarck-Sänger, den Wanderer durch die Mark, den Schlachtenbummler mit ekligen Gefahren im Gefolge, vielleicht auch ein bißchen den »Realisten« und Kritiker in der guten alten »Vossin«, weiter ausführen, so erfreuen Sie mich und andere durch einen wundervollen Artikel.

Fontane an Maximilian Harden, 7. 11. 1889

Unter Umständen ist auch ein Dank nicht ganz leicht, weil man dem Dank einen Ausdruck geben möchte, der einigermaßen der Gabe entspricht. Aber ich kriege die richtige Pegelhöhe nicht heraus, was mehr an Ihnen als an mir liegt. Warum haben Sie's so gut gemacht! Jeder liest gern was Schmeichelhaftes über sich, aber ich darf versichern, daß mein Kunstgefühl sich noch mehr freute, als meine Eitelkeit. So famos finde ich es. Welche Gabe der Anordnung, der Führung, des richtigen Zitierens – eine Gabe, die so wenige haben. Daß ich als Alter-Fritz-Grenadier an den Schluß gestellt werde, ist sublim und hat mich am meisten entzückt. Auch was Sie über meine Abstammung sagen; ich bin Märker, aber noch mehr Gascogner. Nochmals herzlichsten Dank.

Fontane an Maximilian Harden, 17. 12. 1889

Unsere Zeit steht im Zeichen des Verkehrs – noch mehr steht sie im Zeichen des ledernen Briefes, und da einen Brief wie den Ihrigen zu erhalten, ist ein wahres Labsal. Jede Zeile sagt einem was, jedes Wort eine Anschauung.

Fontane an Maximilian Harden, 1895

MAXIMILIAN HARDEN, eig. Witkowski (1861–1927), Schriftsteller und Publizist, Gründer und Herausgeber der Wochenschrift »Die Zukunft«. Korrespondenzpartner des alten Fontane.

In unserm deutschen Zeitungen verfolge ich mit großem Interesse die englischen Kämpfe in Indien und am Nil. Die ersten sind natürlich die wichtigeren, denn sie sind das Vorspiel zu dem Großen und Entscheidenden, *was kommt* und worüber sich einer aus den Reihen Ihrer Hocharistokratie – wenn ich nicht irre, war es der Herzog von Hamilton – mit erfrischender Offenheit und Unbefangenheit ausgesprochen hat. Wenn ein Fremder dergleichen sagt, so stößt er leicht an. Wenn er sich aber Ansichten, die er vorfindet, nur anschließt, so geht es eher. Die englische Herrschaft in Indien *muß* zusammenbrechen, und es ist ein Wunder, daß sie sich bis auf den heutigen Tag gehalten hat. Sie stürzt, nicht weil sie Fehler oder Verbrechen begangen hätte – all das bedeutet wenig in der Politik. Nein, sie stürzt, weil ihre Uhr abgelaufen ist, weil ein »anderes« mächtig in die Erscheinung drängt. Dies »andere« heißt zunächst Rußland.

Fontane an James Morris, 26. 10. 1897

Ich kann mit Ausnahme des Technischen und Naturwissenschaftlichen (wiewohl auch da die großen Dinge der Vergangenheit angehören) nirgends einen Weltfortschritt wahrnehmen. Die Kanonen und Gewehre werden immer besser und scheinen die Fortdauer europäischer »Zivilisation im Pizarrostil« vorläufig noch verbürgen zu wollen. Aber es geht auch damit auf die Neige. Die nichtzivilisierte Welt wird sich ihrer Kraft bewußt werden, und der große Menschheitsauffrischungsprozeß wird seinen Anfang nehmen. Eigentlich sind wir schon in der Sache drin.
Am bedrohtesten ist England, weil es seine Flügel über die Erde hin am weitesten ausgebreitet hat. Überall schwere Gefahr. Aber wie immer, wenn die Gefahren sich mehren, ja, wenn »decay and fall« als Möglichkeiten am Horizonte sichtbar werden, raffen sich die Völker noch mal zu größten Leistungen auf, und so finde ich denn auch die Haltung Englands im gegenwärtigen Augenblicke geradezu bewundernswert.

Fontane an James Morris, 6. 1. 1898

JAMES MORRIS (1826–1900), Londoner Arzt, Freund Fontanes seit 1852. Fontane hatte Morris 1852 in England kennengelernt, damals nahm der junge Arzt Deutschunterricht bei ihm. Jahre später entwickelte sich zwischen beiden ein Briefverkehr, der an Umfang und Bedeutung fast die Korrespondenz mit Friedlaender erreichte. Morris schickte englische Zeitungen und Zeitschriften und Fontane äußerte dazu seine Meinungen. Sie betrafen die bildende Kunst, und vor allem die große Politik. Als Zeugnisse für Fontanes Einschätzung der weltpolitischen Entwicklung sind seine Morris-Briefe von hohem Wert. Scharf verurteilte er Militarismus, Kolonialismus und Kriegspolitik, fordert Abrüstung und Völkerverständigung.

Sie kennen mein »Faible« für Dr. O. Brahm und wissen, daß ich mich freue, wenn ich mich ihm in irgendeiner Weise nützlich machen kann. Aber was Hebel mal zu Tieck sagte, als dieser fragte: »Sagen Sie, Herr Kirchenrat, warum schreiben Sie nichts mehr?« und dieser antwortete: »Mir fällt halt nix mehr ein« – das drückt genau meine Situation aus.

Fontane an Otto Brahm, 19. 10. 1890

Ich habe mich nie für einen großen Kritiker gehalten und weiß, daß ich an Wissen und Schärfe hinter einem Manne wie Brahm weit zurückstehe. (. . .)

Fontane an Mete, 21. 2. 1891

Ich folge den Bestrebungen der neuen Schule mit dem größten Interesse und bin mit vielem einverstanden – was ich ja auch nicht bloß briefverborgen, sondern auch auf Zeitungslöschpapier öffentlich ausgesprochen habe; aber ich mag die Kämpfe nicht mitkämpfen (. . .) Mit klingendem Spiel in das Lager der »Neuen« überzugehen, wäre Kleinigkeit und mir moralisch unbedenklich, aber dazu fehlen mir einige Zentner Überzeugung. Ich sehe das Gute, aber auch das Nicht-Gute und drücke mich in die Sofaecke. Mit 71 darf man das.

Fontane an Otto Brahm, 4. 4. 1891

Allerherzlichste Glückwünsche zu dem großen Erfolg. Ich hätte Ihnen dies schon gestern ausgesprochen, doktorte aber an einem Artikelchen herum, zu dem mich meine Erregung und der Wunsch, doch auch noch mit dabei zu sein (»letztes Aufgebot«), drängte.
Das Stück ist vorzüglich, epochemachend. Ob jemand dran herumtadelt, meinetwegen selbst mit Recht, ist gleichgültig. An Bismarck wird auch herumgetadelt (ich mit), er bleibt aber Bismarck, und das ist gerade genug. Sprechen Sie dem liebenswürdigen Dichter, der mal wirklich einer ist und ein Mensch dazu, meinen herzlichsten Dank aus.

Fontane an Otto Brahm am 27. 9. 1894,
nach der Aufführung von
Gerhart Hauptmanns »Weber« am 25. 9. 1894

OTTO BRAHM (1856–1912). Literaturhistoriker und Kritiker, hatte 1889 zusammen mit Paul Schlenther den Verein »Freie Bühne« gegründet, der die naturalistische Kunstrichtung propagierte. 1889–1893 Leiter der dazugehörigen Bühne im Lessing-Theater; seit 1890 auch Herausgeber der Zeitschrift »Freie Bühne für modernes Leben«. 1894 hatte Brahm die Direktion des »Deutschen Theaters« in Berlin übernommen. Die ersten Aufführungen unter seiner Leitung wurden heftig kritisiert.

Die beiden Friedländerschen Damen sind sans phrase vorzüglich, fein und liebenswürdig, und auch klug genug für jedes Gespräch, selbst heikle Themata mit eingeschlossen, woran man immer einen Bildungsmesser hat; nur die Dämlichen sind ötepötöte. Er, Friedländer, der natürlich den Löwenantheil der Unterhaltung zu bestreiten hat, ist in den Banden des Persönlichen, nur was er erlebt hat, nur was in seinen Umgangskreis eingetreten ist, interessirt ihn und ein Gespräch über das Angelsachsenthum (das ich übrigens hier ausnahmsweise *nicht* geführt habe) über die historische Mission der Stämme zwischen Elbe, Weser und Ems, über ihre Verwandtschaft mit dem Skandinavischen und ihre Verschiedenheit davon, über die Verquickung mit dem Celtischen einer- und dem Slawischen andrerseits, – ein Gespräch über Themata derart langweilt ihn sofort, kaum daß er Geduld hat einer altenfritzischen Anekdote zuzuhören, wenn sie nicht *sehr drastisch* ist. Aber so gewiß dies einen Mangel ausdrückt, so gewiß ist es auch, daß er sich innerhalb *seiner* Welt mit einer vollkommenen Meisterschaft bewegt. Er erinnert mich in all diesen Stücken ganz außerordentlich an Rich. Lucae, der auch so virtuos war, weil er seine Geschichten, lauter Kabinetstücke, schon hundertmal erzählt hatte. Friedländer ist eitler und äußerlicher, aber trotz dieses Gewichtlegens auf gutsitzende Hosen etc. doch viel *unbourgeoishafter*, ein Vorzug, der mir, je älter ich werde, immer mehr bedeutet. Ich hasse das Bourgeoishafte mit einer Leidenschaft, als ob ich ein eingeschworener Socialdemokrat wäre.

Fontane an Mete, 25. 8. 1891

Keines Menschen Gespräch hat mich je so gefesselt und angeregt wie das Ihre. Und zwar immer aufs neu, sagen wir »unentwegt«. Aber alles fordert Kraft, und die habe ich nicht mehr. Schmiedeberg bedeutet mir einen Platz zum Rückzug aus dem Leben, bis zum Erlöschen. Bewahren Sie mir Ihre Freundschaft, stehen Sie mir und den Meinen liebevoll bei wie bisher – ohne diesen Beistand hätten wir verspielt –, aber stellen Sie mich in unserm mich beglückenden und eine Lebensbedingung für mich bildenden Verkehr auf kleine Dosen. Seien Sie viel um mich, aber nur auf halbe Stunden. Vielleicht genese ich noch mal und kann Ihnen dann sagen und im Plaudern bestätigen, wie sehr ich an Ihnen hänge.

Fontane an Georg Friedlaender, 10. 6. 1892

GEORG FRIEDLAENDER (1843 – 1914), Amtsrichter und späterer Amtsgerichtsrat in Schmiedeberg/Riesengebirge. Mit ihm traf sich Fontane während seiner Erholungszeiten im Riesengebirge. Ihre Gespräche setzten sich in einer freundschaftlichen Korrespondenz fort, die zu den aufschlußreichsten für die späten Jahre des Dichters gehört. Friedlaender wurde der bedeutendste Korrespondenzpartner des alten Fontane außerhalb seiner Familie.

Sie sprechen an einer Stelle von einem »prinzipiellen Gegner.« Haben Sie's aufs Politische bezogen, so ist das halb richtig, aber doch auch nur halb, haben Sie's auf Kunstrichtung bezogen, so trifft das Gegentheil zu. Die realistische Schule hat nicht einzig und allein Recht, aber sie hat so gut Recht wie die ihr entgegengesetzte. Daß ich dem Lebens- und Wahrheitsvollen, dem Phrasenlosen und Ungeschminkten in der Kunst, dem Muth der Meinung und des Ausdrucks, so zugethan bin, das ist es, was mich in Ihrer Arbeit über das Sozialpolitische ganz hinweg sehen läßt. Vielleicht könnte ich dies nicht, wenn Ihr Stück in dem altherkömmlichen Sinne ein »Tendenzstück« wäre, wo einem ein beliebiger, meist sehr lederner und sehr anfechtbarer Satz aufs Brot gestrichen wurde, aber solches Tendenzstück ist Ihr Stück nicht, auch dann noch nicht, wenn Sie's selbst dafür ausgeben. Das kommt sehr oft im literarischen Leben vor, daß die eingeborne Kunst des Künstlers mächtiger ist, als der Wille des Künstlers, die Natur siegt über Plan und Dogma (. . .) Ihr Stück mag in Ihren Augen vor allem ein *soziales* Drama sein, in meinen Augen ist es ein Drama, ein Stück Leben, und das bedeutet mehr.

Fontane an Gerhart Hauptmann,
über das Stück »Vor Sonnenaufgang«, 12. 9. 1889

Schon gestern abend wollte ich Dir einen kleinen Brief stiften, kam aber nicht dazu, weil ich anderweitig eine große Korrespondenz hatte; darunter ein Brief an einen Herrn Gerhart Hauptmann, der ein fabelhaftes Stück geschrieben hat: »Vor Sonnenaufgang«, soziales Drama, fünf Akte. Ich war ganz benommen davon.

Fontane an Mete, 14. 9. 1889

Über Hauptmanns Drama wird noch viel gestritten und manche vieljährige Freundschaft ernster oder leichter gefährdet werden, aber über eines wird *nicht* gestritten werden können, über den Dichter selbst und über den Eindruck, den sein Erscheinen machte. Statt eines bärtigen, gebräunten, breitschultrigen Mannes mit Klapphut und Jägerschem Klapprock erschien ein schlank aufgeschossener junger blonder Herr, von untadligstem Rockschnitt und untadligsten Manieren, und verbeugte sich mit einer graziösen Anspruchslosigkeit, der wohl auch die meisten seiner Gegner nicht widerstanden haben.

Fontane über Gerhart Hauptmann in »Causerien über Theater«

Von Beginn meiner sogenannten Laufbahn an ist Theodor Fontane mein höchster Protektor gewesen.

Gerhart Hauptmann über Fontane in seinen Lebenserinnerungen

GERHART HAUPTMANN (1862–1946). Die Uraufführung von Hauptmanns sozialem Drama »Vor Sonnenaufgang« fand am 20. Oktober 1889 statt. Fontane besprach die Aufführung und das Stück begeistert; die Rezension – seine längste Theaterkritik überhaupt – erschien in zwei Teilen am 21. und 22. Oktober 1889 in der »Vossischen Zeitung«. Auch seine letzte Theaterkritik war eine Kritik eines Hauptmann-Stükkes: Im »Deutschen Theater« wurden am 25. September 1894 die »Weber« aufgeführt.

Psychographie und redende Namen

Ein Fontane-Aufsatz ohne Erörterung der Bedeutung, die Ortsnamen, Familiennamen, Vornamen für den Dichter hatten, wäre ein Unding. Das seltsam schöne, in jedem Sinne herbstliche Gedicht »Adelig Begräbnis« besteht aus zehn märkischen Adelsnamen, einem Ortsnamen und einem Bevölkerungsnamen, das heißt, die Namen ergeben 13% des Aufgebots von 92 Wörtern, die das ganze Poem ausmachen. Das Widmungsgedicht des Bandes »Havelland« der »Wanderungen« bietet die folgende Strophe, in der sich die Ortsnamen sachte aus dem Sachbezug lösen und ein heiteres realitätsentbundenes Spiel treiben, zumal für den nicht-märkischen Leser:

> »Und an dieses Teppichs blühendem Saum
> All die lachenden Dörfer, ich zähle sie kaum:
> Linow, Lindow,
> Rhinow, Glindow,
> Beetz und Gatow,
> Dreetz und Flatow,
> Bamme, Damme, Kriele, Krielow,
> Petzow, Retzow, Ferch am Schwilow,
> Zachow, Wachow und Groß-Bähnitz,
> Marquardt-Ütz an Wublitz-Schlänitz,
> Senzke, Lenzke und Marzahne,
> Lietzow, Tietzow und Rekahne,
> Und zum Schluß in dem leuchtenden Kranz:
> Ketzin, Ketzür und Vehlefanz.«[181]

So rückt, um von etlichen anderen Namenreihungen
ganz zu schweigen, auch eine No-fiction-Passage am
Schluß des ersten Halbbandes von »Der Krieg gegen
Frankreich« in den Rang Fontanescher Poesie auf:
»Von altpreußischen Familien aber war vielleicht *keine,* die nicht einen der Ihren auf der Walstatt hatte; oft
zwei oder drei. Welche Auslese berühmter Namen!
Schwerin, Zieten, Kleist und Winterfeldt; Schulenburg
und Alvensleben; Arnim und Itzenplitz; Rohr, Bredow, Quast; Stückradt und Stülpnagel; Auerswald und
Finkenstein; Natzmer und Buddenbrock; Dewitz,
Marwitz, Borck und Massow; Puttkammer und Kame-
ke; Brandenstein und Manstein; York von Warten-
burg. Auch ein Enkel Gneisenaus war unter den Tod-
ten.«[182] Diese Namen hätten sich auch alphabetisch
oder nach der Rangliste ordnen lassen, sie sind aber
unverkennbar nach phonetisch-lyrischem Prinzip auf-
gereiht, alliterativ, stab-, binnen- und endreimend,
rhythmisch. Ist er sich dessen bewußt gewesen? Floß es
ihm so von selbst aus der Feder? Er läßt uns nur wissen:
»Man pflegt zu sagen, Namen sind tot. Das ist nur sehr
bedingungsweise richtig. Es fragt sich, an welches Ohr
der Name klingt. Ein kaschubischer Tagelöhner wird
bei dem Namen Bayards oder Gustav Adolfs oder
Washingtons gar nichts empfinden, für jeden Gebilde-
ten aber haben die bloßen Namen dieser Männer einen
Zauber, und der kleinste Zug oder Umstand, der an
diese Namen anknüpft, ist ein Gegenstand der Pietät
und der Verehrung, mindestens des poetischen Interes-
ses.«[183]
In dem Entwurf »Wiedergefunden« heißt es: »Necke-
rei-Gespräche über Schmidt und Kleinschmidt, und er
nun über Lilli v. Liliencron. Das ist freilich poetischer.
Aber ein Name kann auch zu poetisch sein.«[184] »Effi
Briest« ist eine seiner glücklichsten Namensfindungen,

poetisch, nicht zu poetisch: »Ja, die arme Effi! Vielleicht ist es mir so gelungen, weil ich das Ganze träumerisch und fast wie mit einem Psychographen geschrieben habe . . .«, wie mit einem Schreibgerät für spiritistische Sitzungen . . . »Sonst kann ich mich immer der Arbeit, ihrer Mühe, Sorgen und Etappen erinnern – in diesem Falle gar nicht. Es ist wie von selbst gekommen und ohne alle Kritik. Auf meine Frage: ›Was macht denn der?‹ (ein Offizier, der früher viel bei Lessings verkehrte, und den ich nachher in Innstetten transponiert habe), erzählte mir meine Gönnerin die ganze ›Effi-Briest‹-Geschichte, und als die Stelle kam, zweites Kapitel, wo die spielenden Mädchen durchs Weinlaub in den Saal hineinrufen: ›Effi komm‹, stand mir fest: ›Das mußt du schreiben.‹ Auch die äußere Erscheinung Effis wurde mir durch einen glücklichen Zufall an die Hand gegeben. Ich saß im Zehnpfundhotel in Thale, auf dem oft beschriebenen Balkon, . . . und sah nach der Roßtrappe hinauf, als ein englisches Geschwisterpaar, er zwanzig, sie fünfzehn, auf den Balkon hinaustrat und drei Schritt vor mir sich an die Brüstung lehnte, heiter plaudernd und doch ernst. Es waren ganz ersichtlich Dissenterkinder, Methodisten. Das Mädchen war genauso gekleidet, wie ich Effi in den allerersten und dann auch wieder in den allerletzten Kapiteln geschildert habe: Hänger, blau und weiß gestreifter Kattun, Ledergürtel und Matrosenkragen. Ich glaube, daß ich für meine Heldin keine bessere Erscheinung und Einkleidung finden konnte, und wenn es nicht anmaßend wäre, das Schicksal als ein einem für jeden Kleinkram zu Diensten stehendes Etwas anzusehen, so möchte ich beinahe sagen: das Schicksal schickte mir die kleine Methodistin . . .«[185]
Dieses Bild der auf den Balkon tretenden Geschwister hat Thomas Mann aus dem Fontaneschen Bildervorrat

in seinen »Felix Krull« übernommen, ebenso die Auslassungen des Professors Kuckuck im Speisewagen
über die hinweisträchtigen Ähnlichkeiten von Mensch
und Schwein.

Fontane hat sie aus dem Munde seines Vaters in dessen
Schweinestall in Schiffsmühle vernommen: »... und
dann die Klugheit dieser Tiere, deren innerer Bau übrigens, wie jetzt wissenschaftlich feststeht, dem Menschen am nächsten kommt. Sus scrofa und Homo sapi-
ens, – es kann einem doch zu denken geben ...«[186] Da
dieses Gespräch zwischen dem greisen Vater und dem
reifen Sohn ganz sicher zum Schönsten gehört, was die
deutsche Literatur gezeitigt hat, die »Übertragung« im
psychologischen Sinn des Vaterbildes in den Sohn kurz
vor dem Tod des Vaters, so mag das Zitat den Exkurs
rechtfertigen.

Der Fall einer gewissen Elisabeth v. Ardenne, der
Großmutter des Elektrophysikers Manfred v. A., hat
die Fabel zur »Effi Briest«-Story geliefert; sie war es,
die ihm jene Frau Lessing tischgesprächsweise erzählte. Die fehltretende Dame war eine geborene v. Plotho,
märkischen Adels also. Fontane hat sie im ersten Entwurf in Betty von Ottersund umbenannt, an welcher
Erfindung die Nordversetzung des Adelsnamens wie
die Anglifizierung des Kosenamens jener Fontaneschen Nordausrichtung zuzuschreiben sind, von der wir
sprachen. Dann erst ist dem Dichter der Name Effi
Briest gekommen. Die Briests waren ein märkisches,
damals schon ausgestorbenes Geschlecht, und der
Name Effi kommt, so möchte ich meinen, von Euphe-
mia Deans aus Scotts Roman »The Heart of Mid-Lo-
thian«, den Fontane für Scotts beste Arbeit hielt. Eu-
phemia Deans hört den ganzen Roman hindurch auf
den Kurz- und Kosenamen Effi und ist die Tochter eines Presbyterianers strengster Observanz, was aber

nicht hindert, daß sie ein Kind hat, obwohl sie unver-
heiratet ist, und auf den Verdacht hin, es auch ermordet
zu haben, zum Tode verurteilt, nur durch königlichen
Gnadenerweis freikommt. Effi Deans ist also zum Teil
schuldig, unschuldig aber am Tode ihres Kindes. Nicht
ausgeschlossen, daß auch vom Namen ihres Verfüh-
rers, George Staunton, der seine Effi zur Lady Staunton erhebt und ent-schuldigt, ein phonetischer An-
klang auf Geert von Innstetten übergegangen ist. Die
Umstülpung des Scottschen Motivs ins Tragische wäre
zu beachten.

Effi Briest hat Vornamen und vokalischen Gleichlaut
mit Effi Deans gemeinsam: »... für mein Gefühl sehr
hübsch, weil viel e und i darin ist: das sind die beiden
feinen Vokale.«[187] Daß er den Vokalen überhaupt
mehr als bloß akustisch-phonetische Bedeutung bei-
maß, ist schon dem ersten sonnigen Kapitel der »Effi
Briest« zu entnehmen, wo es wie ein Wolkenschatten
über die Backfischalbereien hinweht: »Effi aber, während sie die Tüte auf die rasch zusammengeraffte
Tischdecke legte, sagte: ›Nun fassen wir alle vier an, jeder an einem Zipfel und singen was Trauriges.‹ – ›Ja,
das sagst du wohl, Effi. Aber was sollen wir denn singen?‹ – ›Irgendwas; es ist ganz gleich, es muß nur einen
Reim auf u haben; u ist immer Trauervokal. Also singen wir: Flut, Flut, mach alles wieder gut . . .‹ Und während Effi diese Litanei feierlich anstimmte, setzten sich
alle vier auf den Steg hin in Bewegung, stiegen in das
dort angekettelte Boot und ließen von diesem aus die
mit einem Stein beschwerte Tüte langsam in den Teich
niedergleiten. ›Hertha, nun ist deine Schuld versenkt‹,
sagte Effi, ›wobei mir übrigens einfällt, so vom Boot aus
sollen früher auch arme unglückliche Frauen versenkt
worden sein, natürlich wegen Untreue.‹«[188] Ein sehr
Fontanesches Motiv ist damit angespielt, die Asso-

ziation nasses Element – Weib – Todesbezogenheit.
Weder ›i‹ noch ›e‹ stehen jedoch für ihn eo ipso in dieser
assoziativen Beziehung. Denn in dem Namen seiner
Mutter, Emilie, fand er etwas »Festes, Solides, Zuver-
lässiges«. Für einen Dichter aber, dem die sogenannten
redenden Namen soviel bedeuteten wie ihm, kann es
nicht ohne ominöses Gewicht gewesen sein, daß seine
Braut – sie sei hiermit vorgestellt: Emilie Rouanet-
Kummer, eine »Französin aus Beeskow« – zum süd-
französischen Aussehen den gleichen Vornamen wie
die Mutter trug. Zudem repräsentierte diese zweite
Emilie im Leben des Dichters ähnliche Charakterei-
genschaften wie die Mutter, was weniger zufällig gewesen sein wird, als der Schein lehren möchte. Die Ehe
mit Emilie Rouanet sollte auch manche Parallele zur
Ehe des Vaters mit Emilie Labry aufweisen, mit der
Ausnahme, daß der Sohn, stetiger nun doch als sein Erzeuger und ins Positive gewandt, diese Ehe, mancher
Krise zum Trotz, bis ans Ende seiner Tage getreulich zu
führen verstanden hat. Für Emilie Rouanet kann das
kein Leichtes gewesen sein.

»Nomen et omen« sagt Fontane, bei Plautus heißt es
»nomen est omen« – Name ist Vorbedeutung. Das
wirkliche Leben scheint zuweilen solche Namen mit
Vorbedeutung liefern zu wollen, was allerdings immer
erst ex eventu zu konstatieren ist. Doch mag auch die
Mitgift des Namens die Lebensleistung des Namens-
trägers steuernd beeinflussen. In der erzählerischen, ly-
rischen und dramatischen Poesie ist die Namenswahl
sehr problematisch. Jedenfalls sollte der Dichtende
sich vor Überfrachtung seiner Personennamen mit
Ominösität bewahren. Da hat auch Fontane manchmal
– freilich zum Glück mehr in Fragmenten als in tatsächlich Publiziertem – hart gesündigt. In dem Entwurf
»Storch v. Adebar« findet sich folgende Latte:

»Baron Adolar Storch v. Adebar, K. Kammerherr
Baronin Cesarine Storch v. Adebar geb. Gräfin Tre-
  bia v. Trebiatinski
Arabella ⎫ v. Adebar (auch Goneril und Regan
Filomela ⎭ an anderer Stelle)
Dagobert v. Adebar
Freiin Rebecca v. Eichroeder
Graf Attinghaus
Rittmeister a. D. v. Rudenz, von den Spinathusaren
Justizrat Scharnweber
Rechtsanwalt Neigebauer
Lieutenant v. Vierzehnheiligen (heißt mit Vorna-
  men Athelstan Gneomor)
Lieutenant v. Zippelskirch
Leutnant Archembauld L'Homme de Bonneville
Pastor Mack. Pastor Wurmser
Generallieutenant z. D. Trebia v. Trebiatinski
Staatsminister a. D. Aus dem Winkel
General-Superintendent Wunderlich
Missionsprediger Schlicht
v. Zingst, v. Gnitz, Großh. Meckl. Schwer. Kammer-
  herr und Groß. M. Strelitzscher Kammerherr
Lieutenant v. Pirsch, Lieutenant v. Jagetzow.«[189]
Daran fällt ins Auge, daß die bürgerlichen Namen zwar
auch »reden«, doch nicht über die Maßen aufdringlich,
wenngleich zum Beispiel der Missionsprediger Schlicht
auch durch einen anderen Namen als eine schlichte Erscheinung hätte gekennzeichnet werden können. Beim
höheren Adel wird es schwer erträglich. Adolar Storch
v. Adebar ist meines Erachtens eine alberne Erfindung.
Doch sei sie nur mit Vorbehalt beanstandet, weil der
Dichter selbst dieses Phantasiegebilde nicht an die Öffentlichkeit hat gelangen lassen. Oder sollte das Persi-
flage sein? Bürgerliche Namen hingegen sind bald gefunden. Sie zu verwenden, kann niemand verbieten,

während es bei adeligen Namen problematisch werden und juristische Konsequenzen haben kann. Aber adelige Namen zu erfinden, die so altvertraut klingen wie für das Kennerohr die echten, ist entschieden schwer. Manchmal – es bleibt ein Glücksfall – ist die erzählerische Qualität derart meisterlich, daß ein nicht einmal besonders gut erfundener Name die Wahrscheinlichkeit der Echtheit bekommt. In einem solchen Fall vergißt man – und der Oberdeutsche merkt es sowieso nicht –, daß »Pogge v. Poggenpuhl« auf Hochdeutsch wahrhaftig doch »Frosch v. Froschtümpel« lauten würde, und so weit sollte der Spaß eigentlich nicht getrieben werden. Es kommt mir auch ungeschickt vor, z.B. aus dem bekannten Namen Tippelskirch (wie oben) ein Zippelskirch zu machen oder aus Glasenapp (wie in »Effi Briest«) Grasenabb, aus Bleichröder Eichroeder und so fort.

»Schach v. Wuthenow« dagegen ist eine überzeugende Erfindung, aus echtem Schack und echtem Wuthenau kollagiert. Oder nach Schach v. Wittenau? Wenn aber diesem Kavalier eine Karikatur zugeschickt wird, die ihn als Schach (heutige Schreibweise ›Schah‹) von Persien darstellt, so verdrießt mich etwas an solchem Erzählerkunstgriff. In der Kurzgeschichte »Eine Frau in meinen Jahren« heißt es: »Eine Freundin, Baronin Aßmannshausen, und seit vorgestern Großmutter, wie sie mir erzählte. – Mit Stolz? Aber doch noch hübsch und lebhaft. Und dazu der feurige Name . . .«[190] Der rote Aßmannshäuser! Das ist ja selbstgebastelte Kalauerei! Einen Namen erfinden, um damit dann Schnickschnack zu treiben? Ein fiktiver Name kann kein Omen haben, sondern wird vom Dichter nach dem Omen, das er haben soll, erfunden, und da steckt das Mißverständnis. Wo es angeht, sind echte Adelsnamen eingestreut und helfen die erfundenen zu integrieren.

Die bürgerlichen Namen »reden« oft so, daß es komisch wirken soll, tun es aber nicht mehr überzeugend, wie mir scheint. Von dem sicheren Griff, mit dem der Dichter auf der anderen Seite das zuliefernde und dienende Personal seiner Erzählungen benennt, war vorher schon eingehender die Rede.

Die Rätsel der Sphinx

Daß in der Bevölkerung der Cevennen, aus der Fontanes Mutter sich herleitete, spirituelle Veranlagungen endemisch waren, lehrt die Geschichte erwähnter Cevennenkriege, wo nicht nur Fanatismus, sondern auch Hellgesichte und Verzückungen gleich Waldbränden hochloderten. Schwarmgeisterei und Prophetentum beherrschten die schlupfwinkelige Landschaft. Man kann an unsern Wiedertäufern zu Münster sehen, wie derartige Ekstatik die Voraussetzung zu todesverachtendem Kämpfertum bildet. Hinter den streitbaren Glaubenskriegern dort im Süden Frankreichs standen Prophetinnen, eine Erscheinung, die die deutsche Geschichte nicht bietet, neuere Erscheinungen wie z. B. Gudrun Ensslin, weil noch unerforscht, einmal ausgenommen. Die führende Prophetin nannte man die Große Maria; so ist es bei Voltaire nachzulesen. Man kann für eine derart veranlagte Bergland-Bevölkerung ohne weiteres aber voraussetzen, daß ihre entzündliche Phantasie in ruhigeren Zeitläuften am überkommenen Sagengut fortspinne, welche schöpferische Betätigung wir »Mythologein« nennen wollen. Priesterliche Heroinen wie oben erwähnte

Maria gehören im übrigen in älteste Keltentradition.
Nun ist es soweit möglich, sich ein Bild davon zu machen, recht gewiß, daß die Mutter des Dichters für ihre
Person nicht das mindeste von alledem an sich hatte.
Oder blickte Louis Henri tiefer in das Wesen seiner
Frau, wenn er scherzte: »Wäre sie im Lande geblieben,
so tobten die Cevennenkriege noch«?[191] Doch vererbt
ja ein jeder nicht nur aus dem Eigenen, sondern zu infi-
nitesimalen und imponderabilen Anteilen aus dem
Erbe aller Ahnen. Wenn es da auch nichts zu beweisen
gibt, so, meine ich, kann die eigenartig irisierende Spi-
ritualität Fontanes aus dem Fontaneschen der Vater-
seite schon ganz und gar nicht erklärt werden, auch aus
dem großväterlichen Erbe nicht; denn jener Zeichenmeister der Preußenprinzen kann keineswegs von ex-
zeptioneller Geistigkeit gewesen sein, sondern war ge-
fällig und so à la mode, wie ein gewandter Lebenskünstler nur sein kann. (»Seinen Söhnen und Enkeln ist
die ... Lebenskunst verloren gegangen«[192], beklagt
der Dichter.) Nach alledem mag die Annahme gerechtfertigt erscheinen, Fontanes Geistigkeit, vielleicht auch
seine gelegentliche Sympathie für Sektenreligion und
Konventikler, komme, entgegen dem Anschein, von
der Mutterseite. Zusammen mit dem nimmermüden
Talent zur humorigen, mitteilungserpichten, gefälligen
– auch gefallsüchtigen – Causerie väterlicherseits ließe
sich ein ziemlich einleuchtender Teilaspekt vom Genie
Fontanes zusammenfügen.
Woher wohl mögen seine Gebilde beängstigender dä-
monischer Weiblichkeit aber kommen? Nur vom Bilde
der allzu strengen und heftigen Mutter, die ihren Erst-
geborenen gründlich verschreckt hätte? Oder ragen
dahinter Bilder aus den uralten Vorstellungen der ce-
vennischen Ahnen auf? Beweisen kann ich es nicht,
aber man wird es ebensowenig abstreiten können. In

der frühen Erzählung »Tuch und Locke« (1853) liest
man: »Dann ward sie plötzlich ernst, fast feierlich, und
mich lange mit ihren dunklen Augen betrachtend, als
wolle sie in meiner tiefsten Seele lesen, ging der Ausdruck ihres Auges, langsam erst, dann immer rascher
und rascher in eine leuchtende Wildheit über. Mir war,
als wüchse sie im Waldesschatten hoch empor und als
stünde mit einem Male eines jener heidnischen Weiber
vor mir, von der mich plötzlich alle Sagen meiner Kind-
heit bestürmten.«[193]
Sidonie v. Borcke wird in einem der Entwürfe folgendermaßen beschrieben – wir haben diese dämonische
Frauengestalt, die 50jährig zu denken ist, oben bereits
erwähnt: »Sie war, ohne stark geworden zu sein, doch
immer stärker geworden, was ihr Spannung und eine
glatte Haut gab. Nirgends sah man auch ein Fältchen
nur. Ihre Augen waren blau, aber von solchem Feuer,
daß sie schwarz erschienen, volles schwarzes Haar. Ihr
erster Anblick war imponierend ... Erst wenn man
schärfer zusah, sah man, daß hier viel zurücklag, viel erlebt war, dann schoß es auf und eine Welt von Leidenschaft und Verbrechen(?) leuchtete draus hervor.«[194]
»Ihr Körper war katzenhaft elektrisch«, heißt es an anderer Stelle. Sidonie heißt auch eine ungute Person in
»Effi Briest« – ein Zusammenhang, den erst der heutige Leser erraten kann, da die »Sidonie v. Borck«-
Entwürfe zu Lebzeiten des Dichters nicht veröffentlicht worden sind.
Eine Frauengestalt aus dem »Likedeeler«-Fragment
von 1882 wird so geschildert: »Hyma Keno ist eine my-
stisch-prophetisch-religiöse Natur. Groß, stark, blaß
›pale‹, friesisch schön, blond, der Kopf schmal, langge-
zogen, was ihr etwas ganz Eigentümliches gab.«[195]
Auch eine gewisse Quade Foelke aus der »Likedeeler«-Version von 1883 gehört zu diesem Pandämo-

nium der Weiber. Von ihr heißt es: »Die alte ›Quade Foelke‹ steigt zu Roß und wird auf den Tod verwundet . . .«[196], eine Streiterin von 70 Jahren. Aus diesem Vorstellungskreis heraus hat Fontane auch die Romanwelt, die nicht im Fragment stecken blieb, mit Hexen, vertretungsweise mit Kräuterweibern, und überhaupt mit Spuk bevölkert.

Nicht zu vergessen die berühmten drei Macbeth-Hexen der »Brück' am Tay«. Oder wie ist es mit der Heidefrau: »Wetteifernd funkelt das Katzengrau / der Augen von Wolf und Heidefrau . . .«?[197] Selbst auf dem Müggelsee ist es nicht ganz geheuer: »In seiner Mitte beginnt es wie ein Kreisen, wie ein Quirlen und Tanzen; sind es Nebel, die aufsteigen? Oder sind es die alten Müggelhexen, die lebendig werden, sobald das Licht aus der Welt ist.«[198] Ganz zu schweigen vom Stechlinsee, aus dem empor der Spuk ganz ungeheuerliche Formen annimmt; dichterische Erfindung: der Stechlinsee ist zwar der tiefste See der fünftausend märkischen Seen, ist aber an sich nicht sagenumwoben. Dichterisches Symbol für die umfassenden Unruhen des Erdballs nicht nur, sondern der kollektiven Aufwallungen der Menschheit aus der Tiefe des Unbewußten: ein auffahrender Hahn, ein Morgenverkünder.

Dieses Dämonische muß den Dichter immer wieder beschäftigt haben. In einer Theaterkritik von 1871 liest man: »Bliebe noch die Gräfin Orsina der Frau Erhardt. Ihr Spiel wurde mehrfach von lebhaftem Beifall begleitet, und wir selber haben uns redlich daran beteiligt. Dennoch ist sie nicht eigentlich eine Gräfin Orsina. Man kann es nicht mit einem Wort sagen, sie ist dazu zu blond, nicht bloß von Haar und Teint, auch von Natur und Charakter. Es fehlt auch hier das Dämonische, nicht weil es fehlen soll, sondern weil es einfach wirklich – fehlt. Irrten wir aber hierin (denn es ist immer

hart, Damen den Dämon abzusprechen), so ist doch
auch dieser jedenfalls blond... Das Südliche, das
Tiefmelancholische fehlt. Einer echten Orsina gegenüber empfindet man: ihr Leib verzehrt sich oder ihr
Geist; dieser Orsina gegenüber scheidet man mit der
Hoffnung: sie erholt sich wieder...«[199]
Feuerbachsche Frauengestalten, mehr noch Böcklinsche Meerfrauen scheinen vorzuschweben oder richtiger: haben sich in Fontanes Tagträumerei gleichsam
wahlverwandtschaftlich und zeitgenössisch-kongenial
hergestellt. Im »Stechlin« läßt er die Gräfin Melusine
sagen, als die Tischgesellschaft sich für Peter Cornelius
und eine seiner apokalyptischen Gestalten begeistert:
»Mir persönlich ist die Böcklinsche Meerfrau mit dem
Fischleib lieber ... Ich bin freilich Partei.«[200]
In diesem Zusammenhang möchte ich auf eine Anmerkung über Böcklin nicht verzichten, weil sie Fontane
von einer sonst nicht sehr gewürdigten Seite zeigt, nämlich als Beurteiler bildender Kunst: »... erinnert er unter den Modernen ganz besonders an Böcklin.« Das
steht in einem großen fragmentarischen Aufsatz über
Blechen. »Ich glaube, daß es der Kunsthistorie dermal-
einst vorbehalten sein wird, diese Parallele zu ziehen... Mehrere der unheimlich düsteren Blechen-
schen Landschaften könnten auch von Böcklin herrüh-
ren.«[201] Hat sich die Kunstwissenschaft diesen Gedanken zu eigen gemacht? Meines Wissens nicht. Die
Böcklin-Ausstellung von 1977 in Basel zum 150. Geburtstag des Malers zeigte mehrere frühe Landschaften, die Fontanes Urteil voll und ganz bestätigen.
Böcklin, Jahrgang 1827, dürfte Blechen, Jahrgang
1798, nicht gekannt haben. Blechen ist schon 1840 gestorben. Fontanes Klarsicht aber verdient, in diesem
Zusammenhang einmal mehr betont zu werden. –
Wir erwähnten eingangs, wie Fontane in der Nähe von

Dieppe dem Ehepaar Dumas fils begegnete und zitier-
ten seine Porträtskizze der jungen eleganten Mme
Dumas. Ihn, den Dichter der »Kameliendame« beschreibt er so: »Der Eindruck, den ich von dieser Begegnung hatte, war der angenehmste. Dies war kein
blondlockiger Poet, der den Schein für das Wesen der
Dinge nimmt, dies war der Mann, der bis in die Dunkeltiefen des Herzens blickt, seine Geheimnisse auf-
schließt, seine Verworrenheit löst. Eine Aufgabe, nicht
dankbar immer, vielleicht verwerflich, gewiß gefähr-
lich; – es frommt nicht der Gorgo ins Antlitz zu schauen
oder die Rätsel der Sphinx zu lösen. Ein Letztes, ein
Tiefstes soll den verhüllenden Schleier tragen. Aber eines bleibt ewig wahr daneben: wer es dennoch wagt,
trägt den Doppelstempel von Mut und Genie.«[202]
Sigmund Freud, der dazumal noch keine vollen 15
Jahre alt war, sollte sich diesen Doppelstempel verdienen. Freud war ein glänzender Schreiber, aber kein
künstlerischer Schriftsteller. Fontane, um in seinem
Bilde zu bleiben, hat den Schleier – für seine Leser wenigstens – nur angehoben, niemals aber fortgerissen.
Jedenfalls waren es ästhetische Bedenken, die seine
Zurückhaltung bestimmten. Auf die Frage »Was soll
ein Roman?« antwortete er auffallend zahm, wie mir
scheint: »Er soll uns, unter Vermeidung alles Übertriebenen, eine Geschichte erzählen, an die wir glauben. Er
soll zu unserer Phantasie und zu unserem Herzen sprechen, Anregung geben, ohne aufzuregen; er soll uns
eine Welt der Fiktion auf Augenblicke als eine Welt der
Wirklichkeit erscheinen, soll uns weinen und lachen,
hoffen und fürchten, am Schluß aber empfinden lassen,
theils unter lieben und angenehmen, theils unter cha-
raktervollen und interessanten Menschen gelebt zu haben, deren Umgang uns schöne Stunden bereitete, uns
förderte, klärte und belehrte.«[203]

Diese Sentenz, die Tor und Tür für Modisches, Gängiges, Seichtes und Kitschiges offen zu lassen scheint, nicht aber für Gruseliges und Schlimmeres, stammt von 1875. Sie fußt nicht auf praktischer Erfahrung. Noch war keiner seiner Romane erschienen oder auch nur druckreif. »Vor dem Sturm«, unter obigen Prinzipien geschrieben, kam erst 1878 heraus, fand jedoch die erhoffte Anerkennung nicht, und in »Grete Minde« hat sich der Dichter an diese Richtlinien nicht mehr gehalten. Denn der endliche Wahnsinn dieser dämonisch umwitterten Gestalt läßt nicht gerade das Gefühl zurück, »unter lieben und angenehmen Menschen gelebt zu haben«. Schon jetzt aber – und nicht erst bei der Niederschrift der »Effi Briest« – diktiert aus dem »Dunkeltiefen« des Bewußtseins das, was Fontane mit dem »Psychographen« gemeint hatte. Der »Psychograph« liefert unter anderem gespeicherte Kindheitserinnerungen in den faktischen Text herauf. In »Grete Minde« heißt es: ». . . dann wickelte sie sich freilich in ihre Decken und schwieg, aber nur, um sich in wachen Träumen eine Welt der Freiheit und des Glücks aufzubauen. Dabei sah sie sich am liebsten am Bug oder Steuer eines Schiffes stehen, und der Seewind ging, und es war Nachtzeit, und die Sterne funkelten, und alles war groß und weit und frei.«[204] Da ist es wieder, jenes nächtliche Fahrterlebnis des kleinen Jungen, das wir bereits erwähnt haben. Die binnenländische Titelheldin kann dabei auf kein ihr eigenes Erlebnis zurückgreifen, zumal wenn Meereseindrücke, die er später hatte und von denen noch zu reden sein wird, sich mit einmischen. Denn wie die Träume mischen und mengen, tauschen und überlagern und eins ins andere fließen lassen, so auch die sonderbaren Tagträume, aus denen, wenn ihr Träumer ein Dichter ist, Dichtung werden kann.

Es werden sich Fachleute finden oder schon gefunden haben, die Frauen und Mädchen zu zählen, die Fontanes Dichtungen bevölkern und durchwimmeln. Allein die Nonnenklöster bildeten, zählte man sie, eine stattliche Reihe, ob sie nun noch unter dem Zeichen der alten Kirche stehen wie das Kloster in Arendsee (»Grete Minde«) oder evangelische Damenstifte geworden sind wie das Kloster Wutz, in dem des alten Stechlins Schwester Adelheid als Domina residiert; gemeint ist damit das Kloster Lindow, das bis in die Jetztzeit hinein Stift gewesen ist und noch heute ein Heim für emeritierte Pastoren beherbergt.

Die Romantitel tragen meist weibliche Namen; wo sie männliche bieten, sind die Helden bemerkenswert blaß und von einer gewissen Lebensschwäche gezeichnet, so ausgemachter Schwächlinge zu geschweigen wie jenes Negativbildes Fontanes, wie des Hugo Großmann, der sich von Mathilde geb. Möhring deichseln und gängeln läßt – Mathilde, ein Abbild der Mutter Emilie und also auch der Ehefrau Emilie.

Der »Graf Petöfy« ist fast nur Titelfigur, die Heldin ist die Schauspielerin Franziska Franz. Im »Schach v. Wuthenow« ist es nicht dieser, sondern sind es die Damen v. Carayon, der »Stechlin« war ursprünglich als ein Roman jener darin eine Hauptrolle spielenden Gräfin Melusine geplant. Und wo man hinsieht, nur Töchter als Nachwuchs. Die geborene Prinzessin Ippe-Büchsenstein – keine schlechte Namenserfindung übrigens, denn je zahlreicher die Zacken in der Krone, desto schwieriger die Namensgebung – hat (im »Stechlin«) als Frau Oberförster Katzler sogar sechs oder sieben Töchterchen. Die Generalswitwe v. W. (in »Der Alte Wilhelm«) ist ebenfalls mit sieben Töchtern gesegnet. Was sich dagegen an männlicher Jugend oder an jungen Herren sonst findet, wirkt eigentlich immer ein

bißchen wie als Tischherren dazugeladen, um Bunte
Reihe machen zu können.

Abstammungsspiel und Frau und Tochter

Gut kommen im Romanwerk alle bejahrteren
Männer weg, die sich mehr oder weniger vollkommen mit der Vater-Imago des Dichters in Deckung
bringen lassen, an ihrer Spitze der alte Stechlin. Gut
kommen nicht die Superintendenten, wohl aber die
vielen evangelischen Landpastoren weg, die meist als
undogmatisch und recht liberal geschildert werden, an
ihrer Spitze (im »Stechlin«) Pastor Lorenzen. Aber die
Jungen?
Fontanes Verhältnis zu seinen Brüdern war kühl. Im
brieflichen Œuvre oder im Autobiographischen ist für
sie nicht viel abgefallen. Fast nichts. Von besonders
warmer Herzlichkeit kann auch das Verhältnis zu seinen drei Söhnen nicht gewesen sein, wenn es auch sicher kein schlechtes Verhältnis gewesen ist. Von geradezu bestürzender Unberührtheit des Gefühls scheint
aber folgende Tagebuchnotiz zu zeugen – Gefühllosig-
keit, Aphasie kann es ja nicht sein: »... Am Freitag
schien es etwas besser, dann kam eine furchtbare Nacht
(Mete pflegte ihn vom Dienstag an) und am Sonnabend
früh um 9 Uhr starb er. Als ich eintrat, war er eben tot.
Das Begräbnis war herrlich, 4 Uhr Nachmittag, schön-
ster Herbsttag, Exzellenzen und Generäle in Fülle,
Kränze über Kränze, und die Gardeschützen gaben die
drei Salven, die ihm als ›alten Krieger‹ zukamen. Er
liegt nun auf dem Lichterfelder Kirchhof, einem um-

zäunten Stück Ackerland, und ich wünschte mir die gleiche Stelle . . .«[205]

Was war geschehen? Sein ältester Sohn, der Hauptmann George Fontane, war 36jährig binnen einer Woche an einer Blinddarmentzündung gestorben. Und der ins Fatum ergebene Dichter befriedigt sich an der herrlichen Fülle der Exzellenzen und Generäle? Das Gefühl, tief und reich nun oder nicht, schweigt zunächst. Schweigt es wie verstört? Mit der Routine des Wanderers und steten Beobachters jedoch bleibt die Aufmerksamkeit den äußeren Vorgängen und Umständen zugewandt. Nicht ohne Eitelkeit, wie nicht zu leugnen sein dürfte.

Und keine zehn Wochen nach diesem Schicksalsschlag (in einem Brief an den zweiten Sohn) nur das bekannte Verabreichen von Lebensweisheiten, in diesem Fall über die »Dissonanzen und Gegensätze nivellierende Kraft« des Todes im allgemeinen. Und am Briefende gar eine Stellungnahme zu den Verhandlungen zwischen dem Kriegsministerium und Carstenn-Lichterfelde, einem Grundstücksspekulanten der abflauenden Gründerjahre (dessen Aktivität im Berliner Stadtbild manches Ansehnliche hinterlassen hat).

Erst nach einiger Zeit findet das Gefühl des Dichters sich zur Wortgestalt hinauf, wenn er nach der Grabstätte des Vaters und (1869) der Mutter nun auch die dieses Sohnes beschreibt:

> »Der Dritte, seines Todes froh,
> Liegt auf dem weiten Teltow-Plateau.«

(Der Hauptmann war als Lehrer der Lichterfelder Kadettenanstalt dortselbst verstorben, und der West-Berliner Bezirk Lichterfelde liegt auf dem dazumal noch sehr dünn besiedelten Teltow.)

>»Dächer von Ziegel, Dächer von Schiefer,
Ein stiller Graben, die Wasserscheide,
Birken hier, und da eine Weide,
Zuletzt eine Pappel am Horizont,
Im Abendstrahle sie sich sonnt.
Auf Gräbern Blumen und Aschenkrüge,
Vorüber in Ferne rasseln die Züge,
Still bleibt das Grab und der Schläfer drin –
Der Wind, der Wind geht drüber hin . . .«[206]

Dieser Vers ist übrigens jenem »Flut, Flut, mach alles wieder gut« ähnlich: die Heimkehr ins Elementare. Das Schmerzgefühl des Vaters hat nicht in Jammer und Aufschrei spontanen Ausdruck gefunden, sondern die Kunst scheint eher als ein Filter der Gefühle zu fungieren, dämpfend, stillend, mäßigend, anti-expressionistisch gewissermaßen, abklärend. Der Vorgang braucht seine Zeit. Die Stärke der Gefühle ist demzufolge nicht zu beurteilen. Oder ließen sie es an Stärke fehlen? Auf Poesie-Album-Niveau hält sich das Gedicht zum ersten Jahrestag dieses Begräbnisses. Da gibt es nichts zu beschönigen. Aber warum schrieb er es? Man versteht, was dem häufig den Expressionisten zugezählten Alfred Döblin am Fontaneschen mißbehagen mußte. Doch in bezug auf die »Freiheit eines Dichtermenschen«, wie sie Döblin als vor jeglicher Kunstrichtung vorrangig (1918) gefordert hat, hätten Fontane und er sich wohl einigen können.
Obiger Versuch, einen Blick wenigstens in das Laboratorium und das Funktionieren des dichterischen Prozesses zu werfen, betrifft aber nicht die seelische Konstitution Fontanes, der es eigen gewesen zu sein scheint, dem Weiblichen als solchem einen anderen und größeren Platz in Leben und Dichtung, vor allem in der Dichtung zuzugestehen als dem Männlichen. Und

wenn ihm, dem so spät erst Ausgereiften, angefangen
von denen der eigenen Familie und der eigenen Unreife als junger Mann eingedenk, junge Männer wenig
bedeuteten, der weiblichen Jugend als solcher stand er
anders gegenüber, doch auch wieder nicht im landläu-
figen Sinn amouröser Abenteuerei.

Zu seiner Schwester Jenny zwar hat er kein sehr brü-
derliches Verhältnis gehabt – er soll Züge von ihr in die
Gestalt der »Frau Jenny Treibel« eingearbeitet haben –, herzlicher war er seiner jüngeren Schwester Elise
zugeneigt. Er war ihr Taufpate und 19 Jahre älter als
sie, die erst in Swinemünde geboren wurde, wohin Louis
Henri nach vorteilhaftem Verkauf der Neuruppiner
Löwen-Apotheke übergesiedelt war. Elise, in späteren
Jahren wieder in Neuruppin, ist dem »Wanderer« mit
örtlichen Recherchen behilflich gewesen. Von auffallend starkem Gefühlsaufwand war allerdings auch der
Briefwechsel zwischen diesen beiden im Alter so unter-
schiedlichen Geschwistern nicht und scheint sich,
nachdem Elise 1875 geheiratet hatte, nur noch auf das
übliche beschränkt zu haben. Auffallend ist übrigens
die späte Verehelichung Elisens mit 37 Jahren.

Sehr bemerkenswert ist das äußerst innige – seinerseits
dessen unbeschadet doch auch kritikbereite – Verhältnis zu seiner einzigen Tochter Martha oder Mete, von
der allein der Dichter sich verstanden fühlte, während
seine geplagte Gattin sich mit dem Verständnis für den
poetisierenden Gemahl schwer getan hat. Schnell noch
ein Licht auf diese Ehe: Metes Mutter, Emilie Rouanet, war von unehelicher Geburt. Ihren Mann, Henri
Théodore Fontane also, hatte sie einst, ein halbes Kind
noch, im Hause jenes Onkels August kennengelernt,
wo es drunter und drüber ging. Emilie reagierte mit in-
ständigem Verlangen nach soliden Verhältnissen. Bis
sich die wirtschaftliche Lage des Dichters allerdings so

einigermaßen konsolidierte, mußte die Dichtersgattin lange warten. Sie wollte Lebenslauf und Leistung ihres Mannes lenkend beeinflussen. Ihre Schwiegermutter, Emilie Labry, war an der gleichen Aufgabe gescheitert; die Eltern des Dichters lebten, wie gesagt, schließlich getrennt. Emilie Rouanet dagegen ist daran nicht gescheitert. Reuter betont mit Recht: »Daß Frau Emilie – auch und gerade im Widerspruch und im Widerstreben – diesem Anspruch standhielt, ist das Größte, was man zu ihrem Ruhm sagen kann . . . In engerer und tieferer Verflochtenheit als bei irgendeinem anderen deutschen Dichter des 19. Jahrhunderts ist die Geschichte seines Lebens und Werkes zugleich die Geschichte seiner Ehe . . .«[207] Emilie hat den größten Teil der immer wieder überarbeiteten Manuskripte ins reine geschrieben, manchmal hat sich auch Mete beteiligt.

Dieses Bündnis zweier Menschen, an deren beider Ursprung Leichtlebigkeiten aller Art ihre Rollen gespielt hatten, hat nahezu fünf Jahrzehnte gedauert und endete erst mit dem Tod des beinahe 80jährigen Dichters. Da Emilie ihren Mann um ein paar Jahre überlebt hat, hat sie den uneingeschränkten Ruhm des Verstorbenen noch voll erlebt und mag ihm manches haben abbitten müssen. Dieser Gedanke hat etwas Tröstendes und Zurechtrückendes, denn diese Ehe hatte bittere Zeiten durchgemacht, wie wir bereits sagten. Emilie fehlte jegliches Verständnis für den Unabhängigkeitsdrang ihres Mannes.

Doch nun zu Mete! Fontane hat in dieser Tochter etwas gesehen und zwar, überspitzt, mit einer gewissen Regelmäßigkeit besonders dann, wenn eine Ehekrise die Atmosphäre im Dichterhause verstimmte. »Sie Abends beim Thee perorieren zu hören«, schreibt er über die 18jährige, »oft über die schwierigsten und sublimsten Themata, ist ein Hauptgenuß; sie sagt dann

Sachen, die mich absolut in Erstaunen setzen; alles Tiefblick und Weisheit; Salomo Cadet.«[208] Manchmal freilich kommen ihm ihre »Deduktionen« wie »verdrießlich machende Quasseleien« vor.[209]

Rückschlüsse von der Natur dieses klugen, aber nicht über die Maßen begabten und doch eher lebensuntüchtigen Mädchens auf den Vater können hier unterbleiben. Mete war jedenfalls mehr des Vaters Tochter als die der Mutter, das heißt, sie war vorwiegend fontanesch, aber von psychogener Kränklichkeit und der familientypischen Unstete, obschon sie immerhin ihr Lehrerinnenexamen gemacht hat – »gut wie sich annehmen ließ«.[210]

Man ist zwar immer bemüht gewesen, das Thema zu umgehen, doch steht es aus mehreren Gründen ganz außer Frage, daß Metes Beziehung zu ihrem Vater ihrerseits – nicht in der Tat, wohl aber der Intention nach – inzestuös war. Das ist angesichts der überlegenen faszinierenden Gestalt des Vaters nicht im mindesten verwunderlich, ja bis zu einem gewissen Grade eigentlich das Natürliche. Und von daher mag ihre Anlage zu Depressivität Stoff und Nahrung bezogen haben.

Mete war musikalisch und als liebenswürdig bekannt. Ihr Nennonkel Witte – jener Apotheker großen Stils, den wir erwähnten – vermachte ihr testamentarisch ein Vermögen von 12 000 Mark, was er einem unleidlichen Kinde seines Jugendfreundes sicher nicht hätte zukommen lassen. Mete hatte einmal eine vermutlich mehr schwärmerische Beziehung zu einem Musikus, einem Sänger aus dem Fontaneschen Freundeskreis, der nur um sechs Jahre jünger war als Metes Vater: zu Julius Stockhausen. Mete blieb, nachdem diese Episode der Vergangenheit angehörte, bis zum Tode des Vaters unter dessen Dach. So war sie auch zu Hause, als er starb; die Mutter war verreist – bei Fontanes war

eigentlich immer jemand auf Reisen. Das vaterfixierte
Mädchen hatte sich wenige Monate vor dem Tod des
Vaters mit einem Professor und Baumenschen, der
immerhin auch 22 Jahre älter war als sie, verlobt, obwohl sie von schweren Ängsten befallen wurde, wenn
sie daran dachte, daß der Vater ja wahrscheinlich vor
ihr sterben werde. Die Heirat fand bald nach Fontanes
Tod statt, die Ehe dauerte bis 1915. Mete hatte sie mit
39 Jahren geschlossen. Die 57jährige Witwe endete
1917 durch Selbstmord. Von ihrer anlagebedingten
Todesbezogenheit zu sprechen, muß demnach erlaubt
sein. Schon die 17jährige hatte sich zum Lieblings-
motto »Es ist alles vorbei«[211] auserkoren, und das gibt
doch zu denken.

Fontanes genaue und gerade eben bis ins kleinste gehende Menschenkenntnis wird von jedermann be-
zeugt. In diesem Punkte herrscht Einigkeit unter den
Kennern und Auguren. Es ist also ganz müßig anzunehmen, er habe die Art der töchterlichen Gefühle
nicht erkannt. Daß er diese Gefühle in entsprechender
Weise erwidert hätte, darf man allerdings nur mit Vorbehalt behaupten, ganz ohne Reaktion ist er aber nicht
geblieben. Den alten Herrn v. Briest, diese Fonta-
ne-Imago, läßt er von Effi sagen: »Sie ist eine prächtige
Tochter, aber sie ist es mir zu sehr. Es ängstigt mich ein
bißchen.«[212] Symptomatisch vielleicht auch dies: Van
der Straaten (»L'Adultera«) ist 42, als er Melanie de
Caparoux, die 17jährige, zur Frau nimmt. Geert v. Innstetten (»Effi Briest«) ist 38, als er Effis Hand nehmen
darf, Effi ist 17. Jedenfalls war der Dichter seiner über-
sensiblen Tochter ganz besonders zugetan. »Meine
liebe kleine Mete« beginnt ein Brief an die 10jährige,
»Meine liebe Mete« an die 15jährige, »Meine liebe
süße Mete« und »Meine geliebte Mete« an die 16jähri-
ge. Einen Teenager solchermaßen zu apostrophieren,

heißt möglicherweise etwas wecken, was unerweckt bleiben sollte, scheint mir.

In einem Brief an die 18jährige, die sich an der Ostsee aufhält, heißt es: »Übrigens, meine süße Mete, vergiß beim Baden nicht, daß Du eine Erdgeborene bist und trotz unserer Herkunft aus dem südlichen Frankreich, nicht von den Lusignans stammst, aus denen die ›schöne Melusine‹ entsproß. Wolle also nicht zu sehr ›mermaid‹ sein und halte Dich im Seh- und Stimmbereich mecklenburgischer Badefrauen. Vor denen erbangen selbst die Geister der Tiefe . . .«[213]

Wenn dabei auch der eigenen Tochter väterlich fürsorglich und scherzhaft die Melusinen-Qualität abgesprochen wird, wenn der nüchterne Kommerzienrat Treibel den gegenstandslosen Familienstolz seiner Ehehälfte also dämpft: »Wir sind weder die Montmorencys noch die Lusignans – von denen, nebenbei bemerkt, die schöne Melusine herstammen soll, was dich vielleicht interessiert –, wir sind auch nicht die Bismarcks oder die Arnims oder sonstwas Märkisches von Adel, wir sind die Treibels . . . Blutlaugensalz und Eisenvitriol«[214], es scheint fast wie zum Greifen nahe, worum die Gedanken des Dichters kreisen. Und hat er sich mit jenem »Dr. F.«, der von den Grafen von Toulouse abstammt (in dem Fragment »Allerlei Glück«), nicht etwa selbst gemeint?[215] Oder vorsichtiger gesagt, wir sind an dem Punkt angelangt, wo die diffizile Fontane-Frage zu einer Gleichung mit mehreren Unbekannten wird.

Nicht jedem weiblichen Wesen etwa wird die Melusinen-Eigenschaft zugestanden, der Witwe seines Sohnes George zum Beispiel nicht, wie aus einem Brief an Friedlaender aus dem Jahr 1892 zu ersehen ist: »Dies alles könnte eine tiefe Teilnahme einflößen, aber dazu kommt es nicht, weil die ›Lady mit der weißen Pelle‹

doch eigentlich keinen Menscheneindruck macht; sie hat etwas Amphibiales, Beauté mit dem Fischschwanz, was richtiger ist als Melusine, weil diese letztere von den Lusignans stammte, während meine frühere Schwiegertochter nur ein Kreuzungsprodukt der Häuser Bechmann und Robert ist.«[216] Da helfen also auch »weiße Pelle« und allgemein »Amphibiales« nicht: das Deutsch-Bürgerliche steht allem Höhergeartetem im Wege. Der Vater der fischschwanzigen Beauté war bloß Justizrat. Fontanes Melusinen – man muß es schon als idée fixe bezeichnen – sind nämlich adelig und können bürgerlicher Zeugung ihre Existenz nicht verdanken. Sie sind überdies recht eigentlich französisch, südfranzösisch und gehören in märchenhafter Abstammung zum Hause Lusignan. Fontane irrt jedoch, wenn er *die* Melusine von diesen Kreuz- und Glücksrittern abstammen läßt; *die* Melusine galt vielmehr als die sagenhafte Stamm-Mutter dieses usurpatorischen Königsgeschlechts.

Was zugrunde liegt, ist – wir haben es schon angedeutet – ein Liebäugeln mit hoher und höherer Abkunft. Das Abstammungsspiel der Eltern war schon Hinweis genug. Die Behauptung königlicher Versippung der Carayonschen Damen gehört ebenfalls dahin; als Romanmotiv übermäßig hoch gegriffen, Kreuzritterabkunft hätte schon genügt. Das Thema hat den Dichter unablässig beschäftigt, wie man einen Traum zu wiederholten Malen haben kann, in Variationen über ein und dasselbe Thema: »Archembauld ruht nicht eher als bis er nachgewiesen hat, daß er von den Grafen Knuth in Dänemark abstamme, von denen welche zur Zeit Justins IV. nach Deutschland gezogen seien und ihren Adel und Titel abgelegt hätten, etc. etc.«[217], so zum Beispiel in einem der Fragmente. Auch das Geschlecht der Montmorencys, das den Anspruch erhebt, Frank-

reichs ältestes Geschlecht zu sein, geistert durch die
Tagträume des Dichters.

Das Melusinenthema

Mindestens drei Unbekannte, um im Bilde zu bleiben, lassen sich in Rechnung stellen, will man der
Lösung näher kommen oder sollen doch als Lösungs-
vorschlag angeboten werden. Erstens: Fontane hat sich
in neun verschiedenen Apotheken ausgebildet. Es ist
nicht zuviel gewagt, wenn man annimmt, daß er in der
einen oder anderen Offizin auf Scharteken der Alchimie gestoßen ist. Ich stelle nur die Frage nach dem immer wieder auftauchenden Herkunfts- und Melusi-
nen-Motiv. Woher kam ihm das?
Paracelsus sagt: ». . . wir melden, daß etwas im Wasser
ist, was auch das Ewige hat, wie Meerwunder oder eine
andere Gestalt, die auch wir an uns haben.« Oder an
anderer Stelle: »Nun ist doch die Schlange ein glattes
Tier, vom Kopfe bis zum Schwanze, wie an den Melusinen wohl zu sehen ist, die oben Mensch und unten Fisch
sind. Darum muß hier ja ein besonderes philosophi-
sches Geheimnis stecken . . . Darüber sollt ihr von der
rechten Melusine lesen, die da in Frankreich auf dem
Schloß Losinier mit einem christlichen Manne Kinder
gezeugt hat und die alle Samstag zu einem monströsen
Tier wurde, das heißt, sie war dann unterhalb des Na-
bels ein Fisch und oben ein Mensch.« Oder: »Denn das
Einhorn zeigt an die ewige Keuschheit der Maria, und
Melusina zeigt den Fall unserer ersten Eltern an. Denn
sie hatte auf eine Seele gewartet und begehrte sie von

Raimund zu empfangen und darum verheiratete sie
sich mit ihm. Diese heidnische Frau meinte, daß, wenn
sie einen christlichen Mann zum Ehegemahle hätte, sie
mit ihm des Reiches Gottes teilhaftig würde.«

In einem Romanentwurf mit dem Titel »An der Kieler
Bucht« figuriert eine junge exotische Dame ... »von
Cuba oder den Antillen ... eine Art Wassernixe, das
Wasser ist ihr Element: baden; schwimmen, fahren, se-
geln, Schlittschuhlaufen. Alles was künstl. oder liter.
damit zusammenhängt, entzückt sie, darüber liest sie,
davon spricht und schreibt sie ... Sie liebt das Melusi-
nen-Märchen ...«[218] Der Gang der Handlung steht
noch nicht fest, bezeichnend für die tagträumerische
Arbeitsweise des Dichters: erst entstehen Seelenklima
und Gestalten, dann ihre möglichen Konflikte. So sind
hier die vornehme Herkunft der jungen Dame und eine
Jugendliebe zu einem unstandesgemäßen Schifferjun-
gen schon vorgegeben. Doch was aus dem Auftreten
eines gesellschaftlich ebenbürtigen, gräflichen Bewer-
bers resultieren wird, ist noch unentschieden. »Er
stirbt, sie überdauert« oder »Sie geht unter. Elementar. Wenigstens scheinbar. Eigentlich, weil sie den
Volksmann liebt und den Adeligen heimführen soll.
Am Abend vor der Hochzeit verschwindet sie. Es
heißt: das Element nahm sie zurück. Der Adelige überlebt es, der alte Philosoph« – unentbehrliche Neben-
und Vaterfigur so vieler Fontanescher Erzählungen –
»gibt ihm Trost. Eine Hauptscene ist die große Was-
ser-, Boot- und Schwimm-Scene mit dem jungen Grafen, wo sie diesen rettet ...«[219] (die vorstehenden Zitate aus drei Entwürfen konzentriert).

Etwas wie Liebe hat entbrennen wollen. Das Mädchen
sagt: »Ich liebe nur dich, aber ich weiß nicht, wie ich's
machen soll ...« Denn solcher Art sind die melusinischen Mädchen (»Oceane v. Parceval«): »Es giebt Un-

glückliche, die statt des Gefühls nur die Sehnsucht nach dem Gefühl haben und diese Sehnsucht macht sie reizend und tragisch. Die Elementargeister sind als solche uns unsympathisch, die Nixe bleibt uns gleichgültig, von dem Augenblick an aber wo die Durchschnitts-Nixe zur exzeptionellen Melusine wird, wo sie sich einreihen möchte in's Schön-Menschliche und doch nicht kann, von diesem Augenblick an rührt sie uns.«[220] Der Entwurf »An der Kieler Bucht«, genauer die drei Ideenskizzen dazu entstanden 1877 und ließen die Heldin noch ohne Namen. Von 1882 stammt der größere Entwurf »Oceane von Parceval«?, ein Name, den man mit Fug als ominös überfrachtet ansprechen darf, und ihr verstorbener Vater war zudem auch noch Professor für Wasserbaukunde. (Willibald Alexis' Frau war eine geborene Perceval, eine Engländerin, und Oceana war eine Kunstreiterin aus der Artistenfamilie Renz.) Von der auf internationalem Parkett groß gewordenen jungen Dame heißt es: »Oceane von Parceval ist eine solche moderne Melusine. Sie hat Liebe, aber keine Trauer, der Schmerz ist ihr fremd, alles was geschieht, wird ihr zum Bild und die Sehnsucht nach einer tieferen Herzens-Teilnahme mit den Schicksalen der Menschen, wird ihr selber zum Schicksal. Sie wirft das Leben weg, weil sie fühlt, daß ihr Leben nur ein Schein-Leben, aber kein wirkliches Leben ist. Sie weiß, daß es viele Melusinen gibt; aber Melusinen, die nicht wissen, daß sie's sind, sind keine; sie weiß es, und die Erkenntnis tötet sie . . .«[221] Spricht der Dichter vorahnend von seiner Tochter Mete? Spricht er gar von sich? Erörtert er ein ihm eigenstes Problem, das der Gefühlskargheit, Gefühlsarmut, der Frigidität? Die Frage zu stellen ist unerläßlich.

Fontane war ganz und gar nicht naiv in seinen Beziehungen zum schönen Geschlecht, war aber dennoch

»dem ganzen Zauber des Evatums, bis zum infernal Angeflogenen...«[222] zugeneigt oder gar verfallen. »Wenn es einen Menschen gibt, der für Frauen schwärmt und sie beinahe doppelt liebt, wenn er ihren Schwächen und Verirrungen begegnet, so bin ich es.«[223] »Es ist soviel Unschuld in ihrer Schuld«, läßt er die Adultera sagen und weiß sehr wohl: »...daß ich kein Meister der Liebesgeschichte bin: keine Kunst kann ersetzen, was einem von Grund auf fehlt...«[224] Immerhin eine Art Armutszeugnis in dieser Hinsicht. Doch was eigentlich darf man ihm schließlich glauben, wenn er an anderer Stelle folgende Zuversicht äußert: »Die 3 Gestalten sind prächtig, namentlich freue ich mich auf die Schilderung der Anna Bulen, wobei ich dem Affen meiner feinsten Sinnlichkeit mal wieder Zucker geben kann...«[225] Das Briefzitat bezieht sich auf den Balladen-Plan »Hansen-Trotz« und auf eine Szene darin, in der ein lübischer Seeräuber, den Strick schon um den Hals, vor der Exekution vor Heinrich VIII. und Anne Boleyn geführt und seines feurigen Auftretens wegen begnadigt und zum Ritter geschlagen wird. Dem Affen ist – zum Glück, wie ich zu vermuten wage – in diesem Falle kein Zucker gegeben worden. Bernhard v. Lepel, an den der betreffende Brief gerichtet war, hat sich einmal mehr als mäßigender Mentor des Dichters bewährt: die Ballade blieb ungeschrieben.

»Ein unsicherer Kantonist!« – um Thomas Mann noch einmal das Wort zu geben – »Hat er nicht als Theaterkritiker einmal gestanden, eigentlich könne er immer geradeso gut das Gegenteil sagen?« So ging ihm auch das Gegenteil von jenem »infernal Angeflogenen« glatt aus der Feder: »...denn ich kenne nichts Schöneres als den Einblick in eine ruhige, von keiner Leidenschaft getrübte Frauenseele.« Dann wieder: »Eine

Frau, die nicht rätselhaft, ist eigentlich gar keine.«[226]
Fontane contra Fontane. Ein Dauerdialog.

Zum Thema »Melusine« aber, der ersten Unbekannten in unserer Fontane-Gleichung, bleibt vorderhand
noch auf ein Roman-Fragment hinzuweisen, auf »Melusine von Cadoudal«. Diese ist ein nicht mehr junges
Stiftsfräulein, dessen Mutter eine halbe Lusignan gewesen war – wie konnte es denn auch anders sein! – und
das sich eine eigene Religion zurechtgemacht hat, »in
der bestimmte Sätze der schärfsten Orthodoxie ... mit
vollkommener Freiheitlichkeit – Freigeisterei wäre
nicht das rechte Wort gewesen – wechselte, so daß ein
Sichfinden auf diesem willkürlich aufgezimmerten
Glaubenspodium sehr unwahrscheinlich war.«[227] Dieses Podium könnte durchaus auch das Fontanesche gewesen sein.

Zur zweiten Unbekannten, zum »Mythologein«, zum
Sprechen in Mythen: Mythologie kündet in Bildern
und Gleichnissen von den Gegenständen kultischer
Verehrung und überliefert Geschichte protologisch als
Götter- und Heroengeschichte. Kollektives Erinnern.
Auch die Ursprungsgeschichte herrschender Familien-
verbände – so in unserem Fall die der Lusignans – wird
in Form eines Mythos mitgeteilt. Doch geschieht dies
strenggenommen durch ein tendenziöses willkürliches
Mythologein, während das Eigentliche und Echte etwas Unwillkürliches im Kollektiv Zusammenträumen-
des, Zusammengeträumtes ist. Die Grenze ist fließend
und soll hier nicht Gegenstand der Erörterung sein. Die
Sprecher des Kollektivs, der Erlebnisgemeinschaft, sei
es Sippe, Stamm oder Volk, sind nach der religiösen
Seite die Priester, nach der Seite historischer Über-
lieferung die Dichter und das seit den allerältesten
Zeiten.

Was Fontane nicht wissen konnte, beim heutigen Stand

der Erkenntnis aber als gesichert gilt, ist, daß *die* Melusine auf eine syrische Lokalgottheit zurückgeht, die auch auf Zypern verehrt wurde, auf Derketo oder Atargatis (Lukian: »De Dea Syria«). Und wie denn noch heutigen Tages auf dieser orientnahen, ehemals phönizischen Insel das Heidnische nicht ganz erloschen ist – unter dem weiten Mantel der orthodoxen Kirche sowohl wie unter dem Schutz der Imame, wohlverstanden –, so müssen die Kreuzritter, uns um beinahe neun Jahrhunderte vorauf, es noch weit lebendiger vorgefunden haben.

Als die Titularkönige von Jerusalem, die Herren von Lusignan, sich auf Zypern als Könige etabliert hatten, gerieten sie wie so viele Abendländer, beispielsweise auch die Ritter vom Templerorden, in den Zauberbann des Orients, besonders auch in den der orientalischen Gnosis. Aber nicht nur dies, als Landfremde auf einem Freibeuterthron mußte ihnen daran gelegen sein, sich dem Volk der Zyprioten auf die Dauer akzeptabel zu machen. Ein Abstammungsmythos von Wotan oder vom König Artus etwa, wie ihn altfranzösische Adelsgeschlechter daheim hätten behaupten können, konnte dort keine Wirkung haben. Eine Lokalgottheit, selbst schon längst märchenhaft oder auch gnostisches Symbol geworden und von einem Aspekt der mächtigen Astarte zur Nixengestalt geschwunden, halb fischleibig, halb Weib, mußte her, die Rolle der Stammutter zu übernehmen, der Mère Lusine, der Mel Lusine. (Man dekorierte sich zyprisch; so hatte sich der große Alexander einst persianisiert, so die Ptolemäer sich ägyptisiert.)

Heimkehrende Kreuzfahrer und Marseiller Kaufleute importierten das seltsame Zwitterwesen nach Südfrankreich, wo es jeden, der davon erfuhr, zauberisch ansprach. Ein leichtes folglich, daß das orientalische

Gebilde mit keltischen Feen und Meerfrauen ver-
schmolz; das Ineinander-Übergehen liegt in der träu-
merischen Natur der Mythen und Sagen, die weder
ortsfest noch volksgebunden sind. Das Melusinenmär-
chen verbreitete sich, von fahrenden Sängern und
Troubadours in die Lande getragen, über ganz Frankreich und weiter nach Norden und Osten. Namenlose
Sänger, Chronisten, Dichter, später namhafte, die wir
hier aber nicht alle anführen wollen, wurden seitdem,
man kann sagen zu allen Zeiten, von dem Mythos der
schönen Meerfaye angerührt und erzählten ihn weiter.
Volksbücher machten die Melusinen-Geschichte zu einem der beliebtesten Stoffe des Abendlandes bis nach
Skandinavien und in die slawischen Länder.
An dieser Stelle seien nur die deutschen Künstler ge-
nannt, die ins Mythologein von der schönen Melusine
gerieten: Hans Sachs, Jacob Ayrer, J. F. W. Zachariae,
Goethe in eigenwilliger Abwandlung des Themas,
Tieck, Grillparzer, Simrock und Schwab, aber mit
denkbar größtem Erfolg auch Fouqué, da man seine
»Undine« zum gleichen Themenkreis rechnen muß –
Fouqué fußte auf Paracelsus, den man sowieso zu den
Kündern des Melusinen-Mythos zählen darf –, mit den
Mitteln der Tonkunst E. T. A. Hoffmann, Lortzing,
Aribert Reimann, mit denen der bildenden Kunst Mo-
ritz v. Schwind. Es wäre noch die Nixe im Wappen der
Lusignans zu nennen und auf unzählbare Leuchter-
weibchen hinzuweisen, die zumindest melusinen-ge-
staltig waren.
Genügt das, zu erhärten, daß man Fontane in diesbe-
züglichem dauerndem Mythologein begriffen sehen
muß, zu sehen hat? Mehr als jeden anderen der ange-
führten Künstler, die ihren »Auftrag« meist mit einem
Werk als erledigt empfunden haben mögen. (Goethe
hat seine »Neue Melusine« schon in Sesenheim erzählt,

aber erst Jahrzehnte später niedergeschrieben.) Der Dichter Fontane, dessen gelegentlich aufleuchtende Prophetengabe erörtert werden mußte, den wir bei der Hervorbringung eines parapsychologischen Phänomens meinten erkennen zu dürfen, er zeigt sich – nichts könnte sich besser ins Gesamtbild schicken – als Sprecher oder Künder des sagenspinnenden kollektiven Unbewußten. Wer aber meint, das sei denn doch allzu weit ausgeholt, dem ist mit gutem Recht entgegenzuhalten, daß eine mythologische Überlieferungskette wie die der Melusine von der altorientalischen Astarte her bis in unserm Vorstellungsschatz keineswegs allein dasteht. Eine ganz ähnliche Kette reicht vom phönizischen Melikertes-Palaimon, der eigentlich der Baal von Tyrus war, über den griechischen Glaukos Pontios und den Bischof von Myra namens Nikolaos, dessen Legende samt dem Leichnam zur Kreuzzugszeit von Seefahrern nach Europa geholt wurde, und, mit Nachbildern Wotans seltsam verquickt, noch heute als Weihnachtsmann trivialisiert weltweite Wirkung ausübt. Es gibt, zumal im Bereich des Religionsgeschichtlichen, solche Folgen des Mythologeins viel mehr, als uns bewußt ist und wir im allgemeinen wissen.

Und drittens: Ein Mann des spontanen Gefühls ist schon der Vater des Dichters nicht gewesen, kein Mann von Leidenschaften, sondern wohl eher ein Mann auf der Suche nach der Leidenschaft. Selbst seine fatale Lust am Spiel war – er gesteht es dem Sohn – nur eine Flucht vor der Langeweile, was wir nach allem Gesagten als etwas Melusinisches bezeichnen müssen oder passender noch als etwas Merkurisches.

»Mercurius als Quecksilber« lehrt C.G. Jung, der den Paracelsus so gut ausgedeutet hat, daß wir diesen schwer begreiflichen Herrn nicht noch einmal zu bemühen brauchen, »eignet sich vorzüglich zur Charakte-

risierung des ›liquiden‹, das heißt des beweglichen Ver-
standes. Bei den Alchemisten ist daher der Mercurius
bald ein ›Geist‹, bald ein ›spiritus‹, bald ein ›Wasser‹,
die sogenannte ›aqua permanens‹.«
Mir scheint sicher, daß Fontane sein eigenes Wesen
oder doch dessen sublimste Schichten in seine Melusinen projiziert hat. Diese wären mithin als Selbstbildnis-
se, ins Weibliche transponiert, anzusehen. C. G. Jung
sagt: »Die Gnosis des Justinos stellt sie« (die Melusine
oder ›anima mundi‹) »als Edem, oben Jungfrau, unten
Schlange dar. Dieses Motiv hat die Alchemie auf den
Mercurius übertragen, der ebenfalls oben als Jungfrau,
unten als Schlange dargestellt wurde.« An anderer
Stelle liest man bei Jung: »Dem gegenüber wird Mercurius auch gern als greiser Hermes (Trismegistos) dargestellt, woraus ersichtlich ist, daß zwei empirisch un-
gemein häufige Archetypen, nämlich der der Anima«
(= Melusine) »und der des ›alten Weisen‹, in der sym-
bolischen Phänomenologie des Mercurius zusammen-
fließen . . . Mercurius wird immer wieder als versatilis,
mutabilis, als servus oder cervus fugitivus, Proteus usw.
bezeichnet«, wovon wir oben Gebrauch gemacht haben.
Wer den »Stechlin« kennt, dem muß es unversehens
einleuchten, wer allein in diesem Roman die »Anima
mundi« und wer der »alte Weise« nur sein kann! Dennoch bleibt als unbekannter Rest ungeklärt, ob Fontane diese archetypischen Romangestalten aus alchimi-
stischer Literatur, die ihm zugänglich gewesen sein
könnte – hatte er im Labor lesen und dichten können,
so möchte er über dem Abkochen Extracti Graminis
auch Zeit gehabt haben, einen Blick in Alchimistisches
zu tun – oder kraft Mythologeins gefunden hat. Daß
der »alte Weise« namens Stechlin, wie gesagt, ein
transponiertes Selbstbild des Dichters und Porträt des

Dichtervaters ist – beider Bilder sind zusammengeflossen –, daran wird von niemandem gezweifelt.

Es versteht sich von selbst, daß solches Jahrtausende währendes, Kontinente überschreitendes Mythologein nur möglich ist, wo etwas allgemein Menschliches angesprochen wird, im Weihnachtsmann zum Beispiel der (ambivalente) Archetypus Vater und anderes mehr, in der Melusine das männliche Verfallensein, aber auch die Urangst vor dem Weib. Doch ferne sei es, hier einen Fall von Psychopathie herausarbeiten zu wollen, es sei denn von jener schöpferischen Psychopathie, die man mit einem anderen Wort auch Künstlertum nennt.

Oceane sprach es aus, erfahren wir: »Es muß doch Naturen geben dürfen, an denen das Leben bilderhaft vorüberzieht, Naturen, denen sich die Unterschiede dieser Bilder klar darstellen, aber die die dunklen und heiteren gleichmäßig als Bilder nehmen. Der Tod ist auch nur ein Bild, etwas plötzlich in Erscheinung Tretendes, ich seh es und damit gut. Ein ruhiges Schauen und Betrachten sei vielleicht eine höhere Lebensform, nicht eine tiefere ...«[228] (Die eigenartig distanzierte Einstellung zum Tod des Sohnes George wird von diesem Standpunkt aus deutlicher. Das »Oceane«-Fragment ist 1882 zu Papier gebracht worden, George starb erst fünf Jahre später.)

Goethes Gabe, faktische Erlebnisse in »Bilder« zu transferieren, bietet eine gewisse Parallele. Nur daß sein »Schauen und Betrachten« schwerer erkämpft war. Wie ambivalent sein Verhältnis zum weiblichen Geschlecht gewesen ist, zu den Mädchen, die er liebte und die er doch wie unter Zwang fliehen mußte, davon würden ein enttäuschtes ›Gretchen‹ in Frankfurt oder die rührende Brion oder die Schönkopf oder die Schönemann und wer nicht alles Bericht haben geben kön-

nen. Der bedrohliche Aspekt des Melusinischen, wie
Goethe ihn erlebte und empfand, hat ihn mehr als einmal in Schicksalskatastrophen und bis an den Rand des
Grabes geführt. Es ist ein tückisch böses »feuchtes
Weib«, das da aus der Flut emporrauscht und den »Fischer« in die Tiefe lockt. Laut »Dichtung und Wahrheit« aber hat es Goethe immer gedrängt, dasjenige,
was ihn »erfreute oder quälte, oder sonst beschäftigte,
in ein Bild, ein Gedicht zu verwandeln und darüber mit
mir abzuschließen, um sowohl meine Begriffe von den
äußeren Dingen zu berichtigen als mich im Innern deshalb zu beruhigen . . .«.

Die gleiche kathartische, abklärende Funktion der
dichterischen Produktion bei Goethe wie bei Fontane.
Und um die Parallelsetzung – bei aller sonstigen Verschiedenheit – noch mehr abzustützen: in Goethes Leben hat der weibliche Aspekt des Schwesterlichen
keine geringere Rolle gespielt als der melusinische –
entsprechend bei Fontane der Aspekt Schwester –
Tochter –, und Goethe hat nicht nur des Paracelsus
Werke, sondern auch speziell alchimistische Literatur
gekannt. In seinem »Fischer« heißt es:

> »Da war's um ihn geschehn.
> Halb zog sie ihn, halb sank er hin
> Und ward nicht mehr gesehn.«

Dieses Motiv des Verschlungenwerdens, auch des Ver-
schwindens findet sich bei Fontane in zahlreichen Va-
rianten. Innstetten hat einen von aufkommender Eifersucht eingegebenen Traum, er sieht Crampas, der sein
Nebenbuhler erst noch werden soll, beim Versuch, Effi
aus einem hinabsaugenden Sandstrudel zu retten, mit
dieser gemeinsam untergehen. In »An der Kieler
Bucht« heißt es: »Und elementar geht sie unter.«

Oceane hinterläßt eine letzte Briefadresse, eine sehr ergreifende: »Ich gehe nun unter in dem Reich der Kühle, daraus ich geboren war.«[229] In »Unwiederbringlich«, einer Fundgrube für Motivsucher dieser Art, sucht die Gräfin Holk den Tod im Wasser, in Umkehrung des Grundmotivs, denn die melusinische femme fatale in diesem Roman (von 1891) ist Ebba Rosenberg und überlebt. »Immer näher rückte die Gefahr, und jetzt schien es in der Tat, als ob beide quer über den nur wenige hundert Schritte breiten Eisgürtel hinweg, in den offenen See hinaus wollten; ihre Blicke suchten einander und schienen zu fragen: soll es so sein? Und die Antwort war zum mindesten keine Verneinung. Aber im selben Augenblick, wo sie die durch eine Reihe kleiner Kiefern als letzte Sicherheitsgrenze bezeichnete Linie passieren wollten, bog Holk in rascher Wendung rechts und riß auch Ebba mit sich herum. ›Hier ist die Grenze, Ebba. Wollen Sie drüber hinaus?‹ Ebba stieß den Schlittschuh ins Eis und sagte: ›Wer an zurück denkt, der will zurück‹...«[230]

Mit knapper Not entrinnt das Paar, das keins werden soll, dem brennenden Schloß Frederiksborg. »...›Willst du's wagen?‹ sagte Holk und wies auf den Blitzableiter, an dem es bei der nötigen Entschlossenheit immer noch möglich gewesen wäre sich herabzulassen. Aber Ebba, deren Kräfte hin waren, schüttelte nur den Kopf...«[231] Den Tod mit dem verliebten Grafen in Eisesflut oder Feuersbrunst, Ebba scheint ihn nicht zu scheuen, seine simple Liebe aber weist sie von sich, so sehr sie es darauf angelegt hatte, diese zu wecken. Oder kokettiert sie nur? Mit dem Tod wie mit Männern? Holk träumt, er sei mit einem Admiralsschiff in die Luft geflogen, hätte aber ein Stück Mast gepackt, um sich daran zu retten. Da sei »Ebba von der Seite her, ganz wie ein Meerweib, aufgetaucht und hatte ihn von dem Mast in die Fluten zurückgerissen«.[232]

In der Romanwirklichkeit aber entweicht Ebba in das verfremdete London Aubrey Beardsleys; man kann es nicht anders ausdrücken, nur sind wir gewohnt, den englischen Zeichner, der zwei Jahre vor Fontane gestorben ist, an den Anfang der Moderne zu stellen, Fontane jedoch nicht. Aber man lese doch nur, wie sich ein königlich dänischer Kammerherr Ebbas Londoner Leben ausmalt: »Lord Randolph, von dem es heißt, daß er den Grund und Boden eines ganzen Londoner Stadtteils und außerdem einen Waldbestand von fünfzehn Millionen Tannen in Fifeshire besitzt, hat sich ein Jahr in dieser Angelegenheit besonnen oder wohl richtiger besinnen müssen ... Übrigens haben sich beide, der Lord und Ebba, nichts vorzuwerfen; er, wie soviele seinesgleichen, soll schon mit vierzehn Jahren ein ausgebrannter Krater gewesen sein und heiratet Ebba nur, um sich etwas vorplaudern zu lassen, und von diesem Standpunkt aus angesehen, hat er eine gute Wahl getroffen. Sie wird jeden Tag Dinge sagen und später wohl auch Dinge tun, die seine Lordschaft frappieren, und vielleicht zündet sie mal die fünfzehn Millionen Tannen an und stellt bei der Gelegenheit sich und den Eheliebsten in die rechte Beleuchtung ...«[233] Ebba im High Life an der Themse, fühllos, exzentrisch und wörtlich todschick, glatte schwülkühle Mondänität als Variante des Bedrohlich-Weiblich-Nassen. Beardsley-gestaltig. Klimt-gestaltig.

Besonders fündig wird man auf dieser Spur auch in »Effi Briest«, wo es von Metaphern und Bezüglichkeiten wimmelt; die Szene während einer nächtlichen Schlittenfahrt am Meer stehe dafür:

»›Ich kann Schutzleder nicht leiden‹, sagt Effi, ›sie haben so was Prosaisches. Und dann wenn ich hinausflöge mir wäre es recht, am liebsten gleich in die Brandung. Freilich ein etwas kaltes Bad, aber was tut's . . . Übrigens hören Sie nichts?‹

›Nein‹ (antwortet Sidonie von Grasenabb).

›Hören Sie nicht etwas wie Musik?‹ – ›Orgel?‹

›Nein, nicht Orgel. Da würde ich denken, es sei das Meer. Aber es ist etwas anderes, ein unendlich feiner Ton, fast wie menschliche Stimmen . . .‹

›Das sind Sinnestäuschungen‹ sagte Sidonie, ›Sie sind nervenkrank. Sie hören Stimmen. Gebe Gott, daß Sie auch die richtige Stimme hören.‹

›Ich höre . . . nun gewiß, es ist Torheit, ich weiß, sonst würd ich mir einbilden, ich hätte die Meerfrauen singen hören . . . Aber, ich bitte Sie, was ist das? Es blitzt ja bis hoch in den Himmel hinauf. Das muß ein Nordlicht sein.‹ «[234]

Die Nordausrichtung, von der oben die Rede war, hat das kleine pommersche Ostseestädtchen Kessin – das ist ein Bild Swinemündes – etwas sehr weit ins Nördliche verlegt. In »Graf Petöfy«, wo Swinemünde ebenfalls geschildert wird, heißt es: »Ich denk es mir wie Vineta, poetisch, gruselig und ewig gefährdet.«[235] (Verzeihen Sie, lieber Fontane-Fan, ich kann mir den respektlosen Einwand nicht versagen: die Schlittenszene vor jenem meerwasserunterspülten Sandstrudel, die dem Dichter dient, um Crampas, plausibel motiviert, in Effis Schlitten zu eskamotieren, ist fahrtechnisch falsch durchdacht. Denn wo Kutschwagen durch jene gefährliche Furt passieren können, ohne zu versinken, könnten es Schlitten auf ihren Kufen erst recht. Es müßten also die Räderfahrzeuge sein, die den Umweg machen, der für Effi – im Schlitten – so schicksalwendend wird. Ist das Beckmesserei? Ich weiß, für den Dichter ist, wie schon in »Vor dem Sturm« im Lehnin-Kapitel zu lesen, der Schlitten das Vehikel der Ent-

scheidung: »Du meintest«, sagt mit der »Urängstlich-
keit« Fontanescher Jungmännergestalten Lewin zu
Kathinka, »ich fürchtete mich. Ja, man fürchtet sich vor
seinem Glück.«[236] Und ich weiß, das Fahrerlebnis im
Schlitten ist stärker, der Kontrast zwischen aufwallen-
dem Gefühl und frostiger Nacht kräftiger, und weiß,
was Fontane kaum bewußt gewesen sein kann, was
Fahren in der Psychoanalyse bedeutet.)
Die Begegnung des achtjährigen Henri Théodor mit
der See begab sich in Swinemünde, wohin die Eltern
1827 übergesiedelt waren, folgendermaßen: »›Wie
heißt du?‹ fragte ich.
›Ehm.‹
›Ehm? Das hab ich noch nicht gehört. Aber sage, Ehm,
was ist das, das immer so rauscht und donnert? Und dabei geht doch kein Wind und keine Luft.‹
›Dat's de See.‹
›Das Meer?‹
›Joa, de See.‹
›Wie weit ab ist es? Es klingt ja so nah.‹
›Na, ne Viertelstunn. Un mitunner kommt se bis ran
und steigt hier rümm in alle Straten. Un so'n Lütting
wie du, de kann denn versupen.‹«[237]
Die Initialzündung! Noch nach 66 Jahren hat Fontane
die winzige Szene des Niederschreibens für wert be-
funden, den ersten Anruf des Elementarischen! Auch
die archetypische Assoziation »Meer – Frau« geht auf
frühe Eindrücke in Swinemünde zurück und zwar auf
schöne; es wäre ja auch ganz verfehlt, sollte hier ein
Fontane als melancholisch düsterer Dämonologe ab-
konterfeit werden. Die leichte Heiterkeit, humorig oft,
oft ironisch, die über Abgründigem gebreitet liegt, sie
ist es, die einen Reiz Fontanescher Romankunst ausmacht. Das Verschweigen im Plaudern.
»Die Mutter und Tochter Beda waren Schönheiten,

was mir Gelegenheit gibt, hier einschaltend über die
Swinemünder Frauenwelt überhaupt zu sprechen. Der
kleine Ort war eine lebendige Galerie of beauties und
gab so recht den Beweis für die Überlegenheit der
Meeresanwohner in allem, was Erscheinung angeht.
Wohl mag gelegentlich auch eine deutsche Binnen-
landsbevölkerung, also beispielsweise die Bevölkerung
in Rhein- und Mainfranken, in einzelnen Teilen von
Schwaben, auch sporadisch in Sachsen und Schlesien«
– der Wanderer der Mark Brandenburg nimmt deren
Bevölkerung aus! – »ähnlich hohe Prozentsätze von
anmutigen Frauen und Mädchen aufweisen; ich bilde
mir aber ein, nirgends in meiner deutschen Heimat so
viel weibliche Schönheit gesehen zu haben wie damals
in dieser kleinen Stadt. In den guten Familien war eigentlich alles hübsch, aber fast noch hübscher war die
dienende Klasse . . .«[238] Eine außerordentliche Schönheit, erfahren wir, war die Tochter des Totengräbers,
und als schließlich noch ein Major Thomas mit seinen
drei Töchtern zuzog, war es bei den Ressourcen dem
kleinen Fontane so, als verwandle der »Tanz dieser drei
Huldinnen . . . den Olthoffschen Ressourcensaal in einen Weihetempel« . . .[239]
Und erst die Engländerinnen! »Die Töchter sind
hübsch, wie – alle englischen Töchter.«[240] Man könnte
dafür unzählige Zitate beibringen. Einmal beschreibt
er den Anblick einer Dame mit ihren Töchtern, die
in Manchester regendurchnäßt einen Omnibus bestei-
gen wollen: »Da stehen nun die drei Schwestern mit
ihren langherabhängenden blonden Locken und sehen
aus wie die Meerfrauen, die eben aus dem Wasser
sind . . .«[241] Bezeichnend auch dieses Schwesterliche.
Wenig Unterschied besteht zwischen Mutter und
Töchtern. »Natürlich«, räsoniert die Hohen-Cremme-
ner Pastorsfrau (in »Effi Briest«), »wenn's die Mutter

nicht sein konnte, muß es die Tochter sein . . .«[242]
Der Dreipaß Mutter-Tochter-Liebhaber spielt in Fontanes Vorstellungswelt seine Rolle, im Fall Schach von
Wuthenow und der Damen Carayon, im Fall der
Oceane und in dem der Effi. Nur die gesunde und tap-
fere Lene Nimptsch (in »Irrungen Wirrungen«) ver-
wahrt sich gegen die melusinische Unstatthaftigkeit
solcher Dreieckskonstellationen. Sie schreibt: ». . . Ja,
sie war schön und gefiel Dir, ich sah es wohl, und Du
gefiehlst ihr auch. Aber die Mutter, die neben der
schönen Blondine saß, der gefiehlst Du noch besser.
Und das ärgerte mich. Einer ganz jungen gönne ich
Dich, wenn's durchaus sein muß. Aber einer Alten!
Und nun gar einer Mama? Nein, nein, die hat ihr
Teil . . .«[243]
Ein analytischer Versuch, Fontanes komplizierte Me-
lusinen-Vorstellungen in faßliche Relation zu seinen
Mutter-Schwester-Frau-Tochter-Beziehungen zu brin-
gen, müßte erst noch unternommen werden. Möglich,
daß ein solches Unterfangen bei der Melusine des
»Stechlin« anzusetzen hätte, von der ein Experte
(Hofmiller) gesagt hat: »Unter dem figurenreichen
Gruppenbild ist deutlich ein sphinxhaftes Bildnis zu er-
kennen, das Melusinens . . . Es wäre Fontanes Mona
Lisa geworden.«
Ein abermaliger Seitenblick auf Böcklin: dessen Lein-
wände belebten sich mehr und mehr mit Meermaiden,
Tritonen und allerlei mythologischem Personal. Aber
dieser selbe Böcklin hat sich über Jahrzehnte hin mit
Segelflugversuchen und Flugzeugkonstruktionen be-
faßt, zuletzt – 1894 – in Berlin mit solchen, die von bat-
teriegespeisten Elektromotoren angetrieben werden
sollten. Der Seitenblick soll nur zeigen, welche polaren
Zwiespältigkeiten große und regsame Geister am Vor-
abend einer neuen Epoche in sich aufklaffen fühlen.

Diese letzte Melusinengestalt des Dichters begeistert sich angesichts eines Feuerwerks für Pyrotechnik überhaupt und auf den Einwand, »daß alle, die damit zu tun haben, über kurz oder lang in die Luft fliegen«, entgegnet sie: »Das ist fatal. Aber es steigert doch auch wieder den Reiz. Sonderbar, gefahrlose Berufe, solche, die sozusagen eine Zipfelmütze tragen, sind mir von jeher ein Greuel gewesen. Interesse hat doch immer nur das va banque: Torpedoboote, Tunnels unter dem Meer, Luftballons. Ich denke mir, das Nächste, was wir erleben, sind Luftschifferschlachten. Wenn dann so eine Gondel die andere entert. Ich kann mich in solche Vorstellungen geradezu verlieben.«[244]

Lilienthal, der Flieger, stürzte 1896 zu Tode. Fontane schloß 1898 die Augen. 1901 flog der erste Zeppelin. 1903 gelangen den Gebrüdern Wright die ersten Motorflüge. 1908 wurde in Berlin-Johannisthal zum ersten Mal geflogen. Und wie lange noch bis zu den Luftgefechten des Ersten Weltkrieges! Der Prophet Fontane hat durch den Mund einer weiblichen Romanfigur orakelt. Und seine Ebba Rosenberg nimmt die emanzipatorischsten Auffassungen von heute vorweg: »In der Liebe regiert der Augenblick, und man durchlebt ihn und freut sich seiner, aber wer den Augenblick verewigen oder gar ein Recht daraus ziehen will, Rechte, die, wenn anerkannt, alle besseren, alle wirklichen Rechte, mit einem Wort die eigentlichen Legitimitäten auf den Kopf stellen würden, wer das tut und im selben Augenblick, wo sein Partner klug genug ist sich zu besinnen, feierlich auf seinem Scheine besteht, als ob es ein Trauschein wäre, der ist kein Held in der Liebe, der ist bloß ihr Don Quixote.«[245]

Wer wagt den analytischen Versuch? Wer bringt den ganzen Fontane auf einen Nenner? Diesen Meistererzähler. Diesen Feuilletonisten par excellence. Wie

leicht lesen sich seine Berichte »Aus England und
Schottland« und wie müssen sie noch heute jeden be-
reichern, der sie liest! Welch ein Kapitel die Kurzbio-
graphie der Lady Hamilton, wie konzentriert die Nach-
erzählung von Scotts »Lady of the Lake«! Doch Bewunderung ist zum Einverständnis ein gutes Mittel,
nicht aber zur analytischen Einsichtnahme. Und wie
auch einem Dichter näher kommen, der in dem Fragment »Allerlei Glück« den Dr. Heinrich Brose sagen
läßt: »Unsinn? ... Menschen wie du halten alles für
Unsinn, was nicht da ist, oder nicht Mode ist. Und ihr
vergeßt, daß die Welt sich alle Tage ändert. Was hätte
meine Gundel gesagt, wenn man ihr anno 30 gesagt
hätte, sie könne in zwei Stunden nach Magdeburg, und
in einer halben nach Potsdam fahren. Oder sie würde
die Nachricht von der Wahl eines neuen Präsidenten in
Washington sechs Stunden früher wissen als die Wahl
stattgefunden hat. Unsinn. Gar nichts ist Unsinn. Oder
alles.«[246] Und im gleichen Fragment heißt es weiter:

»*Sie:* Ich begreife dich nicht. Du bist zu gut gegen ihn.
        Du hältst doch sonst auf die rechten Dinge.
Er: Ich halte darauf, das ist wahr. Aber ich lache
        darüber, das ist noch wahrer.«[247]

Der Roman vom noblen Herrn v. Stechlin war schon
im Satz. Fontane wollte zu seinen »alten Göttern« zurückkehren, zum märkischen Adel. Er läge, schrieb er
eine Woche vor seinem Tode, »mit einem Buch in An-
schlag, das den Titel führen soll ›Das Ländchen Frie-
sack und die Bredows‹«.[248] Junkerabneigung hatte er
gehegt, das ist wahr, ein Schub nur, der verging: die
Vorarbeiten zu dem nunmehr geplanten Werk umfaß-
ten schon 133 Druckseiten. »Das ist noch wahrer.«

BILDNACHWEISE

Meine Kinderjahre

Die Urgroßmutter: Marie Louise Fontane, geb. Schroeder, im Alter von 69 Jahren, nach einer Bleistiftzeichnung ihres Sohnes Pierre Barthélemy aus dem Jahre 1801. Archiv der Akademie der Künste, Berlin (Kat. Nr. 7 der Ausstellung zum 150. Geburtstag Theodor Fontanes 1969/70)   Seite 71

Der Großvater: Pierre Barthélemy Fontane (1757–1826). Pastellmedaillon. Aus: Theodor Fontane »Meine Kinderjahre«, Berlin 1911, Verlag F. Fontane & Co.
Seite 72

Die Großmutter: Louise Sophie Fontane, geb. Deubel. Nach einer Farbenskizze ihres Mannes. Aus: Theodor Fontane »Meine Kinderjahre«, Berlin 1911, Verlag F. Fontane & Co.   Seite 73

Der Vater: Louis Henri Fontane (1796–1867). Bleistiftskizze des Oderbruchmalers Helmuth Raetzer aus dem Jahre 1859. Archiv der Akademie der Künste, Berlin (Kat. Nr. 10 der Ausstellung zum 150. Geburtstag Theodor Fontanes 1969/70)
Seite 75

Die Mutter: Emilie Fontane, geb. Labry (1797–1869) im Alter von 19 Jahren. Pastellportrait von Pierre Barthélemy Fontane, ihrem Schwiegervater, aus dem Jahre 1817. Archiv der Akademie der Künste, Berlin (Kat. Nr. 11 der Ausstellung zum 150. Geburtstag Theodor Fontanes 1969/70)   Seite 77

Selbstbiographie Fontanes, geschrieben 1874.
Ich wurde am 30. Dezember 1819 zu *Neuruppin* in der Mittelmark geboren. Der Bilderbogen-Gustav-Kühn und der Maler Wilhelm Gentz waren meine Spielgenossen. Unsre Häuser grenzten miteinander. An unsren Garten stieß auch der Superintendentengarten, in dem, ein halbes Jahrhundert früher, Schinkel sich umhergetummelt hatte.
1827 übersiedelten meine Eltern nach Swinemünde, wo ich meine Knabenzeit vom 7. bis 13. Jahr verlebte. Ich entsinne mich aus dieser Zeit her besonders der Jahre 30 und 31, der Eroberung von Algier, der Juli-Revolution und der großen polnischen Insurrektion. Erst 10 Jahre alt folgte ich den militärischen Ereignissen jener Epoche mit demselben Eifer, wie vierzig Jahre später unsren Siegeszügen in Frankreich, und auf das kümmerlichste Kartenmaterial gestützt, entwarf ich Skizzen, um mit Hülfe der bekannten punktierten Pfeile mir und andern die Angriffsbewegungen der beiden Parteien klarzumachen. Ich hatte die Dinge so ziemlich am Schnür-

chen, und die ganze Freundschaft nickte zustimmend, wenn ich auf das bestimmte-
ste erklärte, Geschichte studieren zu wollen.
Archiv der Akademie der Künste, Berlin (Kat. Nr. 3 der Ausstellung zum 150.
Geburtstag Theodor Fontanes 1969/70)   Seite 79

»Die Schönebergs«, Faksimile aus: Theodor Fontane »Meine Kinderjahre«, Berlin 1911, Verlag F. Fontane & Co.   Seite 81

»Die Scherenbergs«. Faksimile aus: Theodor Fontane »Meine Kinderjahre«, Berlin 1911, Verlag F. Fontane & Co.   Seite 83

Geheimrat Krause. Faksimile aus: Theodor Fontane »Meine Kinderjahre«, Berlin
1911, Verlag F. Fontane & Co.   Seite 85

Dr. Lau und Braut, Albertine Barth. Faksimile aus: Theodor Fontane »Meine
Kinderjahre«, Berlin 1911, Verlag F. Fontane & Co.   Seite 87

Von Zwanzig bis Dreißig

Philippine Fontane, geb. Sohm (etwa 1810 – 1882) gemalt von ihrem Mann August
Fontane, 1835. Archiv der Akademie der Künste, Berlin (Kat. Nr. 16 der Ausstellung zum 150. Geburtstag Theodor Fontanes 1969/70)   Seite 90

August Fontane (1801 – 1870). Selbstbildnis von 1828. Archiv der Akademie der
Künste, Berlin (Kat. Nr. 17 der Ausstellung zum 150. Geburtstag Theodor Fontanes 1969/70)   Seite 91

Der Apotheker Wilhelm Rose (gest. 8. 4. 1867). Photographie. Deutsche Staatsbibliothek, Theodor-Fontane-Archiv, Potsdam   Seite 93

Theodor Fontane 1843. Kreideportrait von Friedrich Georg Kersting, Dresden.
Historia-Photo, Bad Sachsa.   Seite 95

Theodor Fontane 1843. Aquarellportrait von D. Ottensooser. Archiv der Akademie der Künste, Berlin (Kat. Nr. 32 der Ausstellung zum 150. Geburtstag Theodor
Fontanes 1969/70)   Seite 97

Theodor Fontane in London, 1844. Portraitzeichnung von J. W. Burford. Archiv
der Akademie der Künste, Berlin (Kat. Nr. 38 der Ausstellung zum 150. Geburtstag Theodor Fontanes 1969/70)   Seite 99

Ausschnitt aus dem Tunnelbild von Hugo von Blomberg, Links stehend: Bernhard
von Lepel, rechts mit dem Schild: Fontane. Aus: Theodor Fontane und Bernhard
von Lepel »Briefwechsel«, Band 2, München 1940   Seite 100

Diplom des Vereins »Tunnel über der Spree«. In der Mitte: Fontane. Historia-
Photo, Bad Sachsa   Seite 101

Theodor Fontane (zweiter von links) im Kreise seiner Freunde, um 1847. Photographie. Archiv der Akademie der Künste, Berlin (Kat. Nr. 43 der Ausstellung
zum 150. Geburtstag Theodor Fontanes 1969/70). Das Foto befindet sich, nach
Auskunft der Berliner Akademie der Künste, im Besitz der Fontane-Erben, die es
der Akademie der Künste für die Fontane-Ausstellung 1969/70 zur Verfügung
stellten. Prof. Dr. Huder, Leiter des Archivs und der Bibliothek, schrieb am
2. 6. 1978 zur Frage der Identifizierung des Freundeskreises: »Bereits anläßlich
meiner Theodor-Fontane-Ausstellung habe ich mir große Mühe gegeben, den auf
dem Foto der Katalog-Nummer 43 dargestellten Freundeskreis zu identifizieren,
was mir aber, trotz intensiver Recherchen, nicht nachweisbar gelang.« Der Leiter
des Fontane-Archivs Potsdam, Joachim Schobeß, schrieb am 12. Juni 1978: »Die
Gruppenaufnahme, auf der u. a. auch Th. Fontane zu finden ist, erschien vor Jahrzehnten in ›Westermanns Ill. Monatsheften‹. Die hier angezeigten Personennamen
haben uns bereits vor vielen Jahren Kopfzerbrechen verursacht. Sie sind teilweise
offensichtlich falsch, eine genaue Identifizierung war uns bereits damals und auch
heute leider nicht möglich. Theodor Fontane ist der 2. von links nach rechts.«
                                                                   Seite 102

Emilie Rouanet-Kummer (1824–1902). Pastellportrait von Th. Hillwig, 1848.
Archiv der Akademie der Künste, Berlin (Kat. Nr. 18 der Ausstellung zum 150.
Geburtstag Theodor Fontanes 1969/70)   Seite 105

Von Dreißig bis Achtzig

Theodor Fontane 1853. Bleistiftzeichnung von Luise Kugler, Berlin 29. Mai 1853.
Luise, Schwester von Franz Kugler, war Blumenmalerin. In der Familie des Bruders zeichnete sie häufig die Profile der Gäste in ihr Skizzenbuch. Deutsches Lite-
raturarchiv/Schiller-Nationalmuseum, Marbach am Neckar   Seite 109

»Heute bei mich«. Entwurf einer Einladungskarte zu einer »Rütli«-Sitzung. Federzeichnung von Adolph Menzel.
Sie zeigt die »Rütlianer« beim Schwur, von links nach rechts: Franz Kugler als Ka-
ryatide (auf dem Balkon wahrscheinlich die spanische Sängerin Pauline Viardot),
eine Lyra zupfend Paul Heyse, vor ihm der Kammergerichtsrat Wilhelm von Merckel mit Richtschwert und Waage der Justitia, daneben, die Mütze des Garderegi-
ments auf dem Kopf, Bernhard von Lepel, vor ihm Theodor Fontane mit Zylinder
und Umhang (man karikierte gern seine langen Haare), rechts daneben der Gast-
geber Adolph Menzel mit friderizianischem Zopf, sich an einer überdimensionalen
Kanne haltend (Anspielung auf den Kaffeekonsum des Kreises). Über ihm der spätere Regierungsrat Bormann. Deutsches Literaturarchiv/Schiller-Nationalmu-
seum, Marbach am Neckar   Seite 111

Theodor Fontane und seine Tochter Marthe (Mete) in Arnsdorf im Riesengebirge, 1886. Photographie. Bildarchiv Preußischer Kulturbesitz, Berlin   Seite 135

Theodor Fontane 1890. Kreidezeichnung von Fritz Werner. Archiv der Akademie der Künste, Berlin (Kat. Nr. 174 der Ausstellung zum 150. Geburtstag Theodor Fontanes 1969/70)   Seite 137

Else Baronin von Ardenne, geb. von Plotho, Urbild der Effi Briest, in der Anfangszeit ihrer Ehe vor dem Duell. Photographie. Manfred von Ardenne, Dresden   Seite 138

Theodor Fontane, um 1894. Photoportrait. Deutsche Staatsbibliothek, Theodor-Fontane-Archiv, Potsdam   Seite 141

Theodor Fontane 1896. Ölportrait von Hanns Fechner. Bildarchiv Preußischer Kulturbesitz, Berlin   Seite 142

Theodor Fontane 1895. Ölportrait von Hanns Fechner. Historia Photo, Bad Sachsa   Seite 143

»Über Land und Meer«. Titelseite des Oktoberheftes mit dem Vorabdruck des Romans »Der Stechlin«, Jahrgang 1897. Deutsche Staatsbibliothek, Theodor-Fontane-Archiv, Potsdam   Seite 145

Theodor Fontane 1896. Kreidezeichnung von Max Liebermann. Kunsthalle Bremen   Seite 147

Briefe an die Familie

Theodor Fontane in seinem Arbeitszimmer am Schreibtisch, 1896. Photographie. Bildarchiv Preußischer Kulturbesitz, Berlin   Seite 234/35

Die Eltern Theodor Fontanes nach zeitgenössischen Silhouetten. Archiv der Akademie der Künste, Berlin (Kat. Nr. 8, 9 der Ausstellung zum 150. Geburtstag Theodor Fontanes 1969/70)   Seite 238/39

Elise Fontane (1838–1923). Einzige Schwester Theodor Fontanes. Kreideportrait. Archiv der Akademie der Künste, Berlin (Kat. Nr. 40 der Ausstellung zum 150. Geburtstag Theodor Fontanes 1969/70)   Seite 241

Emilie Fontane (1824–1902) mit einem ihrer Kinder. Photographie. Archiv der Akademie der Künste, Berlin (Kat. Nr. 50 der Ausstellung zum 150. Geburtstag Theodor Fontanes 1969/70)   Seite 243

George Emile Fontane (1851–1887). Fontanes ältester Sohn. Ölportrait. Bildarchiv Preußischer Kulturbesitz, Berlin   Seite 244

Briefe an die Freunde

Karl Zöllner (1821–1897). Photographie aus dem Besitz Fontanes. Deutsche Staatsbibliothek, Theodor-Fontane-Archiv, Potsdam   Seite 274

Emilie Zöllner, geb. Timm (1828–1924). Graphitzeichnung, weiß gehöht auf bläulichem Papier, 36 œ 29 cm von August von Heyden, Berlin 1868. (Vergleiche Jahrbuch für Brandenburgische Landesgeschichte, 15, 1964, Dr. Liselott Ziegert-Hackenbarth »Emilie Zöllner, die Chevalière aus Fontanes Freundeskreis«. Deutsche Staatsbibliothek, Theodor-Fontane-Archiv, Potsdam   Seite 275

Wilhelm Lübke (1826–1893). Photographie. Deutsche Staatsbibliothek, Theodor-Fontane-Archiv, Potsdam   Seite 276

George Hesekiel (1819–1874). Reproduktion eines Bildes aus dem Besitz der Familie Hesekiel. Käthe Waad, Plön/Holstein   Seite 279

Gustav Schwab (1792–1850). Radierung von Franz Theodor Kugler. Graphische Sammlung der Staatsgalerie Stuttgart, Inv. Nr. C67/1559 XXXII. Bildarchiv Preußischer Kulturbesitz, Berlin   Seite 280

Mathilde von Rohr (1810–1889). Rowohlt Archiv, Reinbek bei Hamburg   Seite 283

Wilhelm Hertz (1822–1901), Photographie. Hans W. Hertz, Hamburg   Seite 285

Hans Hertz (1848–1895). Radierung von Karl Stauffer-Bern. 1886. Deutsches Literaturarchiv/Schiller-Nationalmuseum, Marbach am Neckar   Seite 287

Paul Schlenther (1854–1916). Photographie von 1901. Ullstein Bilderdienst, Berlin   Seite 289

Hermann Kletke (1813–1886). Photographie von 1858. Archiv für Kunst und Geschichte, Berlin   Seite 291

Friedrich Stephany (1830–1912). Photographie. Deutsche Staatsbibliothek, Theodor-Fontane-Archiv, Potsdam   Seite 293

Ludwig Pietsch (1824–1911). Photographie. Deutsche Staatsbibliothek, Theodor-Fontane-Archiv, Potsdam   Seite 295

Paul Lindau (1839–1919). Photographie, um 1885. Bildarchiv Preußischer Kulturbesitz, Berlin   Seite 296

Julius Rodenberg (1821–1914). Photographie von E. Bieber, Berlin und Hamburg. Ullstein Bilderdienst, Berlin   Seite 298

Maximilian Harden (1861–1927). Photographie. Landesbildstelle, Berlin   Seite 300

James Morris (1826–1900). Photographie. Deutsche Staatsbibliothek, Theodor-Fontane-Archiv, Potsdam. Mit Genehmigung »of the President and Council of the Royal College of Surgeons of England«   Seite 303

Otto Brahm (1856–1912). Photographie von Wilhelm Fechner, Berlin 1889. Bildarchiv Preußischer Kulturbesitz, Berlin   Seite 305

Georg Friedlaender (1843–1914). Bleistiftskizze von H. Figge. Deutsche Staatsbibliothek, Theodor-Fontane-Archiv, Potsdam   Seite 307

Gerhart Hauptmann (1862–1946). Photographie von 1901. Ullstein Bildarchiv, Berlin   Seite 309

ZITATNACHWEISE

Zitiert wird nach folgenden Quellen, wobei die erste Ziffer jeweils den Band, die zweite die Seitenzahl angibt:

NFA   Theodor Fontane: *Sämtliche Werke.*
Hrsg. von Edgar Groß, Kurt Schreinert, Charlotte Jolles u. a.
Nymphenburger Verlagshandlung, München 1959 ff. Bd.
I – XXIV

GW   Theodor Fontane: *Gesammelte Werke.*
21 Bände in 2 Serien: I. Romane und Novellen (10 Bde). II.
Gedichte. Autobiographisches. Reisebücher. Briefe. Kritiken.
Nachlaß (11 Bde). Berlin 1905 – 1911

PB   Theodor Fontane: *Briefe,* Bde. Hrsg. von Kurt Schreinert u.
Charlotte Jolles, Propyläen Verlag, Berlin 1968 – 1971
Bd. I: Briefe an den Vater, die Mutter und die Frau.
Bd. II: Briefe an die Tochter und an die Schwester.
Bd. III: Briefe an Mathilde von Rohr.
Bd. IV: Briefe an Karl und Emilie Zöllner und andere
Freunde.

FaB   Briefe an seine Familie, Berlin 1905

Frb   Briefe. Zweite Sammlung (An seine Freunde). Berlin 1910

FBL   Th. und Bernhard von Lepel. Ein Freundschafts-Briefwechsel.
München 1940

FGF   Briefe an Georg Friedlaender. Heidelberg 1954

FHK   Briefe an Hermann Kletke. Hrsg. von Helmuth Nürnberger.
München 1969

FWW   Briefwechsel mit Wilhelm Wolfsohn. Berlin 1910

1   zitiert nach: Theodor Fontane: *Briefe an Hermann Kletke.* Hrsg. v. Helmuth Nürnberger. München 1969, S. 7
2   FBL 295 (Brief an Lepel vom 7. Januar 1851)
3   NFA XX, 276

4   Linke Poot [d.i. Alfred Döblin]: *Der deutsche Maskenball*, Berlin 1921,
     S. 93 f.

5   FGF 310 (Brief an Georg Friedlaender vom 5. April 1897)

6   PB III, 196 (Brief an Mathilde v. Rohr vom 1. Dezember 1880)

7   NFA XXIV, 326

8   NFA VII, 394

9   NFA VII, 417

10   NFA III, 178

11   NFA VII, 419

12   NFA VII, 421

13   zitiert nach Hans-Heinrich Reuter: *Fontane*. 2 Bde. Darmstadt 1970,
     Bd. 1, S. 93

14   NFA IV, 73

15   NFA XVI, 321

16   NFA XVI, 321

17   NFA XX, 219

18   Brief an K. E. O. Fritsch vom 26. März 1894, zitiert nach: *Fontane oder die
     Kunst zu leben, Ein Brevier*. Hrsg. v. Ludwig Reiners. Leipzig 1940,
     S. 253

19   NFA IV, 281

20   NFA XXIV, 320

21   NFA IV, 290

22   zitiert nach Walter Heynen in: *Der Bär von Berlin, Jahrbuch des Vereins
     für die Geschichte Berlins*. Berlin 1966, S. 78f.

23   NFA XX, 44

24   NFA XX, 47

25   GW XIX, 227

26   PB II, 144 (Brief an Mete vom 13. August 1889)

27   NFA XX, 30

28   NFA VIII, 191

29   zitiert nach: *Fontane oder die Kunst zu leben*, a.a.O. S. 204 (ähnlich
     NFA VII, 302 *Effi Briest*, Tischrede Güldenklee)

30   GW II, 11, St. 36/37 (Brief von Graf Eulenburg vom 12. März 1881)

31   PB II, 238 (Brief an Mete vom 9. August 1895)

32   GW II, 10, St. 107 (Brief an Theodor Storm vom 14. Februar 1854)

33   NFA XV, 335

34   NFA XV, 336

35   Hans-Heinrich Reuter, a.a.O. Bd. I, S. 206

36   FGF 195 (Brief an Georg Friedlaender vom 1. November 1892)

37   FGF 279 (Brief an Georg Friedlaender vom 19. März 1895)

38   NFA XV, 353 f.

39   FBL 160 (Brief an Bernhard v. Lepel vom 7. April 1849)

40   zitiert nach Hans-Heinrich Reuter, a.a.O. Bd. I, S. 219 f. (Brief an Bern-
     hard v. Lepel vom 21. September 1848)

41 zitiert nach Helmuth Nürnberger: *Der frühe Fontane. Politik, Poesie, Geschichte. 1848–1860.* Hamburg 1967, S. 151 (Brief an Wolfsohn vom 11. Dezember 1849)

42 NFA XIX, 45

43 NFA XIX, 45

44 NFA XIX, 45

45 NFA XIX, 47 f.

46 NFA XX, 260

47 NFA XX, 241

48 NFA XXIV, 925 (Anm. an Friedrich Holtze am 16. März 1895)

49 PB II, 63 (Brief an Mete vom 18. April 1884)

50 PB II, 63 (Brief an Mete vom 18. April 1884)

51 NFA XXIV, 360

52 NFA XVIII/1, 35

53 NFA XXIV, 1179

54 NFA XXIV, 1179

55 zitiert nach Hans-Heinrich Reuter, a. a. O. Bd. II, S. 794 (Brief an James Morris vom 22. Februar 1896)

56 Hans-Heinrich Reuter, a. a. O. Bd. II, S. 796

57 NFA VIII, 174

58 NFA XIV, 157 (»Meine Kinderjahre«)

59 NFA VIII, 338

60 NFA VIII, 338

61 NFA III, 235

62 NFA XXIV, 1157

63 FGF 227 (Brief an Georg Friedlaender vom 1. August 1893)

64 FGF 284 (Brief an Georg Friedlaender vom 6. Mai 1895)

65 FGF 227 (Brief an Georg Friedlaender vom 1. August 1893)

66 NFA XIX, 96

67 NFA XIX, 123

68 PB I, 172 (Brief an seine Frau vom 11. August 1882)

69 vgl. dazu PB II, 53 (Brief an Mete vom 4. August 1883, dort die gegenteilige Behauptung des Dichters über sich)

70 GW II/7, 265 (Brief an seine Frau vom 23. August 1891)

71 NFA VII, 132

72 NFA VII, 124

73 NFA VII, 123

74 NFA VII, 119

75 GW II/3, 251

76 PB II, 256 (Brief an Mete vom 10. Juni 1896)

77 NFA VII, 177

78 NFA VIII, 106

79 NFA XIV, 34 (»Meine Kinderjahre«)

80 NFA XIV, 82 (»Meine Kinderjahre«)

81   NFA XIV, 83 (»Meine Kinderjahre«)

82   NFA XIV, 160 f. (»Meine Kinderjahre«)

83   NFA VIII, 132

84   NFA VIII, 128

85   NFA VIII, 330 f.

86   NFA III, 323

87   NFA I, 55

88   NFA VIII, 309 f.

89   NFA VIII, 310 f.

90   NFA XVIII/1, 94

91   NFA XVIII/1, 95

92   NFA XVIII/1, 99

93   NFA XXIV, 190

94   NFA XXIV, 827

95   NFA XX, 556

96   NFA III, 73

97   NFA XVIII/1, 101

98   zitiert nach *Fontane oder die Kunst zu leben*, a.a.O. S. 253

99   zitiert nach Helmuth Nürnberger: *Fontane. In Selbstzeugnissen und Bild-dokumenten.* Reinbek b. Hamburg 1968, S. 118

100   PB II, 76 (Brief an Mete vom 17. Juni 1885)

101   NFA VI, 201

102   PB II, 218 (Brief an Mete vom 24. August 1893)

103   NFA II, 175

104   NFA II, 178

105   NFA II, 208

106   NFA II, 208 f.

107   NFA II, 248

108   NFA II, 248

109   NFA II, 150

110   NFA II, 263

111   Hans-Heinrich Reuter, a.a.O. Bd. II, S. 632 f.

112   NFA XIV, 27 (»Meine Kinderjahre«)

113   NFA XIV, 9 (»Meine Kinderjahre«)

114   NFA XIV, 10 (»Meine Kinderjahre«)

115   NFA XIV, 27 (»Meine Kinderjahre«)

116   NFA XIV, 17 f. (»Meine Kinderjahre«)

117   NFA XVI, 16

118   PB I, 281 (Brief an seine Frau vom 19. Juli 1884)

119   NFA XIV, 23 (»Meine Kinderjahre«)

120   NFA XIV, 15 (»Meine Kinderjahre«)

121   NFA XIV, 18 (»Meine Kinderjahre«)

122   NFA XIV, 19 (»Meine Kinderjahre«)

123 NFA XIV, 19 (»Meine Kinderjahre«)

124 NFA XIV, 19 (»Meine Kinderjahre«)

125 NFA XIV, 28 (»Meine Kinderjahre«)

126 NFA XIV, 21 (»Meine Kinderjahre«)

127 NFA XIV, 120 (»Von Zwanzig bis Dreißig«)

128 NFA XIV, 106 (»Von Zwanzig bis Dreißig«)

129 NFA XX, 274 (»Auf der Treppe von Sanssouci«)

130 NFA XIV, 325 (»Von Zwanzig bis Dreißig«)

131 NFA XVI, 56 (»Kriegsgefangen«)

132 NFA XVI, 519 (»Aus den Tagen der Okkupation«)

133 zitiert nach Helmuth Nürnberger: *Der frühe Fontane,* Ullstein Buch Nr. 4601, Frankfurt/M., Berlin, Wien 1975, S. 375 (ungedr. Brief an Lepel vom 1. März 1849)

134 zitiert nach Hermann Fricke: »Theodor Fontanes Parole d'honneur von 1870«, in: *Der Bär von Berlin. Festschrift zum 100jährigen Bestehen des Vereins für die Geschichte Berlins.* Berlin 1965, S. 56

135 Hans-Heinrich Reuter, a. a.O. Bd. I, S. 55

136 GW II/11, 94 (Brief an Béringuier vom 3. August 1884)

137 FGF 276 (Brief an Georg Friedlaender vom 9. Dezember 1894)

138 Theodor Fontane: *Briefe an seine Familie.* Berlin 1905. Bd. II. S. 265 (Brief aus dem Jahre 1891)

139 PB I, 220 (Brief an seine Frau vom 19. Juli 1883)

140 NFA VII, 241

141 NFA XIV, 18 (»Meine Kinderjahre«)

142 PB I, 94 (Brief an seine Frau vom 15. Juni 1879)

143 zitiert nach Hans-Heinrich Reuter, a. a. O. Bd. I, S. 338 (Brief an Bernhard v. Lepel vom 1. Dezember 1858)

144 NFA XIX, 743 f. (»Die Märker und die Berliner«)

145 NFA XIV, 15 f. (»Meine Kinderjahre«)

146 PB III, 174 f. (Brief an Mathilde v. Rohr vom 30. November 1876)

147 NFA XIX, 585

148 NFA XIX, 586

149 NFA XIX, 586 f.

150 GW II/11, 192 (Brief an Liliencron vom 11. Mai 1889)

151 NFA XVI, 90 (»Kriegsgefangen«)

152 PB III, 132 (Brief an Mathilde v. Rohr vom 25. September 1872)

153 PB III, 132 f. (Brief an Mathilde v. Rohr vom 25. September 1872)

154 NFA XXIV, 1139 (Tagebuchnotizen vom 28. April bis 9. Mai 1884)

155 PB I, 251 (Brief an seine Frau vom 12. oder 13. Mai 1884)

156 NFA XXIV, 1139 (Tagebuchnotizen vom 12. bis zum 26. Mai 1884)

157 NFA XXIV, 1141 f. (Tagebuch September 1884)

158 NFA XIV, 26 (»Meine Kinderjahre«)

159 NFA XIV, 26 (»Meine Kinderjahre«)

160 NFA XIV, 24 (»Meine Kinderjahre«)

161   zitiert nach Werner Pleister (Hrsg.): *Theodor Fontane und München. Briefe und Berichte.* Eine Festgabe anläßlich der Veranstaltung »Berlin in München«, Mai-Juni 1962. Hrsg. im Auftrag der Stadtbibliothek München 1962. (Brief an seine Frau vom 8. März 1859)

162   NFA XXI/1, 309

163   NFA XXI/1, 158

164   zitiert nach Helmuth Nürnberger: Fontane, a. a. O. S. 100 (Tagebuchaufzeichnung vom 19. August 1856)

165   PB III, 228 (Brief an Mathilde v. Rohr vom 16. Mai 1888)

166   NFA XXI/1, 158

167   NFA XXI/1, 87

168   NFA XXI/1, 89

169   Allgem. Deutsches Kommersbuch 100. Auflage, S. 357 (»Stille Heimkehr«)

170   NFA XX, 123

171   NFA XV, 96 (»Von Zwanzig bis Dreißig«)

172   NFA II, 361 f.

173   NFA XXI/1, 181

174   NFA XVIII/2, 926 (Reisebriefe aus Jütland vom 20. September 1864)

175   PB I 55 f. (Brief an die Mutter vom 28. Mai 1860)

176   FGF 254 (Brief an Friedlaender vom 12. April 1894)

177   NFA XXI, 161

178   FHK 36 (Brief an H. Kletke vom 4. Februar 1872)

179   NFA XX, 410 (»An meinem Fünfundsiebzigsten«)

180   NFA XXIV, 314

181   NFA XI, 8

182   Theodor Fontane: *Der Krieg gegen Frankreich 1870–1871.* Berlin 1873. Bd. I, 1, S. 362

183   NFA XXIV, 712, Fußnote 2

184   NFA XXIV, 227

185   zitiert nach Hans-Heinrich Reuter, a. a. O. Bd. I, S. 977 f. (Brief an Hans Hertz vom 2. März 1895)

186   NFA XIV, 164 (»Meine Kinderjahre«)

187   NFA VII, 252

188   NFA VII, 177

189   NFA XXIV, 251 f.

190   NFA XVIII/1, 37

191   NFA XIV, 18 (»Meine Kinderjahre«)

192   NFA XIV, 27 (»Meine Kinderjahre«)

193   NFA XIV, 78

194   NFA XXIV, 195

195   NFA XXIV, 931

196   NFA XXIV, 936

197   NFA XX, 91 (»Der Wettersee«)

198   NFA XII, 110

199 NFA XXII/1, 37 (Rezension vom 2. März 1871)

200 NFA VIII, 190

201 NFA XXII/1, 533

202 NFA XVI, 321 (»Aus den Tagen der Okkupation«)

203 NFA XXI/1, 239

204 NFA III, 43

205 NFA XXIV, 1153

206 NFA XX, 42 (»Meine Gräber«)

207 Hans-Heinrich Reuter, a. a. O. Bd. I, S. 240

208 Mete Fontane: *Briefe an die Eltern 1880–1882.* Hrsg. und erläutert von Edgar R. Rosen. Berlin 1974, S. 19 f.

209 vgl. Mete Fontane, ebd. S. 29

210 zitiert nach Mete Fontane, ebd. S. 25

211 zitiert nach Mete Fontane, ebd. S. 21

212 NFA VII, 355

213 PB II, 16 (Brief an Mete vom 26. Juni 1878)

214 NFA VII, 131

215 NFA XXIV, 759 f. (Anmerkungen zu »Allerlei Glück«)

216 FGF 168 (Brief an Georg Friedlaender vom 14. Januar 1892)

217 NFA XXIV, 250 f. (»Storch von Adebar«)

218 NFA XXIV, 129

219 NFA XXIV, 130

220 NFA XXIV, 284 f.

221 NFA XXIV, 285

222 *Fontane oder die Kunst zu leben,* a. a. O. S. 245

223 *Fontane oder die Kunst zu leben,* a. a. O. S. 245

224 NFA IV, 13

225 FBL 338 f. (Brief an Lepel vom 23. Juli 1851)

226 NFA XVIII/1, 66

227 NFA XXIV, 1173 f.

228 NFA XXIV, 288 f.

229 NFA XXIV, 298

230 NFA XXIV, 298

230 NFA V, 167

231 NFA V, 177

232 NFA V, 138

233 NFA V, 208 f.

234 NFA VII, 304

235 NFA II, 58

236 NFA I, 419

237 NFA XIV, 34 (»Meine Kinderjahre«)

238 NFA XIV, 64 f. (»Meine Kinderjahre«)

239 NFA XIV, 65 (»Meine Kinderjahre«)

240 NFA XVII, 54 (»Aus England und Schottland«)

241   Theodor Fontane: *Bilderbuch aus England,* Hrsg. v. Friedrich Fontane. Berlin 1938, S. 138

242   NFA VII, 182

243   NFA III, 121

244   NFA VIII, 143

245   NFA V, 202

246   NFA XXIV, 143

247   NFA XXIV, 140

248   Brief an Albert Poppe vom 12. September 1898 lt. Ullstein-Buch »Havelland«, Anmerkungen. Ganz ähnlich auch in einem Brief an Ferdinand Meyer vom 17. September 1898 lt. Ges. Ausgabe des Friedrich Fontane. Serie II Band 11

LITERATURVERZEICHNIS

Ausgewählte Literatur zu Fontane

AHRENDT, Hannah: *The Origins of Totalitarianism.* New York 1949.

ALTENBERG, Paul: »Theodor Fontane«, in: *Die großen Deutschen.* Bd. 4, 2. Aufl., Berlin 1957, S. 113 ff.

BARLOW, D.: »Fontane and the Aristocracy«, in: *German Life & Letters* VIII, (1954/5), S. 182 ff.

BEHRENDT, Erich: *Theodor Fontanes Roman »Der Stechlin«.* (= Beiträge zur deutschen Literaturwissenschaft 43), Marburg 1929.

BÉRINGUIER, Richard: »Persönliche Erinnerungen an Theodor Fontane«, in: *Groß Berliner Kalender 1914,* S. 204–216; 1915, S. 237–240.

CARTER, T. E.: »A Leitmotiv in Fontane's Effi Briest«, in: *German Life & Letters* X, (1956/7), S. 38 ff.

DAHN, Felix: *Erinnerungen.* Bd. 1–2. Leipzig 1891.

DEMETZ, Peter: Formen des Realismus: Theodor Fontane. Kritische Untersuchungen. München 1964.

FECHNER, Hanns: *Menschen die ich malte.* Berlin-Zehlendorf 1927.

FECHTER, Paul: »Theodor Fontane«, in: *Die großen Deutschen.* Neue deutsche Biographie Bd. 4, Berlin 1942.

FONTANE, Mete: *Briefe an die Eltern 1880–1882.* Hrsg. u. erläutert v. Edgar R. Rosen. Berlin 1974.

FÖRSTENAU, Joachim: *Theodor Fontane als Kritiker seiner Zeit.* Potsdam 1948.

FRICKE, Hermann: »Theodor Fontanes dichterische Sendung«, in: *Brandenburgische Jahrb.* 9 (1938), S. 78 ff.

FRICKE, Hermann: *Theodor Fontane. Chronik seines Lebens.* Berlin 1960.

GÜNTHER, Vincent J.: *Das Symbol im erzählerischen Werk Fontanes.* Bonn 1967.

HASS, Hermann: »Theodor Fontanes politische Anschauungen«, in: *Deutsches Volkstum,* Jahrg. 1927, S. 812 ff.

HEYSE, Paul: *Jugenderinnerungen und Bekenntnisse,* Berlin 1900.

HOFMILLER, Josef: »Stechlin – Probleme«, in: *Die Bücher und wir,* S. 67–75, München o. J. (1932).

HOHOFF, Curt: »Der gegenwärtige Fontane«, in: *Merkur* 20, 216 (1966), S. 274–280.

KILLY, Walther: »Abschied vom Jahrhundert. Fontane: ›Irrungen, Wirrungen‹ «, in: Killy, *Wirklichkeit u. Kunstcharakter. Neun Romane des 19. Jhs.* München 1963. S. 193.

KOCH, Franz: *Idee und Wirklichkeit. Deutsche Dichtung zwischen Romantik und Realismus.* Bd. 2. Düsseldorf 1956.

KREMZOW, H. F.: »Theodor Fontane und die zeitgenössische Gesellschaftsord-
    nung«, in: *Ethik* X, Halle 1933/34.

LAZAROWICZ, Klaus: »Moral und Gesellschaftskritik in Theodor Fontanes er-
    zählerischem Werk«, in: *Festschrift für Hermann Kunisch.* Berlin 1961.
    S. 218–231.

LORENZ, Max: »Theodor Fontane als Dichter und Kritiker«, in: *Preußische
    Jahrb.* Bd. 94 (1899), S. 191 ff.

LUKÁCS, Georg: »Der alte Fontane«, in: *Deutsche Realisten des 19. Jahrhun-
    derts.* Berlin 1956, S. 260 ff.

MANN, Thomas: »Der alte Fontane«, in: *Gesammelte Werke,* Bd. IX, o. O. 1960,
    S. 9 ff.

MANN, Thomas: »Noch einmal der alte Fontane«, in: *Gesammelte Werke,* Bd. IX,
    o. O. 1960, S. 816 ff.

MARTINI, Fritz: *Deutsche Literatur des bürgerlichen Realismus 1848–1898*
    (= Epochen der deutschen Literatur, Bd. V, 2). Stuttgart 1962.

MEYER, Hermann: *Das Zitat in der Erzählkunst. Zur Geschichte und Poetik des
    europäischen Romans.* Stuttgart 1961.

MÜLLER-SEIDEL, Walter: »Fontane: Der Stechlin«, in: *Der deutsche Roman
    vom Barock bis zur Gegenwart.* Bd. 2, Düsseldorf 1962, S. 146 ff.

MÜLLER-SEIDEL, Walter: *Theodor Fontane. Soziale Romankunst in Deutsch-
    land.* Stuttgart 1975.

MUSCHG, Walter: *Tragische Literaturgeschichte.* Bern 1953².

NÜRNBERGER, Helmuth: *Der frühe Fontane. Politik, Poesie, Geschichte.
    1840–1860.* Hamburg 1967.

OHL, Hubert: *Bild und Wirklichkeit. Studien zur Romankunst Raabes und Fonta-
    nes.* Heidelberg 1968.

PABLO, Jean de: *Über Theodor Fontanes Beziehungen zur Französischen Kolonie
    in Berlin.* Berlin 1967.

PECHEL, Rudolf: »Theodor Fontane«, in: *Theodor Fontane, Romane und Ge-
    dichte.* München o. J., S. 1119–1133.

PETERSEN, Julius: »Fontanes Altersroman«, in: *Euphorion* Bd. 29 (1928),
    S. 1 ff.

PLEISTER, Werner (Hrsg): *Theodor Fontane und München. Briefe und Berichte.*
    Eine Festgabe anläßlich der Veranstaltung »Berlin in München«,
    Mai–Juni 1962. Hrsg. im Auftrag der Stadtbibliothek München 1962.

RADBRUCH, Gustav: *Theodor Fontane oder Skepsis und Glaube.* Leipzig o. J.

REMAK, Joachim: *The Gentle Critic. Theodor Fontane and German Politics.* Syra-
    cuse 1964.

REUTER, Hans-Heinrich: *Fontane.* Bd. 1–2. Berlin 1968. München 1968.

RICHTER, Karl: *Resignation. Eine Studie zum Werk Fontanes.* Stuttgart, Berlin
    1966.

RITSCHER, Helga: *Fontane. Seine politische Gedankenwelt* (= Göttinger Bau-
    steine zur Geschichtswissenschaft Heft 8) Göttingen 1953.

RYCHNER, Max: »Theodor Fontane«, in: *Welt im Wort.* Zürich 1949, S. 247 ff.

SCHÄFER, Renate: »Fontanes Melusine-Motiv«, in: *Euphorion* Bd. 56 (1961),
    S. 69 ff.

SCHILLEMEIT, Jost: *Theodor Fontane. Geist und Kunst seines Alterswerkes.* Zü-
    rich 1961.

SCHMIDT, Erich: »Theodor Fontane«, in: *Charakteristiken. Zweite Reihe*. Berlin 1912, 2. Aufl., S. 281 ff.

SPIERO, Heinrich: Geschichte des deutschen Romans, Berlin 1950.

SPIELHAGEN, Friedrich: »Die Wahlverwandtschaften und Effi Briest«, in: *Neue Beiträge zur Theorie und Technik der Epik und Dramatik*. Leipzig 1898, S. 91 ff.

UHLMANN, A. M.: *Theodor Fontane. Sein Leben in Bildern*. Leipzig 1961.

WAFFENSCHMIDT, Heinrich: *Symbolische Kunst in den Romanen Theodor Fontanes*. Gelnhausen 1932.

WANDEL, Christine: »Theodor Fontanes Arbeitsweise am Roman«, in: *Brandenburgische Jahrb*. 9 (1938), S. 69 ff.

WANDREY, Conrad: *Theodor Fontane*. Berlin 1919.

WERKREGISTER

NAMENREGISTER

Kursiv gedruckte Seitenzahlen beziehen sich auf den Bildteil.

Kindlers literarische Portraits

Adolf Muschg
Gottfried Keller
412 Seiten mit einem Bildteil von 140 Seiten.
Bibliophile Ausstattung: Balacron-Einband mit Schutz-
umschlag und zusätzlichem Cellophanumschlag und
zwei Lesebändern.

»Der Biograph ist selber Figur seiner Biographie
geworden und zieht uns alle, weil wir alle sterblich
sind, von der Kanzel seines säkularisierten Münsters
in seine Arbeits- und Bekenntnisprozesse hinein.
Das bildet Wirbel, Mäander, Untiefen, und ich lege
dieses Buch, fast erschöpft von so viel Zustimmung,
Abwehr, Rührung und Widerspruch aus der Hand.
So gelesen hab' ich schon lange nicht.«
Peter Demetz in *Frankfurter Allgemeine Zeitung*

Eva Hesse
Ezra Pound
420 Seiten mit einem Bildteil von 80 Seiten.
Bibliophile Ausstattung: Balacron-Einband mit Schutz-
umschlag und zusätzlichem Cellophanumschlag und
zwei Lesebändern.

Sinn und Wahnsinn, analytische und dialektische
Formen von Erfahrung, Unvernunft im Zeitalter der
technischen Rationalität – zwischen diesen Polen
siedelt Eva Hesse die »Cantos« von Ezra Pound an,
ein Lebenswerk, das, wenn auch politisch lange für
reaktionär gehalten, der studentischen Jugend
Amerikas in ihrem Kampf gegen den Vietnamkrieg
doch die nachhaltigsten Impulse gab.

verlegt bei Kindler

1865: Reise an den Rhein und in die Schweiz. Scott-Lektüre

1866: Reisen auf die böhmischen u. süddt. Kriegsschauplätze

1867: Tod des Vaters in Schiffmühle

1869: Tod der Mutter in Neuruppin

1870: Kündigung der Stelle bei der »Kreuz-Zeitung«. Theaterrezensent der »Vossischen Zeitung«. 5. Okt.: Festnahme in Domremy. Kriegsgefangenschaft u. Internierung. Anfang Dez.: Rückkehr nach Berlin

1871: »Osterreise« nach Frankreich

1874: Italienreise mit Emilie

1875: Reise durch die Schweiz nach Oberitalien

1876: Ständiger Sekretär der Akademie der Künste in Berlin. Ende Mai Rücktrittsgesuch. 2. Aug.: Entlassung

1884: Beginn der Korrespondenz mit Georg Friedlaender

1887: Tod des Sohnes Georg

1888: Friedrich Fontane gründet eigenen Verlag

1890: Ende der regulären Tätigkeit als Theaterkritiker

1890–91: Erste Gesamtausgabe der erzählenden Werke in 12 Bänden

1892: Schwere Erkrankung

1894: 8. Nov.: Ehrendoktor der Philos. Fak. der Universität Berlin

1895: Erster überlieferter Brief an James Morris

1898: 20. Sept.: Tod Fontanes in Berlin

66: »Der Schleswig-Holsteinsche Krieg im Jahre 1864« (erstes Kriegsbuch)

70: »Der deutsche Krieg von 1866«, Bd. 1 (Bd. 2: 1871)

71: »Kriegsgefangen. Aus den Tagen der Okkupation« erscheint im Vorabdruck, unmittelbar danach als Buch

72: »Willibald Alexis« erscheint in: »Der Salon«

73: »Der Krieg gegen Frankreich 1870–1871«, Bd. 1. (Bd. 2 in zwei Halbbänden 1875/76)

75: »Gedichte«, 2., vermehrte Aufl.

78: Plan zu »Schach von Wuthenow«. Buchausgabe von »Vor dem Sturm«

80: »Grete Minde«

81: »Ellernklipp«

82: Buchausgabe von »L'Adulte. Erscheinen von »Spreeland«, d letzten Band der »Wanderungen«

83: Buchausgabe von »Schach von Wuthenow«. Zola-Studien

84: »Graf Petöfy«. Beginn der Arbeit an »Irrungen Wirrungen«

85: »Christian Friedrich Scherenberg und das litterarische Berlin von 1840 bis 1860«. »Unterm Birnbaum«

87: »Cécile«

88: »Irrungen Wirrungen«

90: »Stine«

90–91: Erste Gesamtausgabe der erzählenden Werke in 12 Bänden im Verlag Dominik (Bd. 10–12 bei »Fontane & Co.«)

91: »Quitt«. Abschluß von »Frau Jenny Treibel«

92: »Gedichte«, 4., vermehrte Aufl. »Unwiederbringlich«. Arbeit an »Meine Kinderjahre«

93: Buchausgabe von »Frau Jenny Treibel«

94: Buchausgabe von »Meine Kinderjahre«

95: Beginn der Arbeit an »Der Stechlin«

96: »Effi Briest«. »Die Poggenpuhls«

97: »Der Stechlin« (Beginn des Vorabdrucks. Buchausgabe nach Fontanes Tod 1898 mit Impressum 1899)

98: »Gedichte«, 5., vermehrte Aufl. »Von Zwanzig bis Dreißig«. Ende des Jahres: Buchausgabe des »Stechlin«

1906: Erstdruck des nachgelassenen Romans »Mathilde Möhring« in der »Gartenlaube«

19: J. Grimm: »Deutsche Grammatik«
20: A. v. Arnim: »Die Majoratsherren«,
E. T. A. Hoffmann: »Lebensansichten des
Katers Murr«
21: E. T. A. Hoffmann: »Die Serapionsbrüder«
24: F. Raimund: »Der Diamant des Geisterkönigs«
25: A. v. Platen: »Sonette aus Venedig«
26: H. Heine: »Die Harzreise«, J. v. Eichendorff: »Aus dem Leben eines Taugenichts«
27: Chr. D. Grabbe: »Scherz, Satire, Ironie und tiefere Bedeutung«, H. Heine: »Das Buch der Lieder«
28: F. Grillparzer: »Ein treuer Diener seines Herrn«, F. Raimund: »Der Alpenkönig und der Menschenfeind«
29: Chr. D. Grabbe: »Don Juan und Faust«, A. v. Platen: »Der romantische Ödipus«
30: H. L. v. Pückler-Muskau: »Briefe eines Verstorbenen«
31: Chr. D. Grabbe: »Napoleon oder Die hundert Tage«
32: K. Immermann: »Merlin«, N. Lenau: »Gedichte«, E. Mörike: »Maler Nolten«
33: J. Nestroy: »Der böse Geist Lumpazivagabundus«
34: F. Grillparzer: »Der Traum, ein Leben«
35: Bettina v. Arnim: »Goethes Briefwechsel mit einem Kinde«, G. Büchner: »Dantons Tod«, Chr. D. Grabbe: »Hannibal«, K. Gutzkow: »Wally, die Zweiflerin«
36: K. Immermann: »Die Epigonen«
37: J. v. Eichendorff: »Das Schloß Durande«, N. Lenau: »Savonarola«
38/39: K. Immermann: »Münchhausen«
39: G. Büchner: »Lenz«, A. v. Chamisso: »Tagebuch aus einer Reise um die Welt«
40: F. Grillparzer: »Des Meeres und der Liebe Wellen«, Fr. Hebbel: »Judith«, L. Tieck: »Vittoria Accorombona«
41: J. Gotthelf: »Uli der Knecht«
41/42: A. Stifter: »Die Mappe meines Urgroßvaters«
42: G. Büchner: »Leonce und Lena«, J. Gotthelf: »Die schwarze Spinne«, A. v. Droste-Hülshoff: »Die Judenbuche«
43: Fr. Hebbel: »Genoveva«, H. Heine: »Atta Troll«
44: Fr. Hebbel: »Maria Magdalena«, H. Heine: »Deutschland. Ein Wintermärchen«
44/50: A. Stifter: »Studien«
46: W. Alexis: »Die Hosen des Herrn von Bredow«
47: F. Grillparzer: »Der arme Spielmann«
49: Fr. Hebbel: »Herodes und Mariamne«, Chr. Fr. Scherenberg: »Waterloo«, »Leuthen«
50: Th. Storm: »Immensee«
51: Otto Roquette: »Waldmeisters Brautfahrt«
52: G. Freytag: »Die Journalisten«. Fr. Hebbel: »Agnes Bernauer«
53: A. Stifter: »Bunte Steine«
54/55: G. Keller: »Der grüne Heinrich« (1. Fass.)
55: G. Freytag: »Soll und Haben«, P. Heyse: »L'Arrabbiata«, Eduard Mörike: »Mozart

19: »Demagogen«-Verfolgungen in Europa, Karlsbader Beschlüsse gegen die polit. Freiheiten. In Preußen Verbot der Turnvereine. **21:** Tod Napoleons. **23:** Beethovens 9. Symphonie. Monroe-Doktrin. **25:** Erste Lokomotive und Wirtschaftskrise in GB. Tod Jean Pauls. Erste dt. TH in Karlsruhe. **30:** Juli-Revolution in Frankreich. **31:** Erste europ. Cholera-Pandemie. Tod Hegels. Faradays Induktionsgesetz. **32:** Mazzinis »Junges Italien«. Tod Goethes. **33:** Sturm auf die Frankfurter Hauptwache. Dt. Zollverein. Chopins 12 Etüden. Erste dt. Eisenbahnen. **35:** D. F. Strauß: »Leben Jesu«. **37:** Victoria Königin von GB. Tod G. Büchners. Schreibtelegraph. **38:** Chartismus in GB. **39:** Louis Blanc: »Organisation der Arbeit«. Spitzweg malt »Der arme Poet«. **40:** C. D. Friedrich stirbt. Liebig begründet Agrikulturchemie. GB: erste Briefmarke, Gründung der Cunard Line. **41:** Feuerbach: »Das Wesen des Christentums«. »Entdeckung« der Hypnose. **42:** Öffnung Chinas. Darwin entwickelt Abstammungslehre. Energieerhaltungssatz. **43:** Tod Hölderlins. Kierkegaard: »Entweder – Oder«. **44:** Schles. Weberunruhen. GB: erste Konsumgenossenschaft. **46:** Erste europ. Wirtschaftskrise. GB: Aufhebung der Kornzölle. **48:** Febr.- u. Märzrevolution in Frankr., Österr., Ung., Preußen. It. Nationalversammlung in der Paulskirche. Kommun. Manifest. J. St. Mill: »Prinzipien d. pol. Ökonomie«. Goldrausch in Kalif. **49:** Konterrevolution. Erfind. d. Wasserturbine. **50:** R. Wagners »Gesamtkunstwerk«. **51:** Tod W. Turners. 1. Weltausstellung in London. **52:** Napoleon III. Kaiser, Auswanderung von 48er-Flüchtlingen in die USA. Grimms »Deutsches Wörterbuch«. **53:** Krimkrieg. Tretkurbelfahrrad. **54:** Öffnung Japans. Dogma der Unbefleckten Empfängnis. Glaspalast München. **55:** W. Whitman: »Grashalme«. Stahl-Massenproduktion. Erstes Warenhaus in Paris. **57:** Flaubert: »Madame Bovary«. Anfänge der Bakteriologie. Erste Weltwirtschaftskrise. **58:** W. Busch: »Max und Moritz«. Offenbach: »Orpheus in der Unterwelt«. Zellular-Pathologie. Transatlant. Kabel. **59:** It. Befreiungskrieg. Gontscharow: »Oblomow«. Dunant in Solferino. Marx: »Zur Kritik d. polit. Ökonomie«. **60:** J. Burckhardt: »Die Kultur der Renaissance«. Krupp: Gußstahlrohre aus Gußstahl. Anfänge d. Kolloidchemie. **61:** Nur noch 300 000 Indianer in den USA. Beginn des amerik. Bürgerkrieges. Aufhebung der Leibeigenschaft in Rußland. Bachofen: »Das Mutterrecht«. **62:** Bismarck preuß. Ministerpräs. **63:** Lasalle gründet Allg. dt. Arbeiterverein. Int. Rotes Kreuz. Nobel: Nitroglyzerin. U-Bahn in London. **64:** 1. Internationale in London. **65:** Er-